スリーステップ 債権各論

芦野 訓和・大坂 恵里・深川 裕佳・萩原 基裕・永岩 慧子〔著〕

成 文 堂

はしがき

　本書は，いわゆる債権各論の教科書であり，もっぱら大学の講義で利用されることを目的に執筆したものです。本書の読者として想定しているのは，大学の授業で債権各論を学びはじめる人たちであり，そして，さらに学習しようと考えている人たちです。初めて勉強する読者の皆さんが，この本を利用して，まず債権各論分野の規定についてその構造や原理・原則を理解し，条文をめぐって判例や学説でどのような解釈が行われているのかを学び，さらに深く学習しようと考えている人たちに少しだけヒントを与えることを目的としています。たとえていうならば，あるロールプレイングゲームをはじめる人に，まず登場人物や基本的ルールについて説明し，ヒントを得たり戦いに勝利したりするためにこれまでどのような方法が展開されているのかを解説し，さらに次のステージに進みたいと考えるようになった人たち向けに方向性を示すことを目的としています。この目的を実現するために，以下のような構成となっています。

　まず，全体を「契約総論（第1部）」，「契約各論（第2部）」，「事務管理・不当利得・不法行為（第3部）」の3部構成とし，それぞれの部で学ぶことの要点・概要・特徴などについて第1章で説明しています。第2章以下の各章は，必要に応じて節に区分しています。ほとんどの節（節が1つの場合には章）は，【構造】，【展開】，【研究】という三段階で構成されており，さいごに，さらに深く学習したい人向けに**次のステップ**を設けています。これらは原則的に以下のような方針で執筆しています（原則ですので，例外もあります）。

　【構造】では，制度・条文の構造を理解することを目的として，趣旨・意義・成立要件・効果の概要を中心に説明しています。条文の文言をめぐる解釈について，判例・学説で確立しているものについては，基本的に【構造】で記述しています。

　【展開】では，【構造】で学んだ条文の成立要件・効果，他の制度との関係などをめぐる解釈上の問題について，判例を基礎として，問題点は何か，どのように考えられているのかを解説しています。解釈上の問題を学習するにあたっては，問題となる事案を思い浮かべて学ぶことが効果的であり，その

ためには判例はとても有益な素材となります。

　【研究】では，民法の一般原則との関係，複数の法分野にまたがる問題，発展的な解釈上の論点などについて，さらに深く学習してみたいと考えている読者に向けて，今後の学習のための道筋を示しています。何が問題となっているのか，その問題に関する判例にはどのようなものがあるのか，さらに，学説ではどのようなことが主張されているのかなどについて整理しています。原則的に執筆者の私見は述べていません。

　できる限りこの方針に基づいて執筆していますが，たとえば，不法行為分野のように，（条文数が限られているために）解釈上の多様な問題が生じている分野については，【構造】の中で，基本的な解釈について説明している箇所もあります。

　このような３つのステップ（スリーステップ）で学習することにより，債権各論の理解がより深まることを願い，「スリーステップ債権各論」と名付けました。民法学習をこのような三段階のスタイルで進めることを提案するものは，本書が初めてではありません。すでに，中舎寛樹『民法総則』（日本評論社，第１版，2010年，第２版，2018年），同『債権法』（日本評論社，2018年）がこのような三段階のスタイルで執筆されています。本書の構想は，これらにヒントを得たものですが，少し視点を変えています。類似する構成で本書を出版することをご快諾いただいた中舎先生には，あらためて感謝いたします。

　本書の執筆にあたっては，芦野が項目および担当者の原案を作成し，執筆者全員で議論しながら進めました。担当者の割り振りにあたっては，単に各章を割り当てるという形式ではなく，複数の節に分かれる箇所についてはできる限り全員（複数の執筆者）で執筆しています。これは，執筆者同士で理解を深め，全員で協力して一冊の本を作り上げることを目標としたためです。できる限り全員で協力し合いながら議論・執筆し，かつ書き落としや重複がないようにするために，執筆原稿をクラウドにアップし，相互閲覧した上で，Zoom を利用して完成までに10回以上の検討会を行いました。もちろん執筆者による個性はありますが，文章の表現やレベルの平準化ははかられているのではないかと思っています。

　さいごになりましたが，本書がこのような形で出版できたのも，成文堂阿部成一社長，編集部小林等氏の温かいご支援のおかげです。とくに，小林さんには，本書企画について快く相談に乗っていただいただけでなく，前記の検討会にも毎回出席していただき，必要に応じて適切なアドバイスやさまざまなアイディアも提供していただきました。心からお礼を申し上げます。また，個人的ではありますが，成文堂と私との最初の縁を取り持っていただきました，故土子三男元編集部取締役にもここで感謝申し上げます。

　2021年12月
　執筆者を代表して

　　　　　　　　　　　　　　　　　　　　　　　　　　芦野訓和

目　次

第2部　契約各論

第3部　事務管理・不当利得・不法行為

本書の利用法

1．学習の進め方

　まず，六法をそばに置いて条文を調べながら【構造】を読み，制度・条文の構造を理解してください。授業を受ける前に，この箇所をひと通り読んでおくと，講義が理解しやすいでしょう。つぎに，【構造】で学んだどの部分でどのような解釈上の問題があるかを意識しながら，【展開】を学習してください。ここまでの内容をきちんと理解し，法的な思考方法が身についていれば，さまざまな択一問題や法的な文章問題に取り組むことができると思います。そして，これまでの学習から，さらに民法の学習に興味を持った人や深く学習してみたいと思った人は（できれば皆さんがそうなってほしいですが），【研究】に進んでください。【研究】には，ゼミなどで民法の学習・研究に取り組む人たちにもヒントになることが書かれていると思います。最後の次のステップは，【展開】や【研究】で学んだことをさらに深めていきたい人たちのための参考文献をあげています。基本的にここで示した文献は，問題点について学生にもわかりやすく整理されている論文や体系書を選んでいます。ただし，この文献を見ればすべて理解できる，というのではなく，それを起点としてさらにさまざまな文献を調べるためのツールの1つとなるものをあげています。

2．本書の印

　本書では，解釈に関する部分を中心に，見出しに 解釈 ， 関連 ， 関係 の3つのマークがついています。

　 解釈 は条文の文言の解釈に関するものです。たとえば，不法行為（709条）における「過失」はどのような基準に基づいて判断されるのかという問題には，このマークがついています（⇨第3部第4章第2節【構造】2）。

　 関連 は民法の他の条文・制度と関連する解釈上の問題です。たとえば，契約不適合と錯誤の問題は，民法総則規定にも関連することから，このマークがついています（⇨第2部第2章第4節【研究】）。

　 関係 は，民法の一般原則や他の法制度との関係の問題や，従来の民法の制度では十分に解決できない問題に関する箇所についています。類推適用の

問題もここに含んでいます。たとえば，売買契約において契約締結後に後履行義務者の財産状態の悪化や信用不安が生じた場合に，先履行義務者の不安の抗弁を認めるかという問題は一般原則と関係することから，このマークがついています（⇨第1部第4章第2節【研究】）。また，不動産賃貸借における特別法の適用に関する問題は，他の法制度との関係の問題であることから，このマークがついています（⇨第2部第6章第1節【展開】5）。さらに，多数当事者間で複数の契約が存在し，その関係をどのように解釈するかという問題（一般に「複合契約」とよばれます）も，従来の民法の制度では十分には解決できない問題であるため，このマークがつけられています（⇨第2部第1章【研究】）。

3．判例解説（参考書）

　民法を学習するにあたっては，具体的な事案でどの条文が関係し，その適用をめぐりどのようなことが問題となり，どのように解釈され，どのようにあてはめて結論づけられたのかを学ぶことが重要です。これにより，平面的だった知識の集積が立体的に形成され，自分自身でも応用することができるようになることでしょう。そのためには，判例を学習することが重要です。「判例」といった場合，その用語が何を意味するかはさまざまですが，ここでは，過去に下された最高裁判決のうち，先例的な意味を持つもの（後の裁判官の判断に影響を与えるもの（拘束力を持つもの））を意味するものとして用いています。判決本文をみることがもちろん重要ですが，学習にあたっては，まず，事案・判旨（判決要旨）・判決理由が簡潔にまとめられ，解釈上のポイントや先例・学説との関係が述べられているいわゆる判例解説を利用して学習するとよいでしょう。判例解説にもさまざまなものがありますが，本書では学習に有益な以下の2冊について，参考箇所を示しています。
・中原ほか『民法　判例30！④　債権各論』（有斐閣，2017年）→「30！④」と記します。
・窪田ほか『民法判例百選Ⅱ　債権　第8版』（有斐閣，2018年）→「百選Ⅱ」と記します。
　前記シリーズの他の巻についても同様に示してます。
　本書で取り上げた判例について，前記書籍で解説がある場合には，その項目（判例）番号を【】でくくり示しています。たとえば，請負契約に関する

最判平5・10・19判決については，いずれの書籍でも解説されていますので，最判平5・10・19民集47巻8号5061頁［30！④【11】，百選Ⅱ【69】］と表記しています。学習の際に，ぜひ参照してください。

4．参考文献（単著）

　本書の執筆にあたっては，これまで出版されたさまざまな民法の体系書・教科書を参考にしていますが，それらすべてをここにあげることは，到底できません。本書の内容に関連する民法の規定は2017（平29）年に改正され，2020（令2）年4月1日から施行されています。そこで，改正後の民法を学習するために有益であり，執筆者が共通の文献として利用した以下の単著（ひとりの執筆者により書かれたもの）を代表的な参考書としてあげておきます（執筆者50音順）。これらの書籍は次のステップの参考文献としてあげられている場合もあります。さらに深く学習したい人は，これらの書籍にあげられている文献や，次のステップの文献をぜひ読んでください。

・近江幸治『民法講義Ⅵ　事務管理・不当利得・不法行為［第3版］』（成文堂，2018年）
・大村敦志『新基本民法5 契約編［第2版］』（有斐閣，2020年），同『新基本民法6 不法行為［第2版］』（有斐閣，2020年）
・潮見佳男『基本講義　債権各論Ⅰ［第3版］』（新世社，2017年），同『基本講義　債権各論Ⅱ［第4版］』（新世社，2021年）
・潮見佳男『新契約各論Ⅰ　契約法・事務管理・不当利得』（信山社，2021年），同『新契約各論Ⅱ　不法行為法』（信山社，2021年）
・中田裕康『契約法　新版』（有斐閣，2021年）
・中舎寛樹『債権法　債権総論・契約』（日本評論社，2018年）
・野澤正充『セカンドステージ債権法Ⅰ　契約法［第3版］』（日本評論社，2020年），同『セカンドステージ債権法Ⅲ　事務管理・不当利得・不法行為［第3版］』（日本評論社・2020年）
・平野裕之『債権各論Ⅰ　契約法』（日本評論社，2018年），同『債権各論Ⅱ　事務管理・不当利得・不法行為』（日本評論社，2019年）
・山野目章夫『民法概論4　債権各論』（有斐閣，2020年）

5．補助教材（設例・図表）について

　債権各論分野は条文数が多く内容も豊富です。そこで，本書の内容をより深く理解できるように，学習を補助する教材を用意し，Web 上で紹介することにしました。そこには，各節（節が1つの場合には章）ごとの内容をイメージできるよう設例をおき，必要に応じて図表も用いています（内容は順次アップロードしていく予定です）。

　リンク先の URL は下記の通りです。学習の際に是非ご活用ください。

http://www.seibundoh.co.jp/pub/search/037553.html

凡　例

１．法令について

　「民法」の名称は原則として省き，他の諸法令名は，括弧内は e-GOV 法令検索の略称に従い，末尾の法を省略した。

２．民法（債権法）改正関係について

　本書では，2020（平32）年 4 月 1 日から施行されている，「民法の一部を改正する法律」（平29法44号）による改正後の内容と条数で記述している。改正後のものについて，原則としては条数のみを記載しているが，改正前のものと対比する場合には，改正前のものについては「改正前○○条」，改正後のものについては「改正後○○条」と記している。

３．判例・出典について

大判：大審院判決
大連判：大審院連合部判決
最大判：最高裁判所大法廷判決
最判：最高裁判所判決
高判：高等裁判所判決
地判：地方裁判所判決

民集：大審院民事判例集，最高裁民事判例集
民録：大審院民事判決録
刑録：大審院刑事判決録
新聞：法律新聞
集民：最高裁判所裁判集民事
下民集：下級審裁判所民事判例集
判時：判例時報
判タ：判例タイムズ
金商：金融・商事判例
金法：旬刊金融法務事情

４．見出しおよび本文中で留意してほしい事項はゴシック扱いとした。
５．以上のほか，本書の利用については「はしがき」「本書の利用法」も参照してほしい。

序　債権各論を学ぶにあたって

　本書では，私人間の財産関係に関する民法の規定のうち，具体的な債権債務関係について規定する債権各論について学ぶ。では，そもそも民法とはどのような法だろうか。また，民法と民法典はどのような関係にあるのだろうか。さらに，債権とはどのような権利であり，債権各論ではどのようなことを学ぶのだろうか。

　序では，債権各論を学ぶにあたり，【構造】において民法の規定の概要を，【展開】において関連する特別法を，【研究】において2017（平29）年の民法改正について学習する。

構　造

1　民法の構造

　民法といった場合，実質的には私人間相互の関係を規律する私法の一般法をいい（**実質的意義における民法**），形式的には民法典をさす（**形式的意義における民法**）。民法典はその根幹をなす法律であるが，私人関係を規律する法律には民法典以外にもさまざまな特別法が制定されている（【展開】参照）。

　日本の民法典は，私人間の関係を財産的な関係と家族的な関係に大別し，それぞれをさらに2つに分類し，規定を配置している。財産的関係について，物に対する権利については「第2編物権」に，人に対する権利については「第3編債権」に規定されている（財産に関する諸規定を**財産法**という）。家族的関係について，夫婦・親子などの身分的関係については「第4編親族」に，相続については「第5編相続」に規定されている（家族に関する諸規定を**家族法**という）。そして，これらの私人間で問題となる事象一般に共通するルール（通則とよばれる）は，「第1編総則」に規定されている。

　さらに，各編の冒頭にも，その編で規律する対象に共通するルールについて総則規定を置き，その後に具体的な各則規定を置くという構造になっている。このように，一般的抽象的な規定（総則）を先に配置し，その後に個別

具体的な規定（各則）を置くという法典編纂方式をパンデクテン方式とよ
ぶ。日本民法を制定する際に参考にしたドイツ民法典（正確には，参照したの
はその草案）がこのパンデクテン方式を採用しており，日本の民法典はそれ
を参考にしながらも，債権に関する総則規定を第3編第1章に配置し，さら
に，契約に関する総則規定を第2章契約の中に配置するというより重層的な
構造となっている（後述2を参照）。

2 債権編の構造

（1）債権とは

すでに説明したとおり，「第3編債権」には債権債務関係に関する規定が
置かれている。債権とは，特定人（債権者）が他の特定人（債務者）に対して
一定の行為（給付）を請求し，受け取った給付を保持することが認められて
いる法的権利である（債権に対応する債務者の義務を債務とよぶ）。

給付には，金銭の支払，目的物の引渡し，仕事の完成のような積極的な給
付（作為とよばれる）だけでなく，一定期間ある行為（たとえば，騒音を出すよう
な行為）を行わないという消極的な給付内容（不作為とよばれる）も含まれる。

（2）債権各論

債権各論では，「第3編債権」の中で債権の具体的発生原因により分類・
規定された内容について学習する。債権各論の規定は，さらに，当事者の意
思によって債権が発生する「契約」関係に関する規定と，当事者の意思によ
らずに法律の規定によって債権が発生する「法定債権」関係に関する規定に
分類することができる。

契約とは，当事者のお互いに対立する複数の意思表示の合致によって成立
し，法律によりその内容の実現（履行）が保証されている法律行為である。
契約法を学ぶにあたっては，当事者のどのような意思表示によってどのよう
な権利義務関係に変動が生ずることになるのかを意識する必要がある。日本
の民法典は，契約について第3編債権第2章に契約関係一般に共通する規定
である「第1節総則」を配置し（第1部で学ぶ），第2節から第14節に日常生
活で頻繁に行われている契約，あるいは今後盛んに行われるだろうと立法時
に想定された契約（典型契約または有名契約とよばれる）について規定している
（第2部で学ぶ）。

法定債権関係では，当事者の意思ではなくある事実に基づいて債権（債務）

が発生することから，債権発生原因としてどのような事実が問題となっているのかを注意する必要がある。法定債権関係については，第3編第3章から第5章に規定されている（第3部で学ぶ）。

（3）債権総論

大学の講義や教科書・体系書などで債権総論とよばれる場合には，「第3編債権第1章総則」の規定（債権総則）とそれに関する特別法を学ぶことになる。債権総則には，債権債務に関連する一般的な事項に関する規定が置かれており，債権各論で問題となる事象については，債権総則規定および関連する特別法も必要に応じて参照する必要がある。

3 民法の他の編との関係

民法典各編の規定は，それぞれが問題となる対象ごとに規定されているが，相互に関連する場合も少なくない。たとえば，契約については第3編に規定が置かれているが，契約によって人と人との間に一定の法律関係が形成される場合，契約を成立させようとする意思表示に関しては「第1編総則」の規定が関連するし，契約が売買の場合には所有権の移転も問題となり，所有権については「第2編物権」の規定が関連する。さらに，売主が死亡した場合に，その売主としての地位がどのようになるかについては，「第5編相続」の規定が関連することになる。また，一般債権の消滅時効については，民法総則に規定されている。

展 開

債権各論特別法

具体的な債権債務関係については，民法典のほかに，契約当事者の属性や契約の特性・債権の発生原因などの観点からさまざまな特別法でも規定されている。たとえば，契約当事者の属性や契約の特性に着目したものとして，商法，消費者契約法，特定商取引法，借地借家法などをあげることができる。債権の発生原因の観点から制定されたものとして，自動車損害賠償保障法（自賠法）や製造物責任法（PL法）をあげることができる。

これらの特別法については，必要に応じて各箇所で学習する。

研　究

債権法の改正

　日本の民法典は，財産に関する部分（前3編）が1896（明治29）年に，家族に関する部分（後2編）が1898（明治31）年に公布され，1898年から施行されている。このうち財産に関する部分については，長い間全面的な改正が行われないままであった。しかし，施行後100年近く経つころから改正が議論されるようになり，財産法の中でも債権編に関する部分を中心に2009（平成21）年から法務大臣の諮問機関である法制審議会での審議が始まり，2017（平成29）年5月26日に「民法の一部を改正する法律」が成立し，2020（令和2）年4月1日から施行されている。改正内容の多くは，それまでの判例・学説を踏まえた実質的なものであり，債権総則規定・契約法規定を中心に行われたが，関連する民法総則規定および不法行為規定の一部なども改正された。

　本書では，改正前の法状況や改正の経緯などについては必要最小限の説明にとどめている。ゼミなどでさらに深く学習する際には，ぜひ改正前の法状況や改正の理由・経緯などについても学習し，議論してほしい。

次のステップ

➡債権法改正について

　債権法改正に関する文献については，さまざまな有益なものがあり，ここですべてをあげることは不可能である。ここでは，改正の経緯，各条文について，法務省参与として改正にかかわった研究者による解説，および法制審議会委員・幹事として改正に携わった研究者・実務家が中心となって編集・執筆したコンメンタールとして以下のものをあげるにとどめる。

・内田貴『改正民法のはなし』（東京大学出版会，2020年）

・松岡久和ほか『改正債権法コンメンタール』（法律文化社，2020年）

（芦野訓和）

第1部　契約総論

第**1**章　契約とは何か

521条，522条

　第1章では，【構造】において，そもそも契約とは何か（意義），契約にはどのような原則が妥当するのかについて，【展開】では，契約に妥当する原則の制限・制約について，【研究】では，新しい契約類型についてその概要を学ぶ。

構　造

1　契約の意義

　民法典は，債権・債務の発生原因として，契約・事務管理・不当利得・不法行為を規定している。契約については，民法総則において，「契約とは**法律行為の一種**」であり，法律行為はそれを構成する意思表示に着目した場合に，①1方向に向いた1つの意思表示で構成される単独行為，②双方向の2つ以上の意思表示で構成される契約，③同一方向を向いた複数の意思表示で構成される合同行為，に分類されると学んだかもしれない。では，「契約」はどのように定義されるであろうか。残念ながら，民法には契約を定義する規定はない。ただし，改正後の民法には次のような手がかりが規定されている。すなわち，522条1項は，「契約は，契約の内容を示してその締結を申し入れる意思表示（以下「申込み」という。）に対して相手方が承諾をしたときに成立する。」として，成立面から契約を説明している。このような観点からは，**契約**とは「申込み」と「承諾」という意思表示が合致して成立する法律行為であると定義づけることができる。ただし，この定義は，どのようにすれば成立するかという一側面からの定義であり，契約の機能・効果面については着目していない。この側面にも着目した場合，「契約とは「申込み」と「承諾」という意思表示が合致して成立する約束（合意）であり，その実現が法律により保護されている（法的拘束力がある）ものである」と定義づけることができよう。

　なお，抵当権設定契約のように，合意により物権的効果を生じるもの（物

権行為）も契約であるが，本書で学ぶ契約は，民法第3編第2章「契約」の規定（521条-548条の4）の適用のある契約（債権・債務の発生原因としての契約）であることに注意してほしい。

2　契約自由の原則

　契約にはなぜ法的な拘束力が認められるのだろうか。それは，契約が自由で平等な当事者間における当事者自身の自由な意思に基づくものであるからだと理解されている。すなわち，これまでも学んできたとおり，人は私法上の法律関係を自分自身の自由な意思に基づいて形成することができるのが原則であり（私的自治の原則または意思自律の原則），契約の場面でも，契約当事者は自身の自由な意思によって契約関係を決定することができ，国家はこれに干渉せず尊重しなければならないのが原則（契約自由の原則）であるが，その裏返しとして，自らの意思に基づいて形成した契約関係に拘束されるのである。

　契約自由の原則について，改正前は規定がなかったが，改正後は次のように明文化された。すなわち，①何人も，契約をするかどうかを自由に決定することができ（契約締結の自由，521条1項），②契約の当事者は契約の内容を自由に決定でき（契約内容の自由，同2項），③契約の成立には，書面の作成その他の方式を具備することを要しない（契約方式の自由，522条2項）。契約自由の原則には，さらに④相手方選択の自由が含まれるが，これは①の契約締結の自由に含まれるとして明文化されていない。

　なお，これらの自由はまったく無制限なものではなく，「法令に特別の定めがある場合を除き」（521条1項，522条2項），「法令の制限内において」（521条2項）という制限を受ける（【展開】参照）。

展　開

1　契約自由の制限 [解釈]

　契約自由の原則は，近代資本主義を形成するための重要な原則であったが，資本主義が発展し，当事者の経済的・社会的な関係に相対的な差が現れるようになると，契約自由の原則を形式的に貫徹することは，実質的には不自由・不平等を拡大するという事態が生じた（たとえば，弱い立場の者は強い者

が設定した条件で契約を締結するしかない結果，さらに強い者と弱い者の差が広がることになる）。そこで，このような不自由・不平等を修正し，実質的な平等を図ることにより社会的・経済的弱者を保護するために，特別法など法令の定めによって契約自由の原則が修正されるようになった。たとえば，電気・ガス・水道のような日常生活に欠かせない供給契約では，特別法により，事業者は正当な理由なければ契約を締結しなければならないと定められている（契約自由のうち①契約締結の自由，④相手方選択の自由が制限されている）。また，②契約内容の自由については，公序良俗・強行法規に反するものは民法上無効であり，労働契約，不動産賃貸借のような一方の当事者に不利益が生じやすい契約では，労働契約法・労働基準法や借地借家法などの特別法により社会的弱者に一方的に不利益な内容は無効であるとされている。③契約方式の自由についても，民法上，保証契約では書面が成立要件とされており（446条2項），特別法である特定商取引法は，消費者契約に関し事業者に書面の交付義務を課している。（契約自由とその制限については⇨第1部第2章も参照）。

　契約締結の自由について，前述のものは承諾の自由の制限であるが，申込みの自由が制限される（申込みが強制される）場合もある。NHKの受信料をめぐる裁判において，最高裁は，「受信設備を設置した者は，協会とその放送の受信についての契約をしなければならない」と定める放送法64条1項につき，「受信設備設置者に対し受信契約の締結を強制する旨を定めた規定である」るとしている（最大判平29・12・6民集71巻10号1817頁）。

2　契約の分類

　民法典は，一定の契約（典型契約）についてのみ規定を置いているが，実際社会ではそれ以外にもさまざまな契約が行われている。これらの契約は，さまざまな観点から種々に分類されている。

（1）典型契約・非典型契約

　民法典に規定が置かれている契約類型を**典型契約**，実際社会では行われているが民法典には規定が置かれていない契約（たとえば，リース契約）を**非典型契約**という。典型契約は民法典に名前があることから**有名契約**，非典型契約は名前がないことから**無名契約**とよばれることがある。民法は典型契約として，贈与，売買，交換，消費貸借，使用貸借，賃貸借，雇用，請負，委任，寄託，組合，終身定期金，和解の13種類を規定している（⇨第2部第1章

参照）。

　典型契約に関する民法の規定の多くは任意規定であると考えられており，その場合には，当事者の合意・特約によってその適用を排除することができる場合がある。一方で，実務において行われている（新しく生み出された）契約については，その性質・内容から，それがいずれかの典型契約に当てはまるのか，それとも，複数の典型契約の要素を持つ契約（混合契約）なのか，あるいはいずれの典型契約とも異なるもの（非典型契約）であるかにより民法の規定の適用を判断する必要がある。混合契約・非典型契約の場合であっても，解釈により民法の規定の適用（類推適用）の有無が問題となる場合がある（⇨第2部第1章【展開】3参照）。

(2) 諾成契約・要式契約・要物契約

　契約成立にあたり，当事者の合意だけで成立する契約を**諾成契約**という。これに対して，当事者の合意以外に一定の方式を必要とする契約を**要式契約**とよび，当事者の合意だけでは成立せず物の引渡しがあってはじめて成立する契約を**要物契約**という。

　婚姻や養子縁組のような家族関係の形成に関する契約は一般に要式行為であるが，財産法上の契約は原則的に諾成契約である。ただし，保証契約（446条以下）については，前述のとおり書面によることが求められている。

　また，消費貸借契約は原則として要物契約である（587条。⇨第2部第4章）。

(3) 双務契約・片務契約，有償契約・無償契約

　これは，契約当事者のいずれが義務を負うのかという点に着目する分類である。両当事者が相手方に対して義務（債務）を負うものを**双務契約**，一方の当事者のみが債務を負うものを**片務契約**という。共通する分類として有償契約・無償契約がある。これはいずれの当事者が財産的な給付をするのかという観点からの分類であり，両当事者が対価的意味を持つ財産的な給付をする契約を**有償契約**といい，一方の当事者のみが財産的給付をする契約を**無償契約**という。双務契約はすべて有償契約であるが，有償契約すべてが双務契約ではない。たとえば，利息付消費貸借は借主が利息を支払う有償契約であるが，貸主は契約成立時に金銭その他の物を引き渡しており契約上の義務を負っていないことから，双務契約ではなく片務契約である。典型契約のうち，売買，交換，賃貸借，雇用，請負，組合，和解は有償契約であり，贈与，使用貸借は無償契約である。消費貸借，委任，寄託，終身定期金につい

ては，有償の場合も，無償の場合もある。詳しくは各契約で学んでほしい。

　この区別については，双務契約については，同時履行の抗弁（533条。⇨第1部第4章第2節），危険負担等（536条。⇨第1部第4章第3節）の規定が適用されることに，有償契約については，その性質が許す限り，売買契約の規定が準用されることに意義がある（539条。⇨第2部第2章第1節）。

（4）一回的契約・継続的契約

　たとえば売買のように，契約の内容である給付が一回で完了するものを**一回的契約**（一時的契約とよばれることもある），賃貸借のように将来にわたって給付が一定期間継続するものを**継続的契約**という。一般的に，継続的契約では，より信義則が重要であるとされる。ただし，この区別は相対的であり，売買であっても継続的に供給する場合や，賃貸借であっても一時的に物を借りるだけのような契約もありうる。

3　契約の分類と契約総則規定

　第1部で学ぶ契約総則の多くの規定は，前記契約の分類に関わりなく，【構造】1で定義した契約に原則的に適用される。しかしながら，すでに指摘しているとおり，一部の類型にのみ適用されることが明記されているものもあれば，解釈により適用の可否を検討しなければならない規定もある。問題となる具体的契約に契約総則規定のいずれが適用されるのか（されないのか）については，各契約で学ぶことになる。

研　究

現代的契約の多様性

　前述の説明は，原則的に，2人の当事者間で，どのような給付を行うかという，1つの合意により成立するのか，その合意に基づきどのような債務を負うのか（権利を有するのか）という観点からの説明であり，それらの観点からの契約の分類であった。しかしながら，現代社会における契約はそのような単純なモデルでは把握できないものも多く存在する。たとえば，複数の企業が合同して高層マンションを建てる場合には，契約成立段階でも，債務の履行の段階でもさまざまな関与者が登場する。あるいは，スポーツ施設の利用会員権付きのリゾートマンションの売買の場合には，複数の当事者間で複

数の債務が存在している。また，インターネットを利用した取引では，インターネットを利用してデータを給付したり，サービスを提供したりするというように「インターネット」という特性が重要であり，主たる債務の観点からのこれまでの契約分類とは異なる観点から考える必要もありそうである。

　これらの現代的契約については，それぞれの契約の説明でヒントが与えられている場合もある。それらのヒントからぜひ発展的に考えてみてほしい。

（芦野訓和）

第**2**章　定型約款

548条の2-548条の4

　不特定多数の者との間で大量に定型的になされる取引については，あらかじめ定型化された契約条項（群）を利用すれば，画一的処理が可能になり，迅速な取引が実現される。このような契約条項（群）は，保険，運送，銀行取引，ホテル宿泊などのさまざまな場面で利用されている。しかし，問題は，経済的優位・交渉力の格差を背景として，当事者の一方による契約内容の押付けがなされるおそれがあることである。改正によって民法は，このような定型化された契約条項（群）の一部を定型約款として規定する。本章ではこの規定を扱う。【構造】において，基本的な制度を説明したうえで，【展開】および【研究】において，その問題点を探ることにする。

構　造

1　意　義

　大量・定型的になされる取引の画一的な処理のためにあらかじめ用意され，定型化された契約条項・条項群のことを**約款**という。このうち，民法は，548条の 2 以下において，定型約款について規定する。

　民法は，**定型取引**という用語について，「ある特定の者が不特定多数の者を相手方として行う取引であって，その内容の全部又は一部が画一的であることがその双方にとって合理的なもの」と定義する（548条の 2 第 1 項柱書）。そのうえで，**定型約款**は，「定型取引において，契約の内容とすることを目的としてその特定の者により準備された条項の総体をいう」（同柱書）と定義される。定型約款は，定型取引の当事者の一方によって準備されたものである必要があり，この定型約款を準備した者を定型約款準備者という。

2　定型約款による契約の成立——みなし合意の原則

　定型約款の個別の条項が契約内容となるには，①定型取引を行うことの合

意（定型取引合意）をした当事者間で，②定型約款を契約の内容とする旨の合意をしたとき，または③定型約款準備者があらかじめその定型約款を契約の内容とする旨を相手方に表示していたときであることが必要である（548条の2第1項1号および2号）。この要件をみたせば，相手方が認識していなくても，定型約款準備者の用意した定型約款の個別の条項に合意をしたものとみなされる（同柱書）。

（1）定型取引合意

定型取引（548条の2第1項柱書）とは，前述1のように，①ある特定の者が「不特定多数の者」を相手方として行う取引であって，その相手方の個性に着目したものはこれに含まれない。したがって，労働契約は，労働者の個性に着目するものであるから，定型取引ではないため，労働契約のひな形は定型約款にあたらない。

また，定型取引というには，②その取引の内容の全部または一部が画一的であることが，「当事者双方にとって」合理的なものであることも必要である（同柱書）。そこで，一方当事者にとって合理的であるというだけでは足りない（後述【展開】を参照）。もっとも，「全部又は一部が画一的」（同柱書）と規定されるように，内容のごく一部が画一的でないとしても，定型取引と扱われる。

（2）定型約款を契約の内容とする旨の合意（548条の2第1項1号）

定型約款に含まれる各条項を契約内容に組み入れることを目的とする合意であるが，相手方が定型約款の内容を了知している必要も，その内容が相手方に事前に示されていることも必要ではない（定型約款準備者の表示義務について定める548条の3を参照）。私的自治の原則からすれば，契約当事者は，契約の個別条項の内容を認識して意思表示しなければ契約に拘束されないはずであるが，定型約款を利用する取引の性質から，これを緩和する要件となっている。

（3）定型約款準備者による相手方への表示（同2号）

定型約款準備者があらかじめその定型約款を契約の内容とする旨を相手方に表示するだけで，相手方が定型約款によるという意思表示をしなくても，相手方は，定型約款の個別の条項についても合意をしたものとみなされる。

3　合意をしなかったものとみなされる例外的な場合

　一般に，約款による取引においては，定款を作成した当事者の一方に不当に有利な条項が組み込まれるおそれがある。定型約款においても同様のおそれがある。そこで，定型約款のうち，①相手方の権利を制限し，または相手方の義務を加重する条項であって，②その定型取引の態様およびその実情ならびに取引上の社会通念に照らして信義誠実の原則（1条2項）に反して相手方の利益を一方的に害すると認められるものについては，合意をしなかったものとみなされる（548条の2第2項）。

4　定型約款の内容の表示

　定型約款準備者は，相手方からの請求に応じて，遅滞なく，相当な方法でその定型約款の内容を示さなければならない（548条の3第1項本文）。ただし，定型約款準備者が既に相手方に対して定型約款を記載した書面を交付したり，これを記録したCDやDVDなどの電磁的記録を提供したりしていたときは，相手方からの請求に応じる必要はない（同ただし書）。この場合には，相手方がその内容を確認することができるからである。相手方が定型約款の内容を確認できるように，同条は，定型取引合意の前だけでなく，合意の後も相当の期間内は，定型約款準備者の表示義務（開示義務）を定める。

　一時的な通信障害が発生した場合その他正当な事由がある場合でないにもかかわらず，定型取引合意の前において定型約款準備者がこの表示義務を拒んだ場合には，定型約款の個別条項は契約内容に含まれない（548条の3第2項）。定型取引合意の後の表示拒絶については規定がないものの，この場合には，約款の内容を表示すべき債務の不履行が問題になる（414条，415条）。

5　定型約款の変更

　契約内容を変更するには，通常は，当事者の新たな合意が必要である。しかし，定型約款の利用が想定される取引は，大量取引を迅速かつ安定的に行うことが必要とされるものである。そこで，548条の4は，相手方の合意がなくても，定型約款準備者に対して，つぎの場合には，相手方の合意があったものとみなして，定型約款の変更をすることを認める。すなわち，定型約款の変更が，①相手方の一般の利益に適合するとき，または②契約目的に反せず，かつ，変更に係る事情に照らして合理的なものであるときである（同

1項)。①は，相手方に有利な変更であるのに対して，②は，相手方に何ら
かの不利益を生じる可能性のある変更である。すでに成立した契約につい
て，定型約款準備者による一方的な変更を認めることになるので，とくに，
②については，慎重に判断する必要があろう。

　また，手続的な要件として，定型約款準備者は，定型約款の変更をすると
きは，その効力発生時期を定め，かつ，定型約款を変更する旨および変更後
の定型約款の内容ならびにその効力発生時期をインターネットの利用その他
の適切な方法により周知しなければならない（同2項）。前記②に基づく変更
については，相手方保護の観点から，効力発生時期が到来するまでに周知す
る必要がある（同3項）。

　同1項による定型約款の変更については，前述3において説明した548条
の2第2項が適用されない（同4項）。なぜならば，定型約款の変更の要件
は，相手方に何らかの不利益を生じさせる可能性のある変更について，前述
②のようなより厳格なものとなっているからである。

展　開

1　定型約款による契約の成立に関する問題　　解釈

（1）取引内容が画一的であることがその双方にとって合理的であること

　定型約款によって細部まで内容を認識していない者を拘束することが認め
られるのは，前述【構造】2（1）のとおり，定型約款準備者だけでなく，
相手方にとっても，取引内容が画一的であることが合理的なものと，客観的
に評価することができる場合にかぎられる（548条の2第1項柱書）。このよう
なものとして，たとえば，保険契約のように画一的な内容が必要なものや，
鉄道乗車契約のように迅速・定型的なサービスが行われる必要があるものな
どがあげられる。

　これに対して，たとえば，事業者間の取引においては，契約書のひな形が
用いられることが多いとしても，このひな形によるかどうかも含めて契約条
件などについて交渉を経て契約が締結されるような場合には，取引内容が画
一的であることが相手方にとっても合理的であるとはいえないことから，こ
のひな形は定型約款にあたらない。

（2）定型約款準備者による相手方への表示

前述【構造】2（3）のとおり，548条の2第1項2号によれば，定型約款準備者があらかじめその定型約款を契約の内容とする旨を表示すれば，相手方がそれを契約の内容とする旨の合意をしなくても，相手方は，個別の条項について合意したものとみなされる。もっとも，定型約款準備者からそのような表示がなされれば，相手方は，これに対して黙示の合意をしたと考えられるのが通常であろう（同1号の合意は，黙示でもよいと考えられるので，このように黙示の合意があったと考えられる場合には，同1号と同2号の関係が問題になる）。そこで，定型約款準備者の前記の表示は，取引を実際に行おうとする際に，相手方に対して，その定型約款を契約の内容とする旨を個別的に示すものと評価できる程度のものである必要があろう。その具体的な判断は，判例の蓄積が待たれる。

なお，取引の公共性が高く，かつ，定型約款が契約内容になる必要性の多いもの，たとえば鉄道の駅の自動改札から電車に乗り込んだり，高速道路でETCシステムを利用して料金所を通過したりする場合等には，特別の規定がある（鉄道営業18条の2，道路整備特別措置法55条の2等）。それらの規定では，548条の2第1項2号について，定型約款準備者による表示でなくとも，「公表」でもよいとされている。

2　定型約款の内容規制に関する問題
——不当条項・不意打ち条項規制　解釈　関係

その内容が相手方に過大な不利益を与えると認められる条項は，**不当条項**とよばれる。従来の学説は，約款が契約の内容に含まれるかどうか（組入れ），組み入れられた約款が相手方にとって不利な内容の条項を含む場合にその効力はどうなるのかという2段階で議論してきた。しかし，改正後は，【構造】3において述べたように，定型約款については，不当な内容の条項は，そもそも契約内容にならないという形での解決がなされる（548条の2第2項）。

また，改正前において学説は，内容の不当性にかかわらず，当該条項が当該契約類型において合理的に予測することができないものを**不意打ち条項**とよんで，不当条項と区別して議論してきた。これに対して，改正後は，定型約款については，不当条項だけでなく，不意打ち条項についても，同2項に

よって解決されるものと考えられている。

　なお，事業者と消費者との間で契約が締結される場合には，消費者契約法の適用も問題となる。とくに消費者契約法8条から10条は，消費者取引における事業者の免責条項や，損害賠償額の予定条項，任意規定による場合に比して消費者の利益を一方的に害する条項等の無効を定めている。

研　究

改正前の解釈学（約款論）と債権法改正　　　　　　　　　　　　解釈

　約款は，一方当事者によって，一方的に作成されたものであって，相手方は，その内容に関する交渉の機会に乏しく，よく理解せずに契約を締結したり，理解していても契約を締結するには約款に合意せざるを得なかったりすることから，相手方に不当な不利益をもたらす条項が契約の内容に組み込まれることがある。そこで，従来，学説では，前述【展開】2のように，約款の拘束力および不当条項規制が問題とされてきたのである。

　改正前の判例には，約款による旨の記載がされていた申込書によって保険契約を締結した場合に，約款によらない旨の意思を表示しなかったときは，反証のないかぎり，その約款によるという意思をもって契約をしたものと推定する旨を述べるものがある（大判大4・12・24民録21・2182［百選Ⅱ〔46〕]）。これを契機として，約款の拘束力は，約款によるという意思（組入意思）を媒介として，あくまで当事者の合意によるという考え方が通説となっていた。そして，このような組入意思は，約款の内容をあらかじめ相手方に知らせること（事前開示）とセットで論じられてきた。

　しかし，民法は，定型約款の個別の条項が契約内容となるのに，事前開示も，相手方の合意も必要としない。改正前の学説の議論は，単に理論的興味に基づくものというのではなく，当事者の一方によって用意された約款を利用する取引の相手方の保護という観点から展開されてきたものであり，改正後においても，相手方が不利益を被ることのないような解釈論が必要となっている。

　なお，定型約款の要件（前述【構造】2）に該当しない約款については，前記において紹介した判例・学説における従来の約款に関する議論があてはまる。

┌─ **次のステップ** ───────────────────────────────
│
│ ➡不当条項規制について
│
│ ・潮見佳男「講座・学びなおし・民法総則〔第 9 回〕消費者契約・定型約款における
│ 不当条項規制」法学教室459号（2018年）75-81頁
│
│ ➡従来の議論と定型約款の立法化に関する問題点について
│
│ ・河上正二「特集・債権法改正後の消費者契約法Ⅳ民法改正法案の「定型約款」規定
│ と消費者保護」法学教室441号（2017年）30-35頁
│
│ ・森田修『「債権法改正」の文脈』（有斐閣，2020年）87-152頁
│
│ ・松岡久和ほか『改正債権法コンメンタール』（法律文化社，2020年）662-689頁［大
│ 澤彩］
│
└──

（深川裕佳）

第**3**章　契約の成立

　本章では契約の成立を扱う。契約は契約を結ぼうとする当事者の意思表示によって成立する法律行為の1つであり，その効果として当事者間に債権債務関係を生じさせる。契約を成立させるための意思表示は申込みと承諾とよばれ，民法は523条以下で関係する規定を置く（第1節）。また意思表示によらずに当事者間に契約あるいは契約類似の関係が生じることもある（第2節）。そしてとくに現代においては契約の成立過程において，一方当事者の不十分な説明や不当な交渉破棄などによって相手方が損害を被ることもあるが，これも契約成立過程における問題の1つである（第3節）。

第**1**節　申込みと承諾による契約の成立
522条-528条

　本節では，契約を成立させるために必要な意思表示である申込みと承諾に関するルールを学ぶ。本節ではまず契約成立の基本構造や，申込みと承諾という意思表示に関わる規定を扱う（【構造】）。ついで意思実現や申込みの誘引，交叉申込みなど，契約の成立に関する特殊なルールを扱う（【展開】）。最後に契約成立過程を分析する議論の1つである熟度論を扱う（【研究】）。

構　造

1　契約成立の構造
　契約は，ふたりまたはそれ以上の当事者の間で**申込み**と**承諾**という意思表示が内容的に一致すること，つまり**合意**によって成立する（522条1項）。現実の取引において契約を締結するにあたって，契約書が作成され，署名捺印が要求されることもある。民法は契約自由の原則のもと，方式の自由を認めているために申込みと承諾の一致のみが契約の成立要件である（同2項。契約自由の原則については⇨第1章）。ただし，保証契約や書面でしない消費貸借を

締結する場合には，合意だけでは契約が成立しないことに注意を要する。保証契約については書面でする必要がある**要式契約**である（446条 2 項）。また書面でしない消費貸借は**要物契約**のため，合意のほかに目的物の引渡しがあってはじめて契約が成立する（587条）。なお，契約の分類については第 1 章を参照してほしい。

　522条 1 項の文言からは，契約はふたりの当事者で成立するということが前提とされているようにも読めるが，契約はふたり以上の当事者の間で締結されることもある（とくに 3 者間で締結される契約を三面契約とよぶこともある）。

2　申込みと承諾

（1）申込みの意義

　申込みとは，契約内容を表示して相手方に契約の締結を申し入れる意思表示である（522条 1 項）。意思表示であることから民法総則における意思表示に関する規定の適用を受ける。たとえば申込みの効力の発生時期は，その通知が相手方に到達した時点となる（**到達主義**。97条 1 項）。具体的にどのような場合に到達があったと判断されるのかについて，判例は，意思表示が相手方によって直接受領されるか了知されることまでは必要とせず，意思表示や通知を記載した書面が相手方の支配領域内におかれることで足りるとする（最判昭36・4・20民集15巻 4 号774頁，最判昭43・12・17民集22巻13号2998頁）。

（2）申込みの効力

（a）**申込みの撤回**　　いったん有効になされた申込みについて，申込者が撤回をすることはできるであろうか。民法は承諾期間のある場合とない場合とについて分けて規定する。まず，承諾期間の定めのある申込みの場合は撤回することはできない（523条 1 項本文）。ただし，申込者が撤回権を留保して申込みをした場合は別である（同ただし書）。

　承諾期間の定めがない場合，申込者が承諾を受けるのに相当な期間を経過すれば申込みを撤回できる（525条 1 項本文）。承諾期間の定めのない申込みについて申込者が撤回権を留保した場合には，相当期間の経過前でも撤回できる（同ただし書）。

　対話者間で承諾期間のない申込みがなされた場合には，対話継続中はいつでも撤回できる（同 2 項）。

（b）**申込みの発信後の事情**　　申込みの効力は，申込者が意思表示をし

たあとに死亡した，意思能力を喪失した，行為能力の制限を受けた場合で
あっても効力を失わない（97条3項）。ただし，申込者が申込みの通知を発し
たあとに，死亡した，意思能力を喪失した，行為能力の制限を受けた場合
に，申込者がこれらの事態が生じたならば申込みの効力が生じない旨の意思
表示をしていたとき，または相手方が承諾の通知を発するまでにその事実が
生じたことを知ったときは，その申込みは無効となる（526条）。

(3) 承諾の意義

承諾は，申込みに対してなされる意思表示である。そのため申込みと同じ
く意思表示に関する規定が適用され，承諾の効力発生時期も相手方（申込者）
に承諾が到達した時点となる（97条1項）。申込みに対して承諾があったとし
ても，契約が成立するためにはこれらの意思表示が内容的に一致している必
要がある。AがBに対してB所有の中古車を50万円で購入したい内容の申
込みをしたところ，Bから80万円であれば売る旨の返答があったとする。こ
の場合，Aの申込みとBの返答は内容的に一致しておらず契約は成立しな
い。ただし，民法は申込みの内容に変更を加えた承諾があった場合，この意
思表示は申込みの拒絶であると同時に新たな申込みとみなしている（528
条）。そのため，Bの返答は，Aの申込みの拒絶であり，内容に変更を加え
た新たな申込みとなる。そうするとBから80万円でなら売る旨の返答を受
けたAが，その条件で購入したいと考えた場合には，Bの新たな申込みに
対して承諾をすればよい。

(4) 承諾適格

承諾適格とは，いったん有効になされた申込みに対して，いつまで承諾を
することができるのか，という問題である。申込みに承諾期間の定めがある
場合，承諾もこの期間内になされる必要がある。承諾期間内に承諾がない場
合，申込みの効力が失われるので，承諾をすることもできなくなる。ただ
し，承諾が本来であれば承諾期間内に到達するように発信されたが，何らか
の事情で承諾期間経過後に申込者に到達した場合には，申込者は遅延した承
諾を新たな申込みとみなすことができる（524条）。そのため，申込者が遅延
した承諾に対して承諾をすれば，契約が成立する。

承諾期間の定めのない申込みの場合，承諾適格について民法に規定はない
が，商法では，「相当の期間内に承諾を発っしなかったときは，その申込み
は，その効力を失う」と規定されており（商508条1項），一般に民法でも同様

に解されている。

　また，対話者間で承諾期間のない申込みがなされた場合，承諾適格は対話の継続中となる（525条3項本文）。ただし，申込者が対話終了後も申込みの効力が失われない旨を表示した場合には，終了後も承諾することができる（同ただし書）。

展　開

1　意思実現

　すでに述べたように契約は申込みと承諾の一致によって成立するが，民法ではそれによらない契約の成立も認められている（意思実現による契約の成立（527条））。意思実現とは，申込者の意思表示や取引上の慣習により承諾の通知を必要としない場合に，承諾の意思表示と認めるべき事実をいう（意思実現行為ともよばれる。527条）。買主から「商品を発送してくれれば，承諾の通知は不要である」との形で商品購入の申込みがあった場合に，売主が承諾をすることなくただちに商品を発送するような場合がこれに当たる。意思実現の場合には，その事実があった場合に承諾の意思表示があったと認められるので，その事実が申込者に了知されるなどの必要はない。改正前は承諾の効力については発信時とされていたところ（発信主義。改正前526条1項），改正後は，承諾の効力も到達時に発生することとなったので（97条1項），意思実現による場合には意思表示である承諾がなされる場合と契約の成立のタイミングに違いが出ることもある。

　ただし527条にあるとおり，意思実現が認められるのは申込者の意思表示や取引上の慣習がある場合にかぎられることに注意が必要である。また，たとえば送り付け商法のような悪徳商法であると認められる場合は，承諾を要しないという申込者の意思表示があっても意思実現を軽々に認めるべきではないであろう（送り付け商法については特商59条および59条の2に対応規定がある）。

　意思実現による契約の成立に関わる問題としては，シュリンクラップ契約なども関連する。こうした論点については第2節を参照してほしい。

2　申込みの誘引　　解釈

商品に値札がつけられて商品棚にディスプレイされていたり，アルバイト

の募集広告に労働の内容や時給額が示されていたりすることがある。こうした場合，当事者間でその後締結されるかもしれない契約の内容が表示されているため，これらを申込みと理解してそれに対して承諾をする（具体的には商品をレジに持っていく，アルバイトに応募する）ことで契約が成立するのであろうか。

これらは一般に**申込みの誘引**とよばれ，その申込みの誘引に基づいてなされる意思表示が申込みとなり，申込みの誘引をした者が申込みに対して承諾をすることで契約が成立するとされる。アルバイト募集の例では，広告を見てアルバイトをしたい旨の意思表示を申込者が募集者に通知しても，それは申込みの誘引に対する申込みとなるのであって，承諾とはならない。申込みをしたあとに（面接などを通じて）改めて募集者が承諾をすることではじめて契約が成立する。

3 交叉申込み　　　　　　　　　　　　　　　　　　解釈

あるふたりの者が偶然互いに同内容の契約の締結を希望し，それに基づいて申込みの意思表示を発信し，互いの申込みが同時に到達したとしよう。たとえばAがBに対してA所有の中古車を100万円で売りたい旨の手紙を出したところ，実はBもAに対してA所有の自動車を100万円で買いたい旨の手紙を出しており，それぞれの手紙がそれぞれのもとに同時に到達した場合である。このように，各当事者が同時に同じ内容の申込みをする場面を**交叉申込み**とよぶ。民法では申込みに対して承諾があった場合にはじめて契約が成立するとしている（522条1項）。そうするとこのような交叉申込みの場合には双方から申込みだけがあるにすぎず承諾がない以上，それだけでは契約は成立しないようにも思われる。しかし申込みしかないとはいえ，当事者双方が同じ内容で契約を成立させることを希望している以上，契約の成立を否定する理由はない。そのため交叉申込みが生じた場合には，契約が成立すると考えられている。

研 究

熟度論　　　　　　　　　　　　　　　　　　　　　　関係

熟度論とは，契約の成立過程の分析に関連する議論である。契約は申込みと承諾との内容的一致によって成立し，契約成立以前の段階において当事者

は法的には無関係である。そうすると，この段階において当事者の一方の行為を原因として他方が損害等を受けたとしても，不法行為責任は別として契約責任を問う余地はない。しかし従来から，契約締結上の過失という問題と関連して契約成立前の段階において契約責任を問うことができるか否かが議論されてきた。熟度論はこの問題と関連する。

　現実社会においては，契約を結ぼうとする当事者の間でいきなり契約が締結されるのではなく，契約の締結前に交渉などが行われ，交渉が進むにつれて契約内容が明らかにされていき，最終的に合意に至る，というように契約の成立までに当事者間で段階的なプロセスをたどる（契約（交渉）が次第に熟していく）ことが通常である。そして契約交渉が進むにつれ，交渉当事者の関係もだんだんと緊密になっていき，交渉からの離脱によって生じる時間的・費用的リスクも増していく。つまり契約成立へと接近するにつれ，契約成立前の段階であっても法的に重要と評価されるべき程度の法的関係が当事者間に認められやすくなる。そしてこのような法的関係にある当事者に対しては，一定の法的義務を課すことも正当化しやすいかもしれない。すでに述べたようにこの熟度論は契約締結上の過失の問題とも関連するため，詳しくは第3節を参照してほしい。

┌─ **次のステップ** ─────────────────────────
➡契約の熟度論について
・鎌田薫「不動産売買契約の成否」判タ484号（1983年）17-22頁
・河上正二「「契約の成立」をめぐって（二・完）」判タ657号（1988年）14-28頁（とくに24頁以下）
└────────────────────────────────────

（萩原基裕）

第**2**節　　契約成立の特殊な形態
527条，529条-532条

　本節では，契約成立において，特殊な形態をとるものをまとめて扱うことにする。まず，【構造】において取り上げる懸賞広告のように，契約として性質決定することについて議論のあるものである。つぎに，【展開】におい

て取り上げる競売・入札のように，もっとも有利な条件を提示した者と契約を締結する方法である。そして，【研究】において取り上げるシュリンクラップ契約や事実的契約関係のように，意思表示の合致以外の方法によって契約が成立することが問題となる場面である。

構　造

1　懸賞広告の意義

　民法の「契約の成立」の款の最後には，「懸賞広告」に関する規定が置かれている（529条から532条）。**懸賞広告**とは，ある行為（指定行為）をした者に一定の報酬を与える旨を広告することである（529条）。指定行為には，さまざまなものが考えられる。たとえば，尋ね人を見つける，逃げた飼い犬を探す，学術的な研究をするなどである。公序良俗に反するものは，もちろん許されない（90条）。

　懸賞広告のうち，指定行為をした者の中で優等者だけに報酬を与える旨の広告を**優等懸賞広告**という。たとえば，懸賞論文，懸賞小説のようなものである。この場合には，いずれの者の行為が優等であるかを判定する必要があるので，応募の期間を定める必要がある（532条1項。なお，判定については，同2項から4項に規定がある）。

　懸賞広告の法的性質については争いがある。一方で，懸賞広告をすることが契約の申込みに当たり，指定行為の完了がその承諾であると考えることができ，契約の内容としては請負に類似していると考える立場がある（契約説）。そうであれば，広告（申込み）に気づかずに，たまたま指定行為を行っても，それは承諾とは考えられないので，賞金をもらえないのではないかという疑問が生じるおそれがある。そこで，懸賞広告を単独行為（不特定多数人に対する一方的意思表示）と考えることによって，報酬義務を認めるという立場もある（単独行為説）。しかし，改正によって，懸賞広告をした者（懸賞広告者）は，指定行為をした者が「広告を知っていたかどうかにかかわらず」（529条），その者に報酬を与える義務を負うと規定されたので，法的性質に関する従来の議論は，いずれの立場に立っても，効果に関して違いを生じさせるわけではない。

2　懸賞広告の撤回

　懸賞広告は，指定行為をする期間（指定期間）を定めてした場合には，撤回権を留保したときでないかぎり，撤回することができない（529条の2第1項）。指定期間が経過すれば，懸賞広告は，効力を失う（同2項）。これに対して，指定期間を定めていない場合には，撤回しない旨の表示がないかぎり，指定行為を完了する者がない間は，広告を撤回することができる（529条の3）。これらの規定は，申込みの効果に関する523条および525条に対応するものである。

　懸賞広告の撤回は，前の広告と同一の方法によってなされれば，これを知らない者に対してもその効力を主張することができるが（530条1項），前の広告と異なる方法によってすることも可能であり，その場合には，これを知った者に対してのみ撤回の効力を主張することができる（同2項）。

3　懸賞広告の報酬を受ける権利

　懸賞広告者は，指定行為をした者に対して，報酬義務を負う（529条）。指定行為をした者が複数人あるときは，最初に行為を完了した者のみが報酬請求権を取得する（531条1項）。複数人が最初に行為を完了した場合には，各自が等しい割合で報酬を受ける権利を有する（同2項本文）。ただし，報酬が性質上不可分であるか，または広告において1人のみが報酬を受けるものとしているときは抽選による（同ただし書）。なお，531条は任意規定であり，異なる意思表示を妨げない（同3項）。

展　開

競売・入札　　関係

　【構造】1に述べたように，優等懸賞広告は，優等者だけに報酬を与えるものである。これ以外にも，契約の相手方に競争させて，もっとも有利な条件を提示した者と契約を締結する方法（競争契約）がある。たとえば，競売（オークション）や，入札である。

　競売とは，買受希望者に買受けの申出をさせて（申込みの誘引），申出（申込み）をした者に承諾を与える売却の方法である。民執法43条以下に規定された強制競売について，民法は，国家機関が中間に立つ売買契約とみて，その

担保責任を規定している（568条）。

　入札では，契約条件等を提示して入札に付する旨の表示（申込みの誘引）がなされ，契約の締結を希望する者に文書によって金額などの契約の内容を表示させて入札（申込み）させて，これに対して落札の決定（承諾）をすることで，もっとも有利な内容を表示した者を相手方として契約を締結することができる。競争者は互いに他の者の表示する内容を知ることができない点で，前記の競売とは異なっている。

研　究

1　シュリンクラップ契約・クリックラップ契約　　　解釈

　民法527条は，すでに述べたように，意思実現による契約の成立を定める（⇨第1節【展開】1）。これによる契約の成立が問題となる場面としては，たとえば，ソフトウェアの包装を開封すると中から出てくる契約条項に基づいて成立する契約（シュリンクラップ契約）や，ブラウザーで約款を読ませた後に同意ボタンをクリックすると成立する契約（クリックラップ契約，クリックオン契約等）がある。これらについては，開封やクリックが承諾の意思表示と認めるべき事実に当たるかどうかが問題になるだけでなく，約款の拘束力（⇨第2章【研究】）という観点からも問題がある。

2　事実的契約関係理論　　　関係

　電気・ガス・水道，運送など，一定の事業については，正当な理由なしには，業務の提供を拒むことができない（電気事業17条，ガス事業47条，水道15条，道路運送13条）。そうであっても，契約の成立は，これらの規定とは別に考える必要がある。そこで，このような電気・ガス・水道の供給，バスへの乗車等から生じる法律関係は，当事者の合意に基づくものではなく，事実経過によって基礎づけられるという考え方（事実的契約関係理論）が提唱されている。

　事実的契約関係理論には，私的自治の原則に基づく伝統的な法律行為理論と相容れないこと，どのような契約がこの範疇に入るのか不明であることなどの問題点が指摘され，こんにちでは，この考え方をそのまま採用することには消極的な見解が多い。しかし，この考え方は，「契約」の意義を問い直す契機となった。

┌─ 次のステップ ─────────────────────────────┐
│ ➡事実的契約関係理論について
│ ・谷口知平・五十嵐清編『新版（13）注釈民法・債権 4 契約総則［補訂版］』（有斐
│ 閣，2014年）358-392頁［五十川直之］
└────────────────────────────────────┘

（深川裕佳）

第 3 節　契約成立過程での問題
条文なし

　本節では，契約成立過程に問題があった場合の損害賠償責任を 3 つの場面に分けて学ぶ。【構造】では，契約が成立する前の法律関係が，民法上どのように取り扱われているのかを確認する。【展開】では，①契約締結上の過失と②契約交渉の不当破棄について，それぞれの損害賠償責任の法的性質を扱う。【研究】では，③情報提供義務・説明義務について学習する。

構　造

契約成立過程での問題の取扱い

　契約が成立する前の法律関係について，民法典は明文の規定を置いていない。それは，契約の成立によってはじめて当事者間に法律関係が発生するという伝統的な考えに立っているからである。しかし，契約の中には，たとえば多くの不動産売買契約がそうであるように，相当期間の準備・交渉を経てようやく成立するものもある。そのような契約締結に向けた準備・交渉に入った者の間には，契約当事者ではないが，まったくの第三者同士でもない，特別な社会的接触関係が生じる。現在では，そのような関係に入った者には，互いに相手方に不測の損害を与えないようにする信義則上の義務が生じると考えられるようになっており，相手方の義務違反によって損害を受けた者は，その相手方に対して損害賠償を請求することができると解されている。

　契約成立過程で問題が発生する場面としては，①「原始的不能」によって契約が無効である場合，②契約締結に向けた交渉が不当に破棄されて契約に

至らなかった場合，③契約締結の過程で事故により当事者の権利が侵害された場合，④契約は成立したが，その準備段階で十分な情報が提供されていなかった場合が想定される。③の場合は不法行為責任で処理できるため，【展開】では，①，②，④の場合に発生しうる損害賠償責任の法的性質について検討していく。

民法改正の過程では，これまでの判例・学説を受けて，契約成立過程で発生する問題について明文規定を設ける提案もなされたが，要件の具体化が難しいことなどから，①「原始的不能」の概念の見直し（412条の2第2項）と，一部の契約における情報提供義務の導入（458条の2，458条の3，465条の10）を除いては，明文化が見送られた。

展　開

1 契約締結上の過失 関連

（1）意　義

たとえば，売買契約の目的物である建物が当該契約の締結前に焼失していたような，契約の成立時点で履行不能（原始的不能）である場合，かつては，その契約は無効であると考えられてきた（⇨第4章第1節【研究】1参照）。しかし，もしその焼失が売主の過失によって生じたのであれば，買主は，契約締結の準備や契約成立後の履行を見据えて負担した費用を売主に請求したいと考えるのではないだろうか。

このような場合について，ドイツでは，過失によって無効な契約を締結させた者は，相手方が契約を有効なものと信じたことによって被った損害を賠償する責任があるとする「**契約締結上の過失**」の理論が提唱されるようになり，日本でも，「契約締結上の過失」は，契約締結前の問題をまとめて表す言葉として使用されてきた。

（2）法的性質

原始的不能の場合における損害賠償責任の法的性質をめぐっては，債務不履行責任，不法行為責任，信義則に基づく責任のいずれに該当するのか，議論が続けられてきた。

伝統的見解は，これを信義則を理由とする契約法上の責任（一種の債務不履行）として位置づけて，①締結された契約が原始的不能であるために，その

契約が無効であること，②給付をなすべき者がその不能なことを知り，または，知ることができたこと，かつ，③相手方が善意無過失であること，という3つの要件をみたす場合に損害賠償請求が認められるとする。その損害賠償の範囲は，相手方がその契約を有効であると信じたことによる損害（信頼利益）に限られ，契約が履行されたならば受けたであろう利益（履行利益）は含まれない。

　しかし，この見解に対しては，有力な批判がなされてきた。第1の批判は，不法行為の成立要件が限定されているドイツ不法行為法のもとでは，契約締結過程で生じる問題を契約締結上の過失の理論で対処することに意味があるとしても，日本では，709条が不法行為の統一的な成立要件を採用しているため（⇨第3部第4章第1節【構造】参照），不法行為の問題として対処することが可能である，というものである。第2の批判は，同理論が対象とする契約締結過程で生じる問題には性質の異なるものが含まれており，まとめて説明する実益が乏しい，というものである。第3の批判は，原始的不能も後発的不能と同様に扱えばよい，というものである。ドイツにおいても，すでに2002年の民法改正によって，原始的不能における信頼利益の賠償に関する規定は削除され，原始的不能の給付を目的とする契約が無効でないことが明文化されていた。

（3）現行民法

　日本でも，改正後は，契約に基づく債務の履行がその契約の成立時に不能であったとしても，債権者は，債務者に対して，「第415条〔債務不履行〕の規定によりその履行の不能によって生じた損害の賠償を請求すること」ができるようになった（412条の2第2項）。原始的不能の契約も有効であることが前提とされており，債務不履行の効果としての損害賠償請求ができるということは，履行利益の賠償が認められることを意味する（415条2項1号）。なお，履行が不能かどうかの判断は，「契約その他の債務の発生原因及び取引上の社会通念」に照らして判断される（412条の2第1項）。

② 契約交渉の不当破棄　関係

（1）問題の所在

　契約自由の原則のもと，人は，契約を締結することも，契約を締結しないことも，自由に決定することができる（改正後は521条1項で明文化されてい

る）。しかし，契約の締結に向けた交渉を，あと一歩で締結に至るというときに交渉の当事者の一方が合理的な理由もなく打ち切ったことで相手方に損害が生じたような場合でも，契約締結の自由の範囲内の行動といえるだろうか。

(2) 判　例

Ａが，歯科医院を開設するためにＢからマンションを買い受けようとＢと交渉している過程で，①ＡがＢにスペースについて注文を出したり，レイアウト図を交付したり，②Ａから電気容量の問い合わせを受けたＢが，Ａの意向を確かめないまま電気容量を増やすための設計変更を行い，その出費分を上乗せすることをＡに告げた際にも，Ａが異議を述べなかった等の事情があったのにもかかわらず，Ａが，最終的に，購入資金が多額であることなどを理由に買受けを断った経緯から，Ａに対してＢが損害賠償を請求した事案がある。

第一審は，「契約締結に至らない場合でも契約責任としての損害賠償義務」を負うとした。しかし，原審は，「契約類似の信頼関係に基づく信義則上の責任」に基づいて，契約が有効に成立するものと信じたことによってＢが受けた損害（信頼利益）の賠償を認めたうえで，Ａ・Ｂ双方の過失割合を各5割とした。そして，最高裁は，Ｂの契約準備段階における信義則上の注意義務違反を理由とする損害賠償責任を肯定した原審の判断を維持した（最判昭59・9・18判時1137号51頁［百選Ⅱ【3】]）。

この最高裁の判旨からは，契約交渉の不当破棄における損害賠償責任を，債務不履行責任類似の責任ととらえているのか，不法行為責任ととらえているのかは明らかでない。実際，「契約準備段階における信義則上の義務違反を理由とする不法行為に基づく損害賠償請求を認容した原審の判断は，正当として是認することができる」と判示した最高裁判決も存在する（最判平2・7・5集民160号187頁）。

(3) 法的性質

契約交渉の不当破棄における損害賠償責任の法的性質をどう構成するかを検討するにあたっては，契約締結過程を交渉開始から締結に至るまでの3段階に分ける方法が参考になる。①第1段階は，当事者の接触が始まり，契約交渉が具体的に開始されるまでである。この段階では，一般不法行為上の注意義務を除き，交渉当事者間に特段の義務は生じない。②第2段階は，契約

内容が具体化されるなど交渉が進展し，主たる事項が定まるまでである。この段階では，交渉当事者は，相手方の信頼を裏切らない義務を負う。③第3段階は，契約の具体的内容がほぼ合意に達し，正式契約の締結日が定められるに至った段階である。この段階では，交渉当事者は，誠実に交渉すべき義務を負う。

前掲の最判昭59・9・18にいう「契約準備段階における信義則上の注意義務」とは，②や③の段階で認められるものである。②と③の違いは損害賠償の範囲に現れるとされており，②では信頼利益の賠償に限定されるが，③では履行利益の賠償も認められる。

研　究

情報提供義務・説明義務 　　　　　　　　　　関係

（1）意　義

契約を締結するか否か，どのような内容であれば締結するのかは，その契約の当事者になる者が決めることである。その判断に必要な情報の収集・分析が十分でなかったために不利益を被ったとしても，自ら甘受するのが原則である。

そうはいっても，契約の当事者になる者の間で情報収集能力や専門的知識に大きな格差がある場合，能力・知識に長けた方から他方に対して情報を提供する義務や説明する義務を課されることがある。たとえば，消費者契約法は，事業者に，消費者に対する一般的な情報提供の努力義務を課している（消費者契約3条1項2号）。また，特定の業種については，法令により，事業者から相手方への説明義務が課されている（宅建業35条，金商37条の3，旅行12条の4第1項など）。

（2）判　例

判例・裁判例は，不動産取引のほか，金融・保険契約，フランチャイズ契約，医療契約を中心に，契約の準備段階での情報提供義務・説明義務を認めてきた。

信用協同組合の代表理事らが，経営破たんの現実的危険性を説明せずに出資を勧誘し，その後破たんしたために，勧誘に応じた出資者が持分の払戻しを受けられなくなった事案において，判例は，「契約の一方当事者が，当該

契約の締結に先立ち，信義則上の説明義務に違反して，当該契約を締結するか否かに関する判断に影響を及ぼすべき情報を相手方に提供しなかった場合には，上記一方当事者は，相手方が当該契約を締結したことにより被った損害につき，不法行為による賠償責任を負うことがあるのは格別，当該契約上の債務の不履行による賠償責任を負うことはない」と判示した（最判平23・4・22民集65巻3号1405頁［30！③【04】，百選Ⅱ【4】]）。後に締結された契約は，説明義務違反によって生じた結果と位置づけられるのであって，説明義務をもって当該契約に基づいて生じた義務であるということは一種の背理である，というのがその理由である。

　このように，契約の準備段階における情報提供義務・説明義務違反は，判例に従えば，不法行為の問題として対処されることになる。一方，契約成立後の情報提供義務・説明義務に関しては，当該契約の付随義務の違反として債務不履行の問題として対処できることに留意してほしい（最判平17・9・16判時1912号8頁など）。

次のステップ

➡契約成立過程での問題全般について
・野澤正充『セカンドステージ債権法Ⅰ　契約法［第3版］』（日本評論社，2020年）35-48頁
➡民法改正との関係で従来の議論を整理したものとして
・大滝哲祐「債権法改正における原始的不能と損害賠償—今後の解釈の方向性」北海学園大学法学研究55巻2号（2019年）27-70頁
・大滝哲祐「債権法改正と契約締結過程における説明義務」北海学園大学法学研究56巻3号（2020年）1-43頁
➡契約交渉の不当破棄における交渉当事者の責任を検討する際には，契約交渉段階で締結した基本合意に基づく独占交渉義務・誠実協議義務を肯定した東京地判平18・2・13判時1928号3頁［30！③【01】］も参考にしてみよう。

（大坂恵里）

第4章　契約の効力

　有効に成立した契約にはどのような効力が認められるであろうか。たとえば売買契約を想定してみよう。売買契約が有効に成立すれば，買主は財産権の移転を求める権利（財産権移転請求権）を有し，一方で代金を支払う義務（代金債務）を負う。反対に売主は，財産権を移転する義務（財産権移転債務）を負うが，代金を請求する権利（代金請求権）を有することになる。このように契約の当事者は，契約内容を実現するための権利を有し，義務を負うことになる。契約は，事務管理・不当利得・不法行為とともに，債権の発生原因の1つである。

　一方で，民法で「契約の効力」として規定されているのは，前記の内容ではない。

　本章では，契約の基本的効力について学習し，その上で，民法に規定されいている3つの効力について学習する。

第1節　概　要
533条-539条，539条の2，540条-548条

　本節では，契約の効力の概要について学ぶ。【構造】では，契約総則には規定されていない契約の基本的効力について，【展開】では，民法の「契約の効力」の条文構成について，【研究】では，契約の効力である債権・債務を含めた契約上の地位の移転について学習する。

構　造

1　契約の基本的効力と民法の規定　　関連

　契約が成立すると，その内容実現に向け債権・債務が発生する。この債権の効力が契約の基本的効力である。しかし，第3部で勉強するように，民法は契約以外にも債権の発生原因を規定している。そこで，この債権の効力に

ついては，すべての発生原因に基づく共通の効力として第3編第1章の債権総則で規定されている。一方，債権総則の「債権の効力」に規定されているのは，「債務不履行の責任等」，「債権者代位権」，「詐害行為取消権」であり，これらは債権の内容実現に向けた直接の効力ではない。

　債権の内容実現に関し，債権者は債務者に対して債権の内容を実現するように求めることができる**履行請求権**を有するが，この点について定める規定は存在しない。しかし，解釈上は当然の権利として認められている（明治時代の立法者が民法起草時に参照したドイツ民法では履行請求権について明文規定がある）。民法が規定するのは，債務が内容どおりに履行されなかった（債務不履行）の場合の効果（救済手段）としての，①「履行の強制」，②「損害賠償請求権」，③「解除権」である。このうち，①②については，債権総論に規定があるが，③については，契約特有の問題問題であることから，契約総則に規定されている（540条-548条。⇨第5章）。

2　契約総則に規定される契約の効力

　第2章契約第1節総則第2款契約の効力に規定されているのは，①「同時履行の抗弁」（533条），②「債務者の危険負担等」（536条），③「第三者のためにする契約」（537条-539条）の3つである。これらは各種の契約に共通する効力であるが，①②は，売買契約のように両当事者がともに債務を負う双務契約に共通する問題についての規定であるのに対し，③は債権の効力を人的に拡大する問題についての規定である。

3　契約上の地位の移転

（1）意　義

　さらに契約総則では，第2款「契約の効力」に続く第3款に，「契約上の地位の移転」が規定されている（539条の2）。改正前は，「契約の効力」の次に「契約の解除」の規定がおかれていたが，改正後は，新たにこの規定が挿入された。

　契約上の地位の移転とは，契約当事者の一方と第三者との間で行われた合意により，権利義務関係のすべてを含めた契約当事者の地位を包括的に移転することをいう。たとえば，賃貸借契約において，賃貸人の地位を第三者との間の合意によって第三者に移転させる場合などである。これは，債権総論

で学習する債権譲渡（466条-469条）・債務引受（470条-472条の4）の問題であるように思える。しかし，債権譲渡や債務引受では，債権の発生原因となっている当事者については変更が生じていないことから譲受人に取消権や解除権の行使は認められないが，契約当事者としての地位が一括して移転されていれば，譲受人は契約当事者としてこれらの権利を行使することができる。

契約上の地位の移転は，実務上広く行われ，判例（最判昭46・4・23民集25巻3号388頁［百選Ⅱ【41】]）・学説上も承認されていたことから，今回の改正の際に基本的なルールが明文化された。

（2）成立要件

契約上の地位の移転が生じるためには，①「契約当事者の一方（譲渡人）が第三者（譲受人）との間で契約上の地位を譲渡する旨の合意をする」，②「契約の相手方がその譲渡を承諾する」という2つの成立要件を満たす必要がある（539条の2）。

契約上の地位の移転は，免責的債務引受の要素を含むため，相手方を保護する必要があることから，原則として相手方の承諾が要件となる（詳しくは，債権総論で勉強してほしい）。

ただし，契約の性質によっては相手方の保護が必要とされない場合がある。不動産賃貸借では，不動産の譲渡人と譲受人の合意により，賃借人の承諾を必要とせずに，賃貸人の地位を譲受人に移転することができる（605条の3）。賃貸目的物を収益させるという賃貸人の債務は，誰が賃貸人であっても履行態様が変わることはないからである。（⇨第6章第5節）

（3）効　果

前述の（2）の成立要件を満たした場合に，契約上の地位は第三者に移転する（539条の2）。これによって，債権・債務だけでなく，取消権や解除権などの契約上のすべての権利・義務が第三者に移転する。この場合，譲渡人は当然に契約関係から離脱する。

展　開

双務契約特有の問題

契約当事者の双方が債務を負う双務契約では，両当事者は債権を有するとともに債務も負うことになる。たとえば売買契約では，売主は代金債権を有

するとともに財産権移転債務を負うことになるし，これに対して買主は代金債務を負うとともに財産権移転債権を有することになる。このように双務契約は，当事者双方の債権・債務が対価として相互に向き合って存在するという構造になっている。この場合，一方の債務に生じた事由が他方の債務にどのような影響を及ぼすかが問題となる。これを**牽連性**の問題または**牽連関係**の問題とよぶ。双務契約では，①一方の債務が存在しない場合に他方の債務は存在するか（**成立上の牽連関係**），②一方の債務が履行されない場合に他方の債務は履行しなければならないか（**履行上の牽連関係**），③一方の債務が債務者の責めに帰することができない事由により消滅した場合に他方の債務は消滅するか（**存続上の牽連関係**），という3つの牽連関係が問題となる。①は原始的不能の問題，②は同時履行の抗弁の問題，③は危険負担の問題である。①については，次の【研究】で，②については第2節で，③については第3節で学習する。

研　究

1　原始的不能と後発的不能

　【展開】で説明した①成立上の牽連関係の問題をめぐり，かつては，契約の内容がその締結当時から客観的に不能（原始的不能）である場合，その契約は無効である（つまり，一方の債務が発生しなければ他方の債務も発生しない）と考えられていた。一方，契約成立後，履行期前に目的物が滅失するなどして一方の債務の履行が不能となった（後発的不能）場合には，相手方の債務は消滅しないと区別して考えられてきた。そして，原始的不能で無効である契約を有効であると信じて契約関係に入り込んできた者を保護するための理論が考えられてきた（契約締結上の過失。⇨第3章第3節【展開】参照）。

　しかし，改正法では原始的不能概念は放棄され，一方の債務が履行不能であったとしても，契約の成立（すなわち，他方債務の発生）を認め，履行不能の問題として解決されることになった（412条の2）。

2　事情変更の原則　　　　　　　　　　　　　　　　　　　関係

　契約が成立したのちは，各当事者はその契約に拘束され，契約の内容どおりの実現が求められる。しかし，契約成立後，履行期までの間に，当事者が

契約締結当時には予見することができなかったような事情により契約の基礎となっていた事情が大きく変更し，当事者を当初の契約内容に拘束することが過酷なものとなった場合には，信義則（1条2項）を根拠に，契約内容の改訂や契約解除を認めるという考え方が判例・学説上認められている。これを**事情変更の原則**という。事情変更の原則について，最高裁はそれを承認するが，実際にその適用を肯定したものはない（最判平9・7・1民集51巻6号2452頁［30！③【02】，百選Ⅱ【40】]）。

次のステップ

➡️履行請求権について
・椿寿夫「履行請求権」『解説　新・条文にない民法』（日本評論社，2010年）194-198頁
➡️契約上の地位の移転について
・松岡久和ほか『改正債権法コンメンタール』（日本評論社，2020年）636-640頁
➡️事情変更の原則について
・馬場圭太「日本法における「事情変更の原則」」民法研究（第2集）東アジア編8号（2020年）67-79頁

（芦野訓和）

第 2 節　同時履行の抗弁
533条

　本節では，履行上の牽連性の問題である「同時履行の抗弁」について学ぶ。【構造】では，同時履行の抗弁の意義・成立要件・効果を確認する。【展開】では，留置権との異同を確認し，同時履行の抗弁の成立要件・効果に関する重要な論点を扱う。【研究】では，「不安の抗弁」について学習する。

構　造

1 意　義

　双務契約の当事者の一方は，相手方が債務の履行をするまでは，自己の債務の履行を拒むことができる（533条本文）。これを**同時履行の抗弁**という。

「同時履行の抗弁権」と表記されることも多いが，本節では条文の見出しどおりに「同時履行の抗弁」と表記する。

　同時履行の抗弁は，双務契約から生じる対価的意義を有する両債務について履行上の牽連関係を認め，当事者間の公平を図ろうとする制度である。それゆえ，第1に，相手方からの履行の請求に対して自己の債務の不履行を正当化できるという防御的な機能を果たす。第2に，相手方の履行を促すという担保的機能も果たす。各当事者は，自己の債権を満足させるために，まず自己の債務の履行を提供しなければならないからである。

2　成立要件

　同時履行の抗弁の成立要件は，①双務契約の当事者間に債務が存在すること（533条本文），②相手方の債務が履行期にあること（同ただし書），③相手方がその債務の履行を提供しないこと（同本文），の3つである。

　②については，実際には双方の債務が履行期にあることが必要である。相手方が履行を請求してはじめて同時履行の抗弁が問題になるため，自己の債務についても履行期が到来していることが前提となる。

　③については，改正により，相手方の債務の履行には「債務の履行に代わる損害賠償の債務の履行を含む」ことが明記された（同本文括弧書）。すなわち，双務契約における当事者の一方の債務が履行不能となり，債務の履行に代わる損害賠償債務（填補賠償債務，415条2項）に転化した場合でも，同時履行の抗弁は失われない。

3　効　果

(1) 履行の拒絶と引換給付判決

　同時履行の抗弁により，双務契約の相手方がその債務の履行または履行の提供をしないかぎり，自己の債務を履行しなくてよい。

　履行請求の裁判において同時履行の抗弁が認められると，裁判所は，被告に対し，原告の給付と引換えに給付すべき旨を命ずる判決（**引換給付判決**）を出すことになる（大判明44・12・11民録17輯772頁）。引換給付判決に基づいて強制執行をする場合には，反対給付またはその提供をしたことの証明が必要である（民執31条1項）。

（2）債務不履行責任の不発生

　同時履行の抗弁が認められると，履行遅滞とならないため，債務不履行責任を負わない。すなわち，民法415条に基づく損害賠償責任を負うこともなく，541条に基づき契約が解除されることもなく，担保権を実行されることもない。

（3）相殺からの保護

　債権者は，自己の債務を履行して同時履行の抗弁を消滅させないかぎり，債務者に対する債権を自働債権として相殺することができない（大判昭13・3・1民集17巻318頁）。

展　開　

1　留置権との異同　　　　　　　　　　　　　　　　　　関連

　留置権とは，担保物権の一種であり，他人の物の占有者が，その物に関して生じた債権の弁済を受けるまで，その物を留置する権利である（295条）。留置権は，同時履行の抗弁と同様に，当事者間の公平を図る趣旨を有する。したがって，自分の履行を拒否することができるし，相手方の履行を促すこともできるし，訴訟においては引換給付判決が出される。しかし，両者は以下の点で異なる。

　第1に，同時履行の抗弁では給付の内容を問わず拒絶することができるが，留置権で拒絶できるのは物の引渡しのみである。第2に，同時履行の抗弁は，双務契約の相手方に対してしか主張することできないが（相対的効力），物権である留置権は，すべての者に対して主張することができる（絶対的効力）。第3に，同時履行の抗弁とは異なり，留置権には不可分性がある（296条）。たとえば，売買の目的物が可分であって，買主が代金の半分だけを支払った場合には，売主が同時履行の抗弁で引渡しを拒絶できるのは，目的物の半分だけである。しかし，留置権の場合，売主は，代金全額が支払われるまで，目的物全部の引渡しを拒絶することができる。第4に，留置権は，債務者が代担保を提供することによって消滅させることができるし（301条），競売申立権も行使できる（民執195条）。

　同時履行の抗弁の要件と留置権の要件のいずれもみたされる場合には，判例・通説は，どちらを主張しても良いと考えている。

2 複数の債権債務が存在する場合 　　　　　　　　　　　関連

（1）1つの双務契約に複数の債権債務が存在する場合

　1つの双務契約から各当事者に複数の債権債務関係が生じる場合には，中心的な債務との間で同時履行の抗弁が認められる。

　動産の売買においては，売主の目的物引渡債務と買主の代金支払債務が同時履行の関係に立つ。

　不動産の売買においては，売主の登記移転義務と買主の代金支払債務が同時履行の関係に立つと一般には考えられているが，引渡しと代金支払とが同時履行の関係に立つとする見解も有力である。借地借家法の建物買取請求権（借地借家13条・14条）の行使によって建物の売買が成立する場合にも，建物についての引渡債務と代金支払債務が同時履行の関係に立つ。さらに，造作買取請求権（借地借家33条）の行使によって造作の売買が成立する場合にも，造作についての引渡債務と代金支払債務が同時履行の関係に立つが，判例は，造作買取請求権が建物に関して生じた債権ではないため，造作代金の支払がないことを理由に，造作が付加した建物の明渡しを拒むことはできないとする（最判昭29・7・22民集8巻7号1425頁）。この場合，留置権の行使もできない（最判昭29・1・14民集8巻1号16頁）。

　賃貸借における賃借人の家屋明渡債務と賃貸人の敷金返還債務については第2部第6章第1節【展開】4を，請負における注文者の報酬支払債務と契約不適合を理由とする請負人の損害賠償債務については第2部第8章第2節【構造】1（2）（d）を参照してほしい。

（2）双務契約に基づかない債務間で同時履行関係が認められる場合

　双務契約から生じた債務ではない場合にも，同時履行の抗弁が認められることがある。前述の填補賠償債務（533条括弧書），受取証書の交付と弁済（486条），契約解除による原状回復義務（546条による533条の準用）などは，明文で認められている。判例は，未成年者の行為が取り消された場合の当事者双方の不当利得返還請求について民法553条の準用を認めているほか（最判昭28・6・16民集7巻6号629頁），第三者による詐欺によって意思表示が取り消された場合においても民法553条の類推適用を認めている（最判昭47・9・7民集26巻7号1327頁）。

（3）当事者の交代

　同時履行の関係にある債権債務のうち一方の債権が第三者に譲渡され，ま

たは，一方の債務を第三者が引き受けた場合でも，同時履行関係は存続する。しかし，更改の場合は，旧債務は消滅するため（513条柱書），同時履行の抗弁も消滅する。

3 先履行義務と同時履行の抗弁 解釈

　自分の債務が先履行で，かつ相手方の債務の履行期が未到来である場合には，同時履行の抗弁は認められない。

　問題となるのは，先履行義務者が履行しないでいる間に相手方の債務の履行期が到来した場合である。通説は，同時履行の抗弁が，相手方の債務（実際には両債務）が履行期にあることを要件とするのみで，履行期が当初から同一であることを要件としていないことを理由に，先履行義務者が同時履行の抗弁を主張できると考える。ただし，特約のないかぎりは対価が後払とされる契約（614条，633条，648条）や，先履行義務者の履行があってはじめて後履行義務者の履行が可能となる契約の場合には，相手方の債務の履行期が到来しようとも，先履行義務者の同時履行の抗弁は認められないとする。

4 不完全履行と同時履行の抗弁 関連

　相手方が一部の履行または不完全な履行をした場合に，債務の本旨に従った履行ではないとして受領を拒絶したのであれば，その相手方に対しては，なお同時履行の抗弁が認められる。しかし，受領を拒絶しなかった場合には，公平の観点から，つぎのように解決される。

　一部履行において，請求された債務が可分の場合には，相手方の提供した部分に応じて債務の履行を拒むことができるが，不可分の場合には，相手方の提供した部分の重要性によって全部の履行を拒むことができるかどうかが決まる。すなわち，未履行・不完全な部分が軽微であれば同時履行の抗弁は認められず，重大であれば全部の履行について同時履行の抗弁が認められる。

5 同時履行関係の主張の要否 解釈

　同時履行の抗弁の効果を生じさせるために当事者の一方（A）が相手方（B）に対して同時履行の抗弁を主張することが必要か否か，学説は対立している。

　通説（存在効果説）は，同時履行の抗弁を基礎づける事実が存在しているこ

と自体で効果が生ずると考える。Aが主張しなくても，Bが履行の提供をしないかぎり，Aは債務不履行責任を負わないし，相殺からも保護される。Bが履行請求訴訟を提起した場合には，Aが同時履行の抗弁を主張すれば，引換給付判決が出ることになるが，Aが同時履行の抗弁を主張しなければ，単純な給付判決となる。

　この通説的見解に対して，債務者の免責をもたらす同時履行の抗弁は債務者自らが主張立証することで効果が生ずるとする見解（行使効果説）も有力に主張されている。

研　究

不安の抗弁 　　　　　　　　　　　　　　　　　　　関係

　売買契約において売主が先履行義務者である場合に，売主が目的物を引き渡しても，買主が代金を支払わなかったとしよう。売主は，最終的には，当該売買契約について債務不履行を理由に解除することができるが，その間に買主が支払不能状態になれば，買主に対して原状回復や損害賠償を請求することは実際上困難である（⇨第5章第4節【構造】参照）。

　そこで，通説は，民法上に明文の規定はないものの，契約締結後に後履行義務者の財産状態の悪化や信用不安が生じ，先履行義務者が自己の債務を履行しても反対給付の履行を受けられないおそれが生じた場合には，先履行義務者が履行を拒絶できるとする**不安の抗弁**を認めている。

　裁判例も，主として継続的供給契約において，買主の信用不安が生じた場合には，信義則や公平の原則に照らして，売主が商品の供給を停止することの正当性を認めてきた（東京地判平2・12・20判時1389号79頁など）。

　不安の抗弁は，民法改正にあたって明文化することが検討されたが，信用不安やおそれを具体的に要件として示すことは難しく，実現には至らなかった。効果についても，先履行義務者に履行拒絶を認める点に異論はないものの，先履行義務者が相手方に担保供与を請求できるか，請求できるとした場合に担保が供与されなければ解除までできるかどうかについて，学説間で争いがある。

┌─ **次のステップ** ─────────────────────────────────
│ ➡同時履行の抗弁について
│ ・中舎寛樹『債権法　債権総論・契約』（日本評論社，2018年）59-69頁
│ ➡不安の抗弁について
│ ・村田彰「不安の抗弁権」椿寿夫・中舎寛樹編著『解説　新・新条文にない民法』
│ （日本評論社，2010年）291-295頁
└──

（大坂恵里）

第 **3** 節　　**危険負担**

536条，567条

　本節では，危険負担制度について学ぶ。【構造】では，危険負担が問題と
している場面と規定の内容を確認する。危険負担は改正による大きな変更が
あったところであり，この点について【展開】で説明する。また，危険の移
転を定める567条もここで扱う。【研究】では，役務提供型契約における危険
負担の問題を取り上げる。

構　造　　

1　意　義

　まず，**危険負担**とはいったいどのような場面で問題となるのかについて，
AとBとの間で，A所有の住宅甲をBに売却する契約を締結したという場
面を例にあげて確認する。この契約において，売買目的物である甲が火災に
よって滅失してしまったとき，AがBに甲を引き渡すという債務は，もは
や履行することができなくなる（履行不能の状態）。他方，買主Bは，この場
合にも売買代金を支払わなければならないかということが問題となる。

　甲の滅失がAの責めに帰すべき事由（たとえば，Aの失火）によって生じた
ものであれば，Bは，Aに対して債務不履行を理由とする損害賠償（415条）
を請求することができる。そして，AがBに代金の支払を求めたとして
も，Bは，損害賠償債権との対当額での相殺（505条1項）が可能であり，同
時履行の抗弁（533条⇨第2節）を主張することもできる。また，Aの債務が
履行不能であることを理由に契約を解除し（542条1項1号），自己の代金支払

債務を消滅させることもできる。

　危険負担が問題としているのは，たとえば，火災が落雷によるものであった場合のように，Aの帰責事由によらずに履行不能が生じた場面である。536条1項は，甲の滅失につきAとBのいずれにも帰責事由がないときは，履行不能となった債務の債権者であるBは，代金の支払を拒むことができると定めている。

　このように，危険負担制度は，当事者双方に責めに帰すべき事由なく，一方の債務（Aの引渡債務）の履行ができなくなったことによる不利益を当事者のいずれが負担するのかという問題について，反対給付の**履行拒絶**という観点から規律しているのである（危険負担は，当事者双方に帰責事由のない履行不能について，対価である反対給付の履行を定める規定であることから，ここでの危険は「**対価危険**」とよばれている。他方，当事者双方に帰責事由なく目的物が滅失したような場合に，債務者がなお他から物を調達して給付する義務を負うかといった問題については，「**給付危険**」とよばれ，これらは区別して論じられる）。以下では，条文の内容について詳しくみていく。

2　成立要件・効果

（1）当事者双方に帰責事由のない履行不能

　前述のように，当事者双方の責めに帰することができない事由によって債務を履行することができなくなったときは，債権者は，反対給付の履行を拒むことができる（536条1項）。

　ここで，双務契約においては当事者双方が債務者でも債権者でもあるが，危険負担の条文は，「履行することができなくなった債務」を中心に，債務者と債権者が定められている点に注意してほしい。1であげた例に当てはめると，売買目的物である住宅甲が滅失し，売主（債務者）の引渡債務の履行ができなくなったとき，債権者である買主Bは，引渡しを受けることができない以上，代金を支払う必要はないのである。このように，一方の債務が履行されない場合には，その反対給付も履行する必要はないというのが危険負担の原則的な考え方である。その結果，売主Aの側からみると，Aは甲を失い，代金の支払を受けることもできないのであるから，当事者双方に帰責事由のない債務の履行不能による不利益は，**債務者が負担する**ことになる（債務者が危険を負担するという考え方を**債務者主義**という）。

(2) 債権者に帰責事由のある履行不能

　もっとも，買主であるBの失火で目的物が滅失した場合のように，債務の履行ができなくなったことについて債権者に帰責事由があるときは，債権者は，反対給付の履行を拒むことはできない（536条2項前段）。したがって，この場合，Bは，売買目的物の引渡しを受けることはできないが，代金を支払わなければならない。これは，一方の債務の履行がなければ反対給付も履行する必要はないという原則の例外として，履行不能について帰責事由がある債権者には反対給付の履行拒絶が認められないことを定めるものである。この場合，債権者は，契約の解除も制限される（543条。詳しくは➡第5章第2節）。

　なお，債務者が自己の債務を免れたことによって利益を得たという事情があるときは，これを債権者に償還しなければならない（536条2項後段）。たとえば，リフォーム工事の請負で，仕事の目的物である建物が債権者である注文者の責めに帰すべき事由によって滅失したとき，債務者である請負人は，報酬の支払を注文者から受けることができるが，本来必要であった材料費や人件費などが不要となった場合には，報酬に含まれているこれらの費用を差し引かなければならない。

展　開

1　改正による危険負担制度の変更

(1) 534条・535条の削除

　改正前の危険負担では，当事者双方に帰責事由のない履行不能について債務者が危険を負担するという原則を定める規定（改正前536条1項）のほかに，例外として債権者が危険を負担する場合（債務者主義に対して，**債権者主義**という）の規定を置いていた（改正前534条，534条に関連する改正前535条）。改正前民法は，特定物に関する物権の設定または移転を双務契約の目的とする場合について債権者主義を採用し（改正前534条1項参照），不特定物の物権の設定・移転の場合には，特定が生じた時点からこれを適用するとした（同2項）。すなわち，債権者主義は，例外的な考え方とはいえ，双務有償契約の代表として位置づけられる売買に妥当するものであった。

　債権者主義は，ローマ法の伝統的な考え方に由来し，所有権を有する者が

危険も負担すべきとの考え方を基礎にしている。所有権の移転時はそれ自体議論のあるところであるが，176条に従い特定物の所有権が契約の成立によって買主に移転すると解した場合，契約締結後から引渡しまでの間に目的物が滅失・損傷したときの不利益は，引渡しを受けていないにもかかわらず買主が負うことになる。債権者主義に対しては，合理性を欠くとして学説の批判が強く，所有権の移転時を契約時ではなく引渡時とすることで債権者主義の適用を遅らせようとする見解や，所有権の移転と危険の移転を切り離して捉え，目的物の支配が現実に移転した時から危険が移転すると考える見解など，さまざまな解釈論が展開された。

　以上のような議論から，改正では，債権者主義に関する改正前534条・535条は削除となった。また，危険の移転時については，危険負担の箇所ではなく，売買の箇所に567条として新たな規定が設けられた。この規定については後述するが，そこでは，目的物の事実上の支配に着目して危険負担を考える学説上の有力説を明文化するかたちで，目的物の引渡しによる危険の移転が定められている。

(2) 危険負担の法的構成の変更 　　　　　　　　　　　　　　　関連

　改正では，(1)で述べた債権者主義の削除のほかに，危険負担の法的構成そのものにも変更が加えられた。すでにみたように，536条1項は，「反対給付の履行を拒むことができる」としているが，この部分について，改正前536条1項は，「債務者は，反対給付を受ける権利を有しない」と規定していた。債務者が危険を負担するという結論に違いはないが，このような変更が行われた理由には，解除制度の改正が関係している。

　改正では，解除制度にも重要な変更が加えられた。詳しくは解除の箇所で述べるが（⇨第5章第1節【研究】・第2節【構造】参照），改正前において，履行不能を理由とする解除は，債務者に帰責事由があることを要件としていた（改正前543条ただし書参照）。したがって，債務者に帰責事由なく履行不能が生じた場合，履行不能となった債務の債権者は，契約を解除して自らの債務を免れることができなかった。そこで，反対債務が消滅するか存続するかを定める危険負担の規定が意味をもっていたのである。これに対し，改正によって，解除権の行使に債務者の帰責事由は不要とする変更が行われたことから，これまで危険負担の問題とされてきた場面においても，債権者は，契約の解除によって自己の債務を消滅させることが可能となった（さらにいえば，

改正後民法では，債務を消滅させるためには契約の解除を必要とするという考え方が採用されている）。

　解除の要件として帰責事由を不要とした場合，解除と危険負担には重複が生じるため，改正議論の過程では，解除に一元化し，危険負担の規定を完全に削除するという案も検討された。最終的には，解除権を行使しなくとも相手方からの請求に対して履行拒絶できるという規定を置いておくことに意味があるとして，**履行拒絶権構成**に形を変えたうえで危険負担の規定が残ることになった。もっとも，履行拒絶権は，債権者が反対債務をいまだ履行していない場合には有用であるが，すでに自己の債務の全部または一部を履行している場合には，その返還を求める必要がある。このとき，返還請求をするために契約の解除が必要かという点が問題となり，学説は一致していないが，解除がなくとも返還を認めるべきとするものが多数である。このように，履行拒絶権という新たな概念を用いた構成については，今後の解釈によって明らかにされるべき点も残されているといえる。

2　危険移転の時期　　　関連

　当事者双方に帰責事由なく目的物が滅失・損傷したときの「危険」は，売買契約の場合，**目的物の引渡しによって売主から買主に移転する**ことが567条1項に定められている。これによると，目的物の引渡後に当事者双方の責めに帰することができない事由によってその目的物が滅失・損傷したときは，もはや買主はそれを理由とする権利の主張（追完請求，代金減額請求，損害賠償請求，契約の解除）をすることはできず（567条1項前段），代金の支払を拒むこともできない（同後段）。また，売主が契約の内容に適合する目的物をもって債務の履行を提供したにもかかわらず，買主が受領に応じない間（**受領遅滞**という）に目的物が滅失・損傷したときも，危険は買主に移転する（同2項）。この規定は，有償契約に準用される（559条）。もっとも，条文が定める「引渡し」の要件をどのように解釈するかはいくつかの考え方がありうるところである。

3　種類物を目的物とする契約と危険の移転　　　関連

　2で述べた567条1項は，危険の移転について，目的物が特定されていることを必要としている。したがって，目的物が種類と数量によってのみ定め

られた種類物の引渡しを目的とする契約では，目的物の特定が生じた後にその物が滅失・損傷したとき，この規定が適用される。種類物の特定に関しては，種類債権に関する401条2項が規定している（詳しくは債権総論の教科書などを参照してほしい）。

　なお，売主が契約に適合しない種類物を引き渡した場合に，567条1項の特定が生じるかが問題となり，学説ではいくつかの見解が対立している。契約に適合しない目的物を引き渡しても危険は移転しないとし，567条1項の問題にならないとする見解がある一方で，特定が生じて危険が移転すると解したとしても，引渡時の契約不適合を理由とする責任追及は可能であるため（契約に適合しない特定物が引き渡された場合と同様の扱いとなる。売買の契約不適合責任については⇨第2部第2章第3節・第4節参照），買主が不利益を受けることはないとの指摘もある。

研　究

役務提供型契約における危険負担　　関連

（1）役務提供型契約の特徴

　雇用・請負・委任などの役務提供型契約では，役務の提供が報酬の支払に対して先履行の関係に立つ。すなわち，原因にかかわらず，役務提供がないかぎり報酬が発生しないのが原則であるため，これらの契約については，536条1項の問題にならないとされている。さらに，役務提供の割合に応じた報酬請求が認められる場合についての規定が契約各則に置かれている。具体的には，雇用では，使用者に帰責事由なく労働者が就労できなくなったとき，労働者は，すでにした労働の割合に応じて賃金を請求できる（624条の2第1号。⇨第2部第7章【構造】2）。請負では，仕事の完成に対して報酬が支払われるものであるため，中途の仕事が注文者の利益になる場合に，その割合に応じて報酬請求が認められる（634条1号。⇨第2部第8章第1節【構造】2）。委任に関する648条3項1号も同様の規定である（⇨第2部第9章【構造】3）。

　もっとも，債権者に帰責事由のある履行不能について定める536条2項の規定は，役務提供型契約にも適用される。なお，536条2項は，「債権者は，反対給付の履行を拒むことができない」とのみ規定し，ここからは債務者の報酬請求権の発生は根拠づけられないのではないかという疑問も生じるが，

債務の履行不能について債権者に帰責事由がある場合には，債務者の報酬請求権が発生すると解されている。

(2) 雇用における危険負担の問題

　雇用については，役務提供型契約の性質上の問題に加え，労働者保護の観点からの考慮が必要となる場合がある。具体的な問題として，不当解雇のように使用者の責めに帰すべき事由によって労働者が就労できなかった場合，536条 2 項前段により，使用者は労働者からの賃金支払請求を拒むことはできない。しかし，536条 2 項後段は，この場合に，債務者が自己の債務を免れたことによって得た利益を債権者に償還しなければならないとする。したがって，たとえば，労働者が，就労できなかった期間に他から収入を得ていたとすると，その分が償還の対象となり，労働者に不利益が生じる。そこで，改正前民法のもとでの判例は，労働者が他から得た収入分の償還について，平均賃金の 6 割を超える部分についてのみ可能とした（最判昭37・7・20民集16巻 8 号1656頁，最判昭62・4・2 判時1244号126頁。なお，判例は償還請求によらない直接の控除を認めている）。これは，労働基準法26条が，使用者の責めに帰すべき事由による休業期間中は， 6 割以上の賃金を支払わなければならないと定めていることの趣旨から導いたものであり，改正後も妥当すると考えられている。

次のステップ

➡危険負担規定の改正全般について
・松岡久和ほか編『改正債権法コンメンタール』（法律文化社，2020年）617-631頁
［平野裕之］
➡危険負担と解除の関係について
・鶴藤倫道「履行拒絶権としての危険負担と解除の関係」安永正昭ほか監修『債権法改正と民法学Ⅲ』（商事法務，2018年）75-112頁

（永岩慧子）

第 4 節 契約の相対効と例外
537条-539条

契約は，当事者間でしか債権債務を生じないのであって，契約外の第三者に対して権利や義務を生じさせない（契約の相対効）のが原則である。本節では，この例外を扱う。【構造】において，契約の相対効の例外として民法に規定のある「第三者のためにする契約」の基本を確認したうえで，これに当たるかどうかが議論となっている具体例を【展開】において紹介する。そのうえで，【研究】において，民法に規定はないものの，契約の相対効が問題となる具体的な場面を取り上げる。

構 造

1 契約の相対効

私的自治の原則から，契約は，当事者間でしか債権債務を生じないのが原則である（相対効の原則）。その例外として，民法は，537条以下に，**第三者のためにする契約**を規定する。537条1項によれば，契約により当事者の一方（要約者）が第三者（受益者）に対してある給付をすることを約したときは，その第三者は，債務者（諾約者）に対して直接にその給付を請求する権利を有する。

2 第三者のためにする契約

（1）成立要件

要約者と諾約者の間で契約が有効に成立する必要がある。要約者と諾約者の間の契約を**補償関係**という。要約者と諾約者間の契約において，諾約者が第三者に対してある給付をすることを約束して，この第三者に対して，債務者となる諾約者に直接に給付を請求する権利を取得させる旨の合意をすることが要件になる。

第三者のためにする契約が締結される背景には，要約者がその第三者に利益を与える何らかの原因があることが考えられ，このような要約者と第三者（受益者）の間の関係を**対価関係**という。これは，第三者のためにする契約の

要素にはならないので，その瑕疵は，第三者のためにする契約の有効性に影響を及ぼさないのが原則である。

　第三者のためにする契約の成立の時に第三者が現に存しない場合，または，第三者が特定していない場合であっても，第三者のためにする契約は有効である（537条2項）。たとえば，胎児や設立中の法人などである。

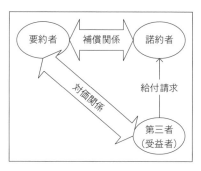

図　第三者のためにする契約における当事者の関係

（2）効　果

　受益者である第三者が諾約者である債務者に対して契約の利益を享受する意思（**受益の意思表示**）を表示した時に，第三者の権利が発生する（537条3項）。第三者にとって利益であっても，それを意思に反して押し付けられることのないように，受益の意思表示を要するものとしたのである。受益の意思表示を不要とする特約の有効性については議論があるが，法律の規定によってこれを不要とする場合もある（第三者のためにする損害保険契約について保険8条，第三者を受益者とする信託について信託88条1項本文）。

　第三者は，諾約者に対して直接に給付を請求することができる（537条1項）。そうであっても，第三者の取得する権利は，諾約者と要約者間の契約から生じているので，諾約者は，その契約に基づく抗弁（たとえば同時履行の抗弁）を第三者に対して主張することができる（539条）。

　第三者が受益の意思表示をした後には，要約者と諾約者は，第三者の権利を変更し，または消滅させることができない（538条1項）。諾約者が履行しない場合，第三者は，諾約者に対して，直接に自己に履行することを求めることができ，損害賠償も請求することができる。しかし，第三者の権利の基礎となる要約者と諾約者の間の契約を，第三者は解除することができず，要約者がその第三者の承諾を得て解除することができる（同2項）。

展　開

電信送金契約と銀行口座振込み　　　　　　　　　　　　解釈

　ある契約が第三者のためにする契約と認められるかどうかが困難な場合がある。第三者のためにする契約は，民法において契約総則に規定されているように，売買契約や賃貸借契約などのような独立の契約形態ではなく，これらの契約の内容となる一種の特約（付款）であるにすぎない。

　かつて，電信送金契約は，第三者のためにする契約かどうかについて議論があった。判例（最判昭43・12・5民集22巻13号2876頁）では，A（送金依頼人）がB（仕向銀行）に資金を提供してD（受取人）に対する送金を依頼したことから，BがC（被仕向銀行）に対してDに所定の金額を支払うことを電信で依頼したところ（電信送金契約），EがDに無断で送金額を受領したために，DがCに対して支払を求めた事案において，このBとCの間の電信送金契約が第三者であるDのためにする契約かどうかが争われた。

　この事案において，最高裁は，契約当事者以外の第三者たるDのためにする約旨は存在していなかったとして，この電信送金契約は，第三者のためにする契約ではないとした。

　前記の電信送金契約よりもより一般的に利用されるのが銀行口座振込みである。前記の電信送金の事案において，DがCに預金口座をもっている場合には，AがBに対してCにあるDの口座に金銭の振込みを依頼することができる。この口座振込みについても，第三者のためにする契約か否かという議論がある。

研　究

契約の相対効の例外が問題となる場面　　　　　　　　　　関連

　契約の相対効の例外として民法が規定するのは，ここまでに説明した第三者のためにする契約のみであるが，それ以外にも，以下のように，さまざまな場面で，契約の相対効が問題となる。より発展的に研究するためには，以下にあげた判例を手掛かりとして，その評釈を読んでみるとよい。

（1）連鎖契約──請負と下請負

　複数の契約が連鎖し，相互に依存しあっているような関係にあるものを連

鎖契約という。たとえば，請負と下請負の関係がこれに当たる。判例には，注文者と請負人との間で締結された請負契約において，契約が中途で解除された際の出来形部分の所有権は注文者に帰属する旨の約定がある場合に，この特約の効力が第三者である下請人にも及ぶことを認めるものがある（最判平5・10・19民集47巻8号5061頁［判例30！④【11】，百選Ⅱ【69】]。⇨第2部第8章第1節【研究】2）。

（2）約款の第三者に対する効力

（a）相殺予約　　相殺の要件（511条）をみたさない場合にも，当事者の合意（相殺契約）によって同様の効果を実現することができる。たとえば，銀行が貸付けをする際に，融資相手方が当該銀行に対して有する預金債権について，その相手方の債権者によって差し押さえられた等の場合には，貸付債務の期限の利益を喪失させる等して，貸付債権と当該預金債権とを相殺する旨の特約（**相殺予約**）が締結されることが一般的である（相殺について，詳しくは，債権総論の教科書を参照）。

最高裁は，預金債権の差押債権者からその支払を求められた銀行が前記のような相殺予約の効力をこの差押債権者に対抗することができるかどうかが問題となった事案において，契約自由の原則に基づいて当該契約が有効であることから，第三者である差押債権者にもその効力を対抗することを認める（最判昭45・6・24民集24巻6号587頁［判例30！③【30】，百選Ⅱ【39】]）。

（b）運送契約における免責約款　　運送契約においては，運送人は，荷送人に対して負う損害賠償責任を排除・制限する約款条項（**免責条項**）を用いるのが一般的である。この免責条項について，とくに，運送人がその効力を第三者である荷物所有者の不利益に援用できるかが問題になる。

最高裁は，宅配便の荷物の紛失について，荷物所有者に損害を賠償した荷受人が賠償者代位（422条）して，運送人に対して不法行為責任を追及した事案において，運送契約上の責任限度額を超えて損害賠償を請求することが信義則に反し許されないとした（最判平10・4・30判時1646号162頁［百選Ⅱ【111】]）。

（深川裕佳）

第5章　契約の解除——契約の効力2

　いったん有効に成立した契約には拘束力がある。契約当事者は債権と債務の関係で拘束され，原則として任意にそこから離脱することはできない。しかしそのような場合でも契約関係が終了する場合や終了させる手段がいくつか存在する。その1つが契約の解除（540条以下）である。本章では契約の拘束力から離脱するための手段の1つである解除について学ぶ。第1節では解除の意義や解除に類似する制度（契約の終了や契約各則における特殊な解除）を扱う。第2節では解除の成立要件，そして第3節では解除権を行使する際の問題を扱う。最後に第4節では解除の効果である原状回復に関係する問題を扱う。

第1節　契約の終了と解除
540条

　債務者の債務不履行や履行不能により，目的の達成が困難となった契約から債権者を解放するための救済手段が契約の解除である。【構造】で解除の意義を扱ったのち，【展開】において解除に類似の制度を概観する。そして【研究】では民法改正と関連して解除の成立要件としての債務者の責めに帰すべき事由の位置付けについて扱う。

構　造

意　義

（1）契約関係からの離脱
　契約の解除は，契約の拘束力から当事者を解放するための手段である。契約を解除するためには**解除権**を行使する必要があるが，この権利行使は意思表示による（540条1項）。解除権は**形成権**とよばれる権利に属している。形成権は債権のような請求権とは異なって，権利行使の意思表示をすれば相手

方の承諾などがなくともその効力が確定的に生じるという特徴がある（解除権の行使については⇨第 3 節）。

　解除がなされると，各当事者は**原状回復義務**を負う（545条 1 項本文）。原状回復とは契約が締結される前の状態にお互いを復帰させることであり，この義務を各当事者が履行する結果，解除前の契約に基づいて債務がすでに履行されている場合には，相手から受け取った物の返還を受け，未履行の義務が残っている場合には，解除の効果としてこの義務は消滅する。このような過程を通じて各当事者は契約が締結される前の状態に戻ることになる。これを解除の**遡及効**とよぶ（解除の効果について詳しくは⇨第 4 節参照）。

(2) 債権者のための法的救済

　541条・542条による解除は，それぞれ債務不履行や履行不能（あるいはそれに相当する事情）によって，履行が受けられなくなった債権者に対する法的救済でもある。売買において，売主は商品を引き渡したが買主が代金を支払わない場合，売主は代金債権をもつので買主が支払をするまで請求し続けることができる。また415条の成立要件に従って，代金の支払が遅れたために生じた損害の賠償を請求することもできる。さらに最終的には裁判所を通じて履行の強制を求めることもできる（414条）。しかしこのように相手方の履行を待つのではなく，履行をしない債務者との契約関係を打ち切ってきちんと代金を支払ってくれる別の相手と改めて契約を結ぶことによっても，売主は本来目的としていた売買代金の獲得を達成することができる。そのため541条・542条の解除は債務不履行等によって不利益を受けた債権者の救済手段と位置付けることもできる。

(3) 約定解除と法定解除

　解除には大きく分けて，契約によるものと法律によるものがある（540条 1 項）。前者を**約定解除**といい（約定解除については【展開】2 (1)），後者を**法定解除**（541条・542条）という。法定解除については，解除権の発生原因が債務者の債務不履行（または履行不能）にあるため，債務不履行解除ともよばれる。第 2 節以降では541条以下の法定解除に関する問題を中心に扱う。また，541条以下による法定解除以外にも契約各則中の個別の典型契約規定において特別な解除権が規定されていることもある（これについては【展開】1 (2)）。

展 開

1 契約の終了原因と解除

（1）解除以外の終了原因

契約は，契約に基づいて当事者に生じた各債務が本旨どおりに履行されることでその目的が達成され終了する。また賃貸借や雇用のような継続的契約関係においては，契約期間の定めがあればその満了によって終了する。これらは契約の円満終了ともよぶことができる。

契約の解除も契約関係の消滅を導くため，そのかぎりで契約の終了を導くということができる。他方で民法の契約各則にも，各典型契約の規定において解除以外の契約の終了原因が規定されている（表1）。

また，解除に類似する契約の終了原因として**取消し**がある。制限行為能力者の法律行為（5条など）や，錯誤や詐欺，強迫による意思表示（95条・96条）は一定の成立要件のもとで取消しすることができる。取消しは**取消権**の行使によってなされるところ，取消権も形成権に属しているため，解除権の行使

表1　解除以外の終了原因

贈　　与	定期贈与の場合の当事者いずれかの死亡（552条）
消費貸借	書面でする消費貸借における金銭等の受取前の当事者いずれかの破産手続開始の決定（587条の2第3項） 返還時期の定めのない消費貸借における貸主からの返還の催告（591条1項） 借主による任意の返還（591条2項）
使用貸借	期間の定めのある使用貸借における期間の満了（597条1項） 期間の定めのない使用貸借における借主の使用収益の終了（597条2項） 借主の死亡（597条3項）
賃貸借	賃借物の全部滅失等による使用収益不能のための終了（616条の2） 期間の満了による終了（622条による597条1項の準用）
委　　任	当事者いずれかの死亡（653条1号） 当事者いずれかの破産手続開始の決定（653条2号） 受任者の後見開始の審判（653条3号）
寄　　託	寄託者による返還請求（662条1項） 返還の時期の定めのない寄託における受寄者による返還（663条1項） 返還の時期の定めのある寄託におけるやむを得ない事由による受寄者による返還（663条2項）
組　　合	組合の解散事由の発生（682条各号） やむを得ない事由による解散請求による解散（683条）

の場合と同様に意思表示によって確定的に効力が生じる。取消権が行使されると契約が遡及的に無効になり，当事者に原状回復義務が生じる点で効果の面では解除と同様である（121条の 2 第 1 項）。

（2）契約各則における特殊な解除

541条以下に規定されている法定解除以外にも個別の典型契約規定において特殊な解除が規定されている（表 2）。

表 2　契約各則における特殊な解除

贈　　　与	書面によらない贈与の解除（550条）
売　　　買	解約手付による解除（557条 1 項）
消 費 貸 借	書面でする消費貸借における金銭等の受取までの借主による解除（587条の 2 第 2 項前段）
使 用 貸 借	書面によらない使用貸借における借用物受取前の貸主による解除（593条の 2） 借主による用法遵守義務違反・貸主に無断で第三者に借用物を使用収益させたことによる解除（594条） 期間の定めのない使用貸借における使用収益に足りる期間経過後の貸主による解除（598条 1 項） 期間の定め・使用収益の目的の定めのない使用貸借における貸主による任意解除（598条 2 項） 借主の任意解除（598条 3 項）
賃　貸　借	賃借人の意思に反する保存行為による目的達成不能に基づく解除（607条） 耕作・牧畜を目的とする土地賃貸借における減収による解除（610条） 賃貸物の一部滅失等による使用収益の不能の場合における残存部分のみでは契約目的が達成できない場合の解除（611条 2 項） 無断の賃借権譲渡・転貸借による解除（612条 2 項） 期間の定めのない賃貸借における任意解約（617条） 更新が推定される場合の解約申入れ（619条）
雇　　　用	第三者による無断の労働従事による解除（625条 3 項） 5 年を超える・終期不確定の雇用における 5 年経過後の解除（626条 1 項） 期間の定めのない雇用の任意解約（627条 1 項） 期間の定めのある雇用におけるやむを得ない事情による解除（628条前段） 使用者の破産手続開始決定による解約（631条前段）
請　　　負	仕事完成前の注文者による任意解除（641条） 注文者の破産手続開始による解除（642条 1 項）
委　　　任	任意解除（651条 1 項）
寄　　　託	寄託物受取前の寄託者の解除（657条の 2 第 1 項前段） 寄託物受取前の無償受寄者の解除（657条の 2 第 2 項） 寄託物を受け取るべき時期の経過後の催告による受寄者の解除（657条の 2 第 3 項）
終身定期金	債務者の元本受領後の給付懈怠等による解除（691条 1 項前段）

2　約定解除，合意解除，解除条件，解約告知　　　関係

（1）約定解除

　契約当事者が契約を締結するに際して，一定の事由が生じた場合に解除権が発生する旨の特約を結んでおくことがある。特約によって発生する解除権による解除を**約定解除**という。特約によって契約当事者の一方に解除権が発生する場合，解除権をもつ当事者は意思表示によって解除権を行使し，契約を解除することができる（540条）。そのかぎりでは法定解除と同様である。

（2）合意解除

　合意解除は，契約の締結後，契約当事者が契約を解除する旨の合意をすることによる解除を意味する（解除契約ともよばれる）。合意解除において解除後の法律関係等について定めていれば，それに従って契約関係の清算が行われることになる。合意解除は当事者の意思に基づく解除であることから，約定解除と類似する。しかし合意解除は当事者が契約を解除する旨の合意をすることで契約関係を解消することを意味する一方で，約定解除は当事者があらかじめ定めた契約条項に基づいて付与される解除権を行使することにより契約関係を解消するという相違がある。

（3）解除条件

　一定の条件が成就した場合に契約の効力が失われるとの特約がある場合，この特約を**解除条件**という（127条2項）。解除条件は法律行為に付すことのできる条件であるので，契約以外の法律行為の場合でも問題となること，解除権の行使による解除とは異なって，条件成就による契約（法律行為）の当然失効となるため意思表示の必要がないことなどが解除と異なる点である。なお，解除条件に遡及効をもたせるためにはその旨の特約を結んでおく必要がある（同3項）。

（4）解約告知

　賃貸借の解除については620条において遡及効がない旨が明記されている。したがって賃貸借が解除されると，賃貸借に基づく当事者の関係は解除以降の関係のみ消滅することになる（これを**将来効**とよぶこともある）。そのため賃貸人がこれまでに受け取った賃料を返還することや，賃借人が賃借物の利用から得た利益を返還するといった必要はない。遡及効をもつ解除と区別するために，遡及効のない解除を**解約告知**（あるいは単に**解約**）とよぶ。雇用や委任など，賃貸借以外の継続的契約関係に関する民法規定においても620

条の準用規定があることから，継続的契約関係における契約解除は一般に遡及効のない解約告知であると理解されている（630条・652条）。ただし民法の条文においては，解約告知と理解するべき場合でも単に解除という言葉が使用されていることもある点に注意が必要である。たとえば雇用の解除は620条の準用により遡及効をもたないため解約告知のはずであるが，626条では解除という言葉が用いられている。

3　クーリング・オフ 関係

契約には拘束力がありいったん有効に成立した契約からは任意に離脱することはできない。解除によって契約の拘束から逃れるためには，すでにみたように，一定の成立要件をみたしたうえで約定解除や法定解除をするなどの必要がある。しかし，消費者保護という面では，時として不合理な行動や選択をしてしまいがちな消費者を救済する必要が生じることもある。そこで民法の特別法において**クーリング・オフ**という特殊な契約の解消が認められることがある。クーリング・オフとは冷却期間を意味しており，消費者が一時の気の迷いなどから実は不要である商品を買ってしまった場合に，契約を解消する手段を提供する制度である。この制度は契約締結から一定期間内であれば消費者側からほぼ無条件かつノーリスクで一方的に契約を解消できるという非常に強力な制度となっている。そのため，クーリング・オフを利用できる取引や，クーリング・オフによって契約を解消できる期間などに限定がある（特商 9 条などを参照してほしい）。

研　究

債務不履行と解除——債務者の帰責性 関連

（1）サンクションとしての解除

すでに述べたように，解除（とくに法定解除）は債務不履行等によって目的の達成が困難となった契約から債権者を離脱させることで救済するという機能を有している。法定解除として催告による解除（541条）と催告によらない解除（542条）が規定されているが，改正前もこれらに対応する規定があった。しかし改正前の規定と現行規定では違いがみられる。それは法定解除の成立要件としての債務者の責めに帰すべき事由（帰責事由）である。

現行規定では541条と542条のいずれについても，債務不履行や履行不能等について債務者の責めに帰すべき事由は解除の要件とはされていない。この点，履行不能による解除に関する改正前の規定（改正前543条）は，解除の成立要件として債務者の責めに帰すべき事由を要求していた。改正前の学説では，履行不能による契約解除はその責めに帰すべき事由によって債務の履行を不能とした債務者に対するいわゆるサンクションとしての機能をもつとの理解が一般的であった。改正前541条による履行遅滞等による解除では，改正前543条とは異なって条文上は債務者の帰責事由は要求されていなかったが，以上のような考え方を反映して，改正前541条による解除の場合にも債務者の責めに帰すべき事由が成立要件として必要であると理解されていた。

（2）契約関係からの離脱のための解除

以上のような考え方に対しては，法定解除のもつ機能のうち，契約からの離脱や契約の拘束力からの解放といった機能に着目する見解も有力であった。改正に当たってはこの機能が重視されたこともあり法定解除の成立要件に債務者の責めに帰すべき事由は不要とされた。債務不履行や履行不能などを理由としてその目的の達成が困難となった契約の拘束力を失わせて，債権者を救済する手段が契約の解除であれば，解除の成立要件として債務者の責めに帰すべき事由を求めることは理論的には必然ではないといえる。そしてすでにみたように，このような解除制度の理解の変遷は危険負担の改正にも影響を与えた（⇨第4章第3節）。

なお，以上の議論は解除の成立要件論とも関係するため，第2節も参照してほしい。

```
┌ 次のステップ ─────────────────────────────
➡解除と契約の終了について
・中田裕康『契約法［新版］』（有斐閣，2021年）183頁以下
➡クーリング・オフについて
・中田邦博・狩野菜穂子編『基本講義消費者法［第4版］』（日本評論社，2020年）
129-133頁［大澤彩］
└────────────────────────────────────
```

（萩原基裕）

第 2 節　解除の要件
541条-543条

541条から543条には，債務不履行による法定解除が定められている。これらの規定においては，解除の要件の観点からは，①催告が必要な場合（541条）および②催告が不要な場合（542条），ならびに，その効果の観点からは，①契約の全部の解除（541条および542条 1 項）および②契約の一部の解除（542条 2 項）が区別されている。また，債権者の責めに帰すべき事由による債務の不履行においては，解除が制限される（543条）。本節では，これらの規定を要件に着目して扱うことにする。

構　造

1　解除の要件となる債務不履行とその態様による分類

541条および542条に規定されている法定解除（⇨第 1 節【構造】(3)）の基本的な要件は，①債務不履行の事実があること，および②解除の意思表示（540条 1 項）がなされたことである。②解除の意思表示については，次節で述べることとして（⇨第 3 節），ここでは，①債務不履行について述べる。

債務不履行とは，415条 1 項本文によれば，「債務者がその債務の本旨に従った履行をしないとき又は債務の履行が不能であるとき」である。伝統的に，学説は，その態様に応じて，債務不履行を①履行遅滞，②履行不能，③不完全履行の 3 類型（債務不履行の三類型）に分けて説明してきた。①**履行遅滞**とは，履行が可能であるのに履行期になっても債務者が履行しないこと（412条），②**履行不能**とは，契約成立時には履行が可能であったものの，その後に履行が不可能になること（412条の 2 第 1 項），③**不完全履行**とは，一応は履行らしきものがあったが，その内容が債務の本旨に従わない不完全なものであったことである。さらに，近年の学説は，この三類型にはあげられない④履行拒絶も債務不履行に含まれると考えている。④**履行拒絶**とは，債務者が債務の履行を拒絶する意思を明確に表示したことである（改正によって415条 2 項 2 号に規定された）。

2　債務不履行に関する債務者の帰責事由（不要）

　かつては，契約の解除には，解除原因となる債務不履行について，債務者に帰責事由があることが必要であると考えられてきた。しかし，改正後は，債務者の帰責事由は，解除の要件ではない。このことは，債務不履行に基づいて損害賠償を請求するのには，債務者に帰責事由の存在が必要とされることとの違いである（415条1項ただし書参照）。それというのも，債務不履行に基づく損害賠償責任は，不履行をした債務者へのサンクションであると考えることができるのに対し，債務不履行に基づく契約の解除は，**契約の拘束力**から当事者を解放することを目的とする制度として理解すべきと考えられているからである（⇨第1節【研究】）。

3　債務不履行に基づく法定解除権の成立要件

　541条以下の債務不履行に基づく法定解除の規定は，①541条の催告による解除（以下「**催告解除**」という）と②542条の催告によらない解除（以下「**無催告解除**」という）との2つに分けられる。債務不履行の態様による分類（債務不履行の三類型および履行拒絶）は，前述1にあげた解除の基本的な要件に加えて，催告が必要となるかどうかという違いにつながる。そこで，以下では，催告解除と無催告解除に分けて，債務不履行の態様による解除権の成立要件の違いを確認していくことにする。

（1）催告による解除（催告解除）

　541条本文は，「当事者の一方がその債務を履行しない場合」に，相手方が相当の期間を定めてその履行の催告をし，その期間内に履行がないときに解除することができることを規定している。

　「当事者の一方がその債務を履行しない場合」とは，履行遅滞や不完全履行がある場合である。そこで，履行遅滞の場合には，①履行期が到来して（412条参照），②履行が可能であり，③履行を拒むことのできる正当な理由（たとえば533条の同時履行の抗弁や295条の留置権など）もないのに，④当事者の一方による履行の提供（492条参照）がない場合に，⑤相手方が相当の期間を定めて履行の催告をしたにもかかわらず期間内に履行がないことが解除権の成立要件である。不完全履行の場合には，①履行期に一応は履行されたが，それが債務の本旨に従ったものとはいえないこと，②履行が可能であること，③相手方が相当の期間を定めて履行の催告をしたにもかかわらず期間内に履

行がないことが解除権の成立要件である。

　なお，前記の要件がみたされている場合であっても，541条ただし書によれば，相当な催告期間経過時点において，債務不履行が軽微であれば，債権者は，契約を解除することができない。このことは，後述【展開】においてさらに説明する。

(2) 催告によらない解除（無催告解除）

　542条は，前述（1）のような催告をすることなく，直ちに契約の解除をすることができる場合を定める。すなわち，①履行不能，②履行拒絶，③定期行為の履行遅滞，④催告をしても契約の目的を達するのに足りる履行の見込みがない場合である。

　①履行不能に基づく解除権の成立要件は，契約の全部の解除（全部解除）の場合と契約の一部の解除（一部解除）の場合とでつぎのように区別される。全部解除では，債務の全部が履行不能であること（542条1項1号），または，債務の一部が履行不能であって，残存する部分のみでは契約をした目的を達することができないこと（同3号）である。一部解除では，債務の一部の履行が不能であることである（同2項1号）。

　②履行拒絶に基づく解除権の成立要件は，全部解除の場合と一部解除の場合とで，つぎのように区別される。全部解除では，債務者がその債務の全部の履行を拒絶する意思を明確に表示したこと（同1項2号），または，債務者がその債務の一部の履行を拒絶する意思を明確に表示した場合において，残存する部分のみでは契約をした目的を達することができないこと（同3号）である。一部解除では，債務者がその債務の一部の履行を拒絶する意思を明確に表示したことである（同2項2号）。

　③定期行為の履行遅滞に基づく解除権の成立要件は，契約の性質または当事者の意思表示により，特定の日時または一定の期間内に履行をしなければ契約をした目的を達することができない場合に，履行のないままにその時期を経過したことである（同1項4号）。たとえば，結婚式用のウエディングドレスの注文は，ウエディングドレスという契約の目的物の性質上，客観的に定期行為であることが定まる場合（絶対的定期行為）であるし，また，結婚式のために着用するという目的を示してしたモーニングの注文は，当事者の意思表示によって定期行為となる場合（相対的定期行為）である。

　ここまでに述べた①から③は，いずれも，催告をしても履行を受ける見込

みがないために，債権者に，解除に先立つ催告を要求するのが無意味な場合である。そこで，これらの場合に当てはまらなくても，④催告をしても契約の目的を達するのに足りる履行の見込みがないことを要件として（同5号），無催告で解除することができる。

（3）解除の要件となる催告の意義

ここまでにおいて述べた無催告解除の要件から，契約の解除における催告の意義をつぎのように理解することができる。すなわち，前述（1）の催告解除において，債権者によって解除に先立つ催告がなされることが必要とされるのは，債務者にもう一度履行の機会を与えるためである。前述（2）の無催告解除では，債権者による催告が無意味であるために，無催告解除が認められているのである。

そこで，催告解除における催告は，「相当の期間」を定めたものでなければならない。このことについては，後述【展開】において説明する。

展　開　

1　解除の制限

（1）催告解除における軽微な債務不履行と目的の達成　解釈

従来から，「法律が債務の不履行による契約の解除を認める趣意は，契約の要素をなす債務の履行がないために，該契約をなした目的を達することができない場合を救済するためであり，当事者が契約をなした主たる目的の達成に必須的でない附随的義務の履行を怠ったに過ぎないような場合には，特段の事情の存しない限り，相手方は当該契約を解除することができないものと解するのが相当である」（最判昭36・11・21民集15巻10号2507頁）とされてきた。このような判例を受けて，催告解除について，541条ただし書は，債務不履行の軽微性を基準として，解除をすることができないことを規定する。

「軽微」かどうかは，相当な催告期間経過時点において，「その契約及び取引上の社会通念に照らして」判断される（同ただし書）。前述のとおり，無催告解除においては，契約をした目的を達することができない場合に，解除が認められている（前述【構造】3（2）および（3））。このことと比較すると，催告解除においては，契約をした目的を達することができないとはいえなくても，解除することができる余地があることになる。

（2）債権者の責めに帰すべき事由と受領遅滞　関連

　催告解除であれ，無催告解除であれ，債務の不履行が債権者の責めに帰すべき事由によるものであるときにまで，債権者による解除を認める必要はない（543条）。債権者が債務の履行を受けることを拒み，または受けることができない場合において，履行の提供があった時以後に当事者双方の責めに帰することができない事由によってその債務の履行が不能となったとき（413条の2第2項）にも，解除することができない。

2　催告解除における催告の期間の相当性　解釈

　前述【構造】3（3）のとおり，催告解除において，催告は，「相当の期間」を定めたものでなければならない。催告の趣旨が債務者にもう一度履行の機会を与えるためであるにしても，履行期が到来してからはじめて履行の準備をするというのでは遅すぎることから，履行の大体の準備を終えていることを前提に期間の相当性を考えればよい。定められた期間が不相当であったとしても，さらには期間を定めていなかったとしても，客観的に相当な期間が経過すれば，解除権は発生する。

　そうすると，催告とその後の解除の意思表示とをそれぞれする必要があることになる。ただし，催告期間内に履行のないことを停止条件とする解除の意思表示も有効と考えられているために，たとえば，「10日以内に履行せよ。この期間に履行されなければ解除する」という1通の通知でも足りる（⇨第3節【展開】1）。

研　究

1　付随義務不履行と解除　解釈

　前述【展開】1にあげた判例に述べられているように，債務不履行による解除ができるのは，①「契約の要素をなす債務」の不履行にかぎられ，これに対して，②「契約をなした主たる目的の達成に必須的でない付随的義務」の不履行の場合には，解除することができないと考えられてきた。

　この判例の判断枠組みに沿って，最高裁判決には，売買契約の付随的な約款が，当該売買契約締結の目的には必要不可欠なものではないが売主にとっては代金の完全な支払の確保のために重要な意義をもち，買主もこれに合意

しているという場合に，当該約款の不履行は契約締結の目的の達成に重大な影響を与えるものであることから，当該約款の債務は売買契約の要素たる債務にはいるとして，その不履行に基づいて契約解除が認められた事例がある（最判昭43・2・23民集22巻2号281頁［百選Ⅱ【43】]）。

　改正後は，催告解除の場合に，債務不履行の軽微性によって解除の限界を定めている（541条ただし書）ことは，前述【展開】1のとおりである。そこで，付随義務の不履行に基づく契約の解除に関する従来の議論をどのように位置づけ直すかという観点からも，「軽微」の意味を明らかにするために，判例の蓄積が待たれる。

2　複数の契約と解除　　　　　　　　　　　　　　　　　解釈

　複数の契約の解除については，民法に規定はなく，解釈にゆだねられている。たとえば，屋内プールを含むスポーツ施設を利用することを主要な目的とした①いわゆるリゾートマンションの売買契約と同時に，この売主と買主との間で②スポーツクラブ会員権契約が締結された場合に，屋内プールの完成の遅延を理由として，買主は，前記②スポーツクラブ会員権契約だけでなく，①マンションの売買契約をも解除することができるだろうか。

　判例には，このような事例において，「同一当事者間の債権債務関係がその形式は甲契約及び乙契約といった2個以上の契約から成る場合であっても，それらの目的とするところが相互に密接に関連付けられていて，社会通念上，甲契約又は乙契約のいずれかが履行されるだけでは契約を締結した目的が全体としては達成されないと認められる場合には，甲契約上の債務の不履行を理由に，その債権者が法定解除権の行使として甲契約と併せて乙契約をも解除することができる」とするものがある（最判平8・11・12民集50巻10号2673頁［判例30！④【03】，百選Ⅱ【44】]）。このような相互に密接に関連付けられている複数の契約を**複合契約**とよぶこともある（⇨第2部第1章【研究】）。

　複数の契約から成り立つ取引にはさまざまなものがあり（たとえば，ある商品を購入するために締結された売買契約とこの売主以外の第三者によって与信がなされた場合のクレジット契約），どこまで前記の判例の考え方を及ぼすことができるかについては議論がある。

┌─ 次のステップ ─────────────────────────
│ ➡ 付随義務の不履行と解除について
│ ・浜田稔「付随的債務の不履行と解除」契約法大系刊行委員会編『契約法大系 I』
│ （有斐閣，1962年）307-322頁
│ ➡ 複数の契約と解除について
│ ・都筑満雄「複合契約論のこれまでと今後」椿寿夫編著『三角・多角取引と民法法理
│ の深化（別冊 NBL161号）』（商事法務，2018年）68-77頁
└──────────────────────────────────

（深川裕佳）

第 **3** 節　解除権の行使

540条，544条

　本節では，解除権の行使方法について学ぶ。【構造】では，解除権を誰が誰に対してどのように行使するのか，契約当事者の一方が数人いる場合にはどのように行使するのかについて学習する。【展開】では，解除の意思表示を簡略化または不要にする方法について学習する。

構　造

1　解除の意思表示

　解除は，相手方に対する意思表示によってしなければならない（540条1項）。解除の意思表示は，相手方に到達した時に効力を生じる（97条1項）。解除権は形成権であり，相手方の同意は不要である（⇨第1節【構造】(1) 参照）。

　解除の意思表示が到達した後は，撤回することができない（540条2項）。撤回を認めると，解除によって形成された新たな法律関係が複雑になるうえ，相手方の地位も不安定になるからである。それゆえ，相手方が承諾するなら，撤回も認められる。

2　解除権者と解除の相手方

（1）解除権者

　解除の意思表示をするのは契約の当事者である。相続等によって契約上の地位が承継された者も解除権を行使できる。

　契約上の地位の移転の場合でも，契約の当事者の一方の地位が包括的に承継され，解除権も譲受人に移転することになるので（⇨第4章第1節【構造】3参照），その譲受人は契約当事者として解除権を行使できる。しかし，単なる債権の譲受人は，契約当事者として解除権を行使することができない（大判大14・12・15民集4巻710頁）。

（2）解除の相手方

　解除の相手方も，契約の当事者およびその地位の承継人である。

3　解除権の不可分性　　　　　　　　　　　　　　　　　`関連`

　契約の当事者の一方が数人いる場合，解除の意思表示は，その全員から，またはその全員に対してしなければならない（544条1項）。法律関係を複雑にしない趣旨であり，**解除権の不可分性**とよばれている。解除の意思表示は，同時にしても，順次にしてもよい。

　判例は，共有物の賃貸借契約を解除する側が数人いる場合について，「共有者が共有物を目的とする貸借契約を解除することは民法252条にいう『共有物ノ管理ニ関スル事項』に該当し，右貸借契約の解除については民法544条1項の規定の適用が排除される」と判示した（最判昭39・2・25民集18巻2号329頁）。これによれば，共有物の管理は持分価格の過半数で決するので（252条），解除の意思表示も過半数の者がすればよいことになる。この解釈に対しては，解除の意思決定の問題と解除の意思表示の問題は別であり，後者について544条1項の適用があると解する説がある。

　解除権が当事者のうちの1人について消滅した場合，他の者についても消滅する（544条2項）。

　544条は**任意規定**であるので，特約により，解除の不可分性を排除することができる。

展　開

1　停止条件付解除　　　　　　　　　　　　　　　　　　`関連`

　履行遅滞や不完全履行に基づく解除について，①債務不履行の相手方は，相当の期間を定めて履行の催告をし，②それにもかかわらず期間内に履行がなされない場合に契約を解除できる（541条，**催告解除**。⇨第2節【構造】3参照）。

　もっとも，実務では，②を簡略化するために，履行の催告とともに，催告期間内に債務を履行しないときは契約を解除するという意思表示を行うことが多い。これを**停止条件付解除**の意思表示という。

　条件や期限をつけることによって相手方の地位を不安定にすることは許されない（単独行為である法定相殺について，506条参照）。しかし，停止条件付解除の意思表示は，債務者が催告期間内に履行すれば契約は解除されず，債務者に不当な不利益を与えるものではないので，有効である。

❷　失権約款　　関係

　不動産の賃貸借契約に「賃借人が賃料の支払を一回でも怠れば，契約は当然に解除されたものとする」旨の条項（**失権約款**）をあらかじめ入れておくことで，実際に賃料不払が生じたことをもって，解除の意思表示なく契約を終了させることができるだろうか。

　この場合，債務不履行を解除条件とする契約が結ばれたことになるが，**契約自由の原則**からは，このような契約も一般的には有効である。しかし，債務者に一方的に不利な失権約款は，**公序良俗違反**として無効にされるし（90条），賃借人と賃貸人が消費者と事業者の関係であれば，消費者の利益を一方的に害する条項として無効にされる（消費者契約10条）。

　加えて，不動産の賃貸借契約の解除は，**信頼関係破壊の法理**によって制限されている（⇨第2部第6章第5節【展開】2（2），【研究】参照）。判例は，賃借人の賃料の支払遅滞を理由に解除の意思表示を要することなく契約が当然に解除されたものとみなすのを相当とする程度にまで信頼関係が破壊された場合にのみ，当然解除の効力を認める（最判昭51・12・17民集30巻11号1036頁）。

次のステップ

➡解除権の不可分性について
・中田裕康『契約法［新版］』（有斐閣，2021年）219-221頁

（大坂恵里）

第4節 解除の効果

545条-548条

　本節では解除の効果について学ぶ。契約が解除されると，契約関係にあった当事者は契約によって生じた債権や債務から解放されるが，すでに何らかの給付がされていたような場合は，互いに原状回復義務を負うことになる。【構造】では，解除の効果に関する条文の内容を確認する。また，解除権の消滅についてもここで触れる。【展開】では，原状回復の具体的範囲を中心にみていく。【研究】では，解除の効果によって影響を受ける第三者との関係をめぐる問題を扱う。

構　造

1 原状回復義務

（1）意　義

　契約解除の効果として，各当事者は，相手方を原状に復させる義務（**原状回復義務**）を負う（545条1項本文）。金銭や目的物を受領していた場合は，相手方に返還し，契約がなかった元の状態に戻さなければならない。ただし，このとき，第三者の権利を害することはできないとされている（同ただし書）。したがって，受領した目的物をすでに第三者に譲渡していたような場合，解除者は，その返還を求めることはできない（第三者の範囲については【研究】で述べる）。

　原状回復においては，受領した目的物をそのまま返還するのが原則である（**原物返還の原則**）。原物を滅失・損傷するなどして，原物返還ができなくなった場合，その価額を金銭で償還することになる（詳しくは【展開】参照）。目的物を第三者に譲り渡したことによって返還不能となったような場合も同様である。

　役務や物の使用のように性質上返還できない給付がされていたときは，やはり金銭によって返還することになる。もっとも，このような契約については，雇用や賃貸借など契約各則に特別な解除の規定が設けられているものが多く（620条，630条，652条参照），そこでの解除の効果は将来に向かって生じる

とされていることから，原状回復が問題にならないことがほとんどである（⇨第1節【展開】2（4）参照）。

　なお，未履行の債務がどうなるかについて条文に規定はないが，契約が解除されると，契約に基づく履行の請求はできず，反対に，相手方から履行を求められたとしても応じる必要はない。これも解除の効果であることに異論はないが，その理由づけについては学説上いくつかの考え方が示されている。解除による当事者間の権利義務関係をどのように説明するか，同時に，解除の効果の中心である原状回復義務の法的構成をどのように解するかについては学説の対立がある。この点については，【展開】で確認する。

（2）金銭の返還

　代金の支払を受けていた場合のように，原状回復として金銭の返還義務を負う者は，受領した金銭に加えて，受領の時からの利息を返還しなければならない（545条2項）。これは，実際に受領者がこの金銭を運用して利息を得ていたかにかかわらず課される義務である。金銭の特性として，手元に置いている以上，当然に利益をもたらすものと考えることによる。ここでの利息は，法定利率（404条参照）によって決まる。

（3）果実の返還

　返還すべき目的物が金銭以外の場合について，受領時以後に果実が生じているときは，これを返還する義務を負う（545条3項）。金銭の場合と異なり，果実は実際にこれが生じた場合に返還すればよい（果実の意味については，88条参照）。545条3項は改正で新設された規定であるが，改正前は，金銭に関する利息の返還のみが条文上定められていたことから，金銭以外の果実についても当然に返還義務が生じることを明らかにしたものである。

2　解除と損害賠償　　　　　　　　　　　　　　関係

　545条4項は，解除権の行使が損害賠償請求を妨げないことを規定している。これは解除そのものの法的効果ではなく，解除権が行使された場合であっても，債務不履行に基づく損害賠償請求権は影響を受けないことを確認するための規定である。債務不履行の前提となる契約が解除された場合に，損害賠償請求権は発生しないという考え方も可能であることから設けられている。契約の解除によって，すでに履行された給付については原状回復によって巻き戻しが行われるが，なお回復されない損害が存在する場合には，

損害賠償が認められる必要がある。損害賠償請求権を行使するには，415条が定める債務不履行による損害賠償の要件をみたす必要があり，損害賠償の範囲は，416条が定めるところによる。

3 契約の解除と同時履行

同時履行の抗弁（533条。⇨第4章第2節）は，解除の効果である原状回復義務について準用されている（546条）。したがって，解除された契約の当事者双方がすでに相手方から給付を受けていた場合は，相手方が原状回復義務を履行しないかぎり，自らも義務の履行を拒むことができる。

4 解除権の消滅
(1) 相手方の催告による解除権の消滅

前節までに述べてきたように，解除権は形成権であり，解除権者の一方的な意思表示によってその効果が生じる。したがって，契約当事者の一方が解除権を有する場合，他方の当事者は解除権が行使されるかどうかについて，不安定な状況に置かれることになる。解除権の行使期間が合意によって定められている場合や，法律による期間の定めがある場合には，一定の期間の経過によって解除権は消滅するが，解除権の行使期間に定めがないときは，不安定な状況にある相手方を保護する必要性が高まる。そこで，合意や法律による解除権行使期間の定めがない場合について，当事者の関係を早期に確定するための手段が設けられている。このとき，相手方は，解除権を有する者に対して解除するかどうかを確答するよう相当な期間を定めて催告することができる（547条前段）。この催告に対して，期間内に解除権が行使されないときは，解除権は消滅する（同後段）。この規定は，法定解除と約定解除のいずれについても適用される（もっとも，法定解除では，解除権の行使期間が定められているものが多い）。

(2) 目的物の滅失・損傷等による解除権の消滅

解除権を有する者が，故意または過失によって受領した目的物を著しく損傷し，もしくは返還することができなくなったとき，または加工もしくは改造によって目的物を他の種類の物に変えたときは，解除権が消滅する（548条本文）。ただし，解除権者が解除権を有することを知らなかった場合は，解除権は消滅しない（同ただし書）。契約を解除できることを知らない間に受領

した目的物を費消したりすることは通常行われうることであるが，解除できることを知ったうえで故意または過失により目的物を損傷するなどした場合は，解除権を放棄したものと評価されるためである。

　なお，548条本文に該当せず契約が解除されたとき，当事者は原状回復義務を負うことになる。すでに述べたように，原物返還ができない場合は，その価額を金銭によって返還することになる。このとき，目的物の返還に代わる価額償還義務が常に生じるとすべきかどうかについては，目的物が返還できなくなった原因に当事者がどのように関与したかという点と関連して議論がある。詳しくは【展開】で述べる。

（3）解除と消滅時効　　関係

　形成権である解除権の消滅時効に関して，学説ではさまざまな考え方が展開されているが，判例は，債権に準じるものとして扱っている。したがって，166条 1 項の規定により， 5 年または10年の時効に服する。

　また，解除の効果である原状回復請求権は，それ自体が解除によって生じる新たな債権であることから，解除権とは別に，解除の時から消滅時効が進行する。この場合，主観的起算点と客観的起算点が異なることはほとんど考えられないため， 5 年の短期消滅時効にかかる。

展　開

1 　原状回復義務の法的構成　　解釈

　解除の効果を理論的にどのように捉えるかということをめぐっては，古くから議論があり，解除の効果として契約が遡及的に消滅すると考えるかどうかという点で大きく対立している。契約が解除されると契約締結時から契約がなかったことになるとして，解除の遡及効を肯定する見解は，①直接効果説とよばれる。判例はこの考え方に立っている。これに対して，解除の遡及効を認めない見解として，②間接効果説，③折衷説とよばれる考え方がある。もっとも，これらの議論については，理論的な説明の仕方の違いであり，いずれの見解をとっても実際の解除の効果が変わるわけではなく，当事者の関係に影響に及ぼすものではないとするのが一般的な理解である。そのことを念頭に置いたうえで，以下では，それぞれの見解を概観する。

（1）直接効果説

　直接効果説は，前述のように，解除によって契約締結時から契約が消滅すると解する。このように考えた場合，まだ履行されていない債務は消滅し，すでに履行された給付は，「法律上の原因のない給付」となる。したがって，解除の効果としての原状回復義務は，703条以下に規定される不当利得返還義務としての性質をもつことになる（不当利得の中でも給付利得の類型に含まれる。不当利得について⇨第3部第3章第1節・第3節を参照）。解除の効果である原状回復義務の内容は，不当利得の一般規定が定める返還義務の内容よりも広いため，545条は不当利得規定の特則として位置づけられる。

　物権的な効果の説明においては，契約によって移転した所有権は，解除の効果として遡及的に効力を失うことになるとする（最判昭34・9・22民集13巻11号1451頁［百選Ⅱ［初版］【48】]）。

　もっとも，条文上明らかなように，第三者の権利を害する場合には，解除の遡及効は制限されることになる（545条1項ただし書）。また，契約関係を前提とする債務不履行に基づく損害賠償が解除の場合にも認められるということにも説明を必要とする。これらの点について，直接効果説は，第三者保護ないし債権者保護といった規定の趣旨から，遡及効の範囲が制限されると説明している。

（2）間接効果説

　間接効果説は，直接効果説が主張する解除の遡及効が貫徹されていない点などを批判し，解除による契約の消滅を否定する。そのうえで，未履行の部分については，相手方の請求に対して履行を拒絶する権利が生じ，すでに履行した部分については，原状に復するための返還請求権が解除の時点で新たに発生すると説明する。遡及効を否定することから，物権的な効果についても，解除によって復帰的物権変動が新たに生じることになる。

　間接効果説に対しては，未履行の債務について履行拒絶権が発生する根拠が明らかではないといった批判が加えられており，現在では支持する見解はほとんどみられない。

（3）折衷説

　折衷説は，間接効果説と同様に解除による遡及的な契約の消滅は認めないが，解除権の行使によって，契約が解除の時から消滅すると説明する。したがって，未履行の債務については解除の時に消滅し，この点で直接効果説と

共通するが，すでに履行された部分については，間接効果説の説明と同様に，新たに原状回復義務が生じるとする。折衷説をとる代表的な見解は，原状回復義務が生じる理由として，解除によって，元の契約関係が原状回復についての債権関係に変容すると説明することから，原契約変容説ともよばれている。

2　原状回復の範囲
(1) 使用利益の返還　　解釈

　原状回復の範囲について，返還すべき目的物を受領していた者が，その目的物を使用し，何らかの利益を得ていたような場合に，その**使用利益を返還**する必要があるかということが問題となる。たとえば，自動車の売買契約において，自動車の引渡しを受けた買主がその自動車に乗っていたような場合である。前述のように，金銭に関する利息と果実の返還請求については，条文に規定されており，これらによって使用利益が把握されることもあるが，使用利益に関する直接の定めはない。改正の際，使用利益に関する規定を新設することについても議論されたが，解釈に委ねられることになった。この点，目的物の引渡しを受けていた者に，解除されるまでに目的物を使用することで得た利益がある場合には，その利益も償還すべきと解するのが判例の立場である。これは，他人の物の売買がなされた場合にも同様であるとされている（最判昭51・2・13民集30巻1号1頁［百選Ⅱ【45】]）。この考え方は，売買契約が解除されたような場合に，売主は代金に利息を付して返還し，買主は使用利益を付して目的物を返還することで当事者の公平性が保たれるとする。このときの使用利益は，その物を使用するために必要な賃料相当額で算定されることが多い。

　なお，目的物を使用することによって，その目的物の価値が減少することも考えられる。このとき，果実や使用利益の返還によっても価値減少分が填補されないときにどうするかについては明らかではない。この点，減価分についても賠償すべきとの指摘がある。

(2) 必要費・有益費　　解釈

　目的物を受領した者が，この目的物に何らかの費用を支出していた場合に，その費用の償還を求めることができるかという点も問題となる。たとえば，建物を受領していた間に修繕のための費用が生じたような場合が考えら

れる。この点について，解除の箇所に明文の規定はないが，196条の規定に従って処理されるという理解が一般的である。

（3）目的物の滅失・損傷による返還不能　関連

　目的物が滅失・損傷し，原物を返還することができなくなった場合に，目的物の返還に代わる価額賠償義務が常に生じるかについては，滅失等の原因と関連して難しい問題が生じる。この点について学説では，さまざまな議論が展開されているところであるが，以下では主な問題状況を整理しておこう。

　目的物の滅失・損傷について目的物の受領者に帰責事由があったとき，受領者が解除権者であり，548条本文に該当する場合には解除権が消滅することは前述のとおりである。したがって，その場合に目的物の返還が問題となるのは，解除権がなお行使可能であるときや，目的物を給付した相手方が解除権を行使したようなときである。もっとも，このときは，返還義務を負う受領者に帰責事由があることから，価額償還義務を負うとする見解が有力である。他方，受領者に帰責事由がない場合については，この場面を危険負担に類似の問題として捉え，536条に照らして処理すべきとする見解が示される（危険負担について⇨第4章第3節）。この考え方によると，不可抗力による滅失のように当事者のいずれにも帰責事由がない場合は，滅失等の危険は受領者が負担するとし，相手方（給付者）は自らの原状回復（たとえば，売買の場合には代金返還）義務の履行を拒むことができるとする。他方，相手方に滅失等についての帰責事由がある場合には，相手方は原状回復義務を免れず，目的物返還に代わる価額償還を求めることもできない。このような見解に対して，各当事者の原状回復義務を独立のものとし，目的物の返還が不能であるときは，受領者は原則として価額償還義務を負うとしたうえで，相手方に帰責事由がある場合には，その義務を免れるとする見解も有力となっている。

研　究　

解除と第三者　解釈

（1）第三者の意義

【構造】でみたように，解除の効果である原状回復においては，第三者の権利を害することはできない（545条1項ただし書）。取引の安全性を考慮して

置かれた規定である。条文から明らかなように，第三者が善意か悪意か，無過失であるか否かといった点は問題とされていない（この点，意思表示の無効・取消しの際の第三者保護規定である94条2項，95条4項，96条3項と対比してみてほしい）。したがって，第三者が解除原因を知っていたような場合にも保護されることになる。これは，解除原因を知っていたとしても解除されるとは限らないため，この場合の第三者の帰責性は大きくなく，また，意思表示に問題があるような契約と異なり，有効な契約を前提に取引関係に入ってきた第三者の保護の必要性が高いためである。

　ここでの第三者は，解除された契約から生じた法律関係を基礎に，解除までに新たな権利を取得した者であると解されている。判例が採用する直接効果説によると，解除の遡及効によって権利を失うことになる者ということになる。たとえば，Aが自己の所有する建物をBに売却する契約を締結し，その後に契約を解除した場合において，Bがすでにこの建物を第三者Cに譲渡し，登記を移転していたときは，解除の効果をCに主張することはできず，Aは自己の建物を取り戻すことはできない。ここでの第三者として想定されているのは，目的物を譲り受けたような者であるが，そのほかには，目的物に担保権の設定を受けた者や目的物の賃借人も該当する。一方，第三者に含まれないとされている者としては，解除された契約から生じた債権の譲受人，転付債権者，借地上の建物の抵当権者などがあげられる。

　契約の解除後に登場した第三者は，545条1項ただし書によって保護される第三者に含まれないとするのが通説・判例であり，異なる取り扱いがされている。以下では，とくに問題となる不動産の権利取得の場面について，解除前と解除後に分けて確認する。

(2) 解除前の第三者

　判例は，第三者が不動産の権利を取得した者であった場合について，この第三者がその目的物の権利を解除者に主張するためには，177条が定める対抗要件としての登記を備えている必要があるとしている（大判大10・5・17民録27輯929頁）。ここでの登記については，解除者と第三者は対抗関係に立つのではなく，第三者として保護されるために備える必要がある**権利保護要件**として要求されているものと理解されている（対抗要件，権利保護要件については物権法の教科書などを参照してほしい）。このような判例の立場に対して，対抗関係に立たないのであるから登記は不要と主張する見解もある。

(3) 解除後の第三者

　(1) であげた例に対して，Aが自己の所有する建物をBに売却する契約を締結し，その後に契約を解除したが，解除後にBがこの建物を第三者Cに譲渡した場合，Cは，解除後に現れた第三者ということになる。このような者は，545条1項ただし書の第三者に当たらない。この場合，解除者と解除後の第三者は，対抗関係に立つと解されている。したがって，解除者は，解除後に目的物の登記を自己に移転しておかなければ，解除後に買主からこの目的物を取得した第三者に対して所有権を主張できないことになる（最判昭35・11・29民集14巻13号2869頁［百選Ⅰ【56】]）。このような判例の立場に対しては，解除後の第三者との関係を対抗関係として捉えるのではなく，虚偽表示の際の第三者保護規定である94条2項を類推適用して解決を図るべきであるとする見解も示されている。この考え方は，解除によって無権利となった者（前述の例でのB）が真の権利者であると信じた第三者の信頼保護という観点を重視するものであり，第三者が善意ないし無過失（無過失を要求するかは論者によって異なる）であれば保護されるとする。これらの問題は，物権法上の重要な論点でもあり，複雑な議論であるが，前述した解除前の第三者の取り扱いのほか，民法総則に置かれている意思表示制度における第三者保護の各規定と対比しながら考えてみてほしい。

┌─ 次のステップ ─────────────────────────────

➡原状回復義務における目的物の滅失等をめぐる議論について
・中田裕康『契約法［新版]』（有斐閣，2021年）230-233頁
➡解除と登記の問題について
・松岡久和『物権法』（成文堂，2017年）153-165頁

└──────────────────────────────────

（永岩慧子）

第2部 契約各論

第**1**章　契約類型

　日本の民法典は，債権各論部分に13種類の契約に関して規定を置いている。【構造】では，これらの契約について概観し，その分類について学習する。【展開】では，それらの13種類の契約以外の契約の概念について学ぶ。【研究】では，複数の契約・関与者が登場する現代的な取引現象について，どのような契約理論が提唱されているのかについて学習する。

構　造

1　典型契約概説

　民法第3編第2章契約は，第1節総則のつぎに，第2節から第14節まで13種類の契約について規定している。具体的には，①贈与（549条），②売買（555条），③交換（586条），④消費貸借（587条），⑤使用貸借（593条），⑥賃貸借（601条），⑦雇用（623条），⑧請負（632条），⑨委任（643条），⑩寄託（657条），⑪組合（667条），⑫終身定期金（689条），⑬和解（695条）である。契約自由の原則からは，どのような内容の契約を締結するかは当事者の自由であるが，明治期の民法の立法者は，日常生活においてひんぱんに行われる契約や将来需要が高まるであろうと思われた契約について規定を置き，当事者の意思の解釈・補充の指針とすることにした。これらの典型的な契約を**典型契約**とよぶ（民法典に固有の名称があるという意味で**有名契約**とよばれることもある）。

　日常生活の中で行われる契約の多くは，典型契約の規定でカバーできるが，一方で，社会の発展により，明治期には想像されていなかった，典型契約には必ずしも当てはまらない契約も行われるようになってきている。典型契約以外の契約を**非典型契約**あるいは**無名契約**とよぶ（【展開】参照）。

2　典型契約の分類

　典型契約は，「債務者が負う債務」および「機能」に着目すると以下のように分類することができる。

（1）権利移転型契約

①贈与，②売買，③交換は，当事者の一方が所有権その他の財産権を相手方に移転する義務を負う契約である。たとえば，ある物の売買契約では，売主は目的物の引渡しとともに自分自身の所有権を買主に移転する義務を負う。この類型では，権利の移転時期，対抗要件の具備などが問題となる。

（2）貸借型契約

④消費貸借，⑤使用貸借，⑥賃貸借は，債権者が債務者の物や権利を借りて利用する契約である。当事者の一方が自身の有する権利を相手に利用させる義務を負う契約ともいえることから，権利利用型契約とまとめられることもある。たとえば，建物の賃貸借では，貸主は自身の所有する建物に関する処分権限以外の権利を貸主に利用させる義務を負う。この類型では，目的物に対する借主（利用者）の権利・義務，目的物の返還などが問題となる。

（3）役務提供型契約

⑦雇用，⑧請負，⑨委任，⑩寄託は，当事者の一方が自分自身またはその他の者の役務を提供する義務を負う契約である。たとえば，雇用では，労働者は使用者のもとで労働に従事する義務を負う。この類型では，役務の内容や提供方法などが問題となる。

（4）その他の契約

⑪組合，⑫終身定期金，⑬和解は，（1）から（3）のいずれの類型にも当てはまらず，また，これら3つの間にも共通するところのない，それぞれが独立した特殊な契約類型である。

3　有償契約における売買の典型性

すでに学習してきたとおり，民法典には典型契約の規定に先行して「契約総則」の規定が置かれている。契約総則には，契約一般に適用される原則などが置かれているが，すべての規定がすべての典型契約に当てはまるわけでない。その適用を考える際に，売買を念頭に置いて考えると理解しやすい規定も多い。さらに，売買契約の規定は，他の有償契約にも性質が許す限り準用されることから（559条。⇨第2部第2章第1節），売買は典型契約の中でももっとも典型的なものであるといえよう。

展　開

1　民法典以外の典型契約

　実際社会で行われる典型的な契約については，運送契約（商502条），保険契約（保険2条）のように，民法以外の特別法によって規定されている典型契約も存在する（ただし，単に「典型契約」といった場合には民法典の典型契約を指す）。

2　非典型契約

　契約自由の原則からは，その内容が強行法規・公序良俗に反しない限り，当事者は典型契約以外の契約であっても締結することができる。実際の取引社会では，典型契約に該当しない（おさまらない）多種多様な契約も行われており，このような契約を非典型契約とよぶ。社会の発展とともに，旅行契約，クレジット契約，リース契約のような新しいタイプの非典型契約が登場し，重要な社会的機能を営んでいる。

3　混合契約

　非典型契約には，典型契約の要素をまったく含まない新しい契約もあれば，複数のあるいは1つの典型契約の要素の一部を含むものも存在する。たとえば，注文者から注文を受けてある物を製作しそれを納品するという契約は，請負と売買という典型契約の要素が混合している契約（製作物供給契約とよばれる。⇨第2部第8章第1節【研究】参照）であり，精密機械を納入し，一定期間その保守管理を行うというよう契約は，売買に典型契約以外の要素が結びついている契約である（ただし，保守管理契約は準委任と捉えられることもある。準委任については⇨第2部第9章第1節を参照）。このように「2つ以上の典型契約の要素が混合されている契約」や，「1つの典型契約の要素に典型契約以外の要素が混合された契約」を**混合契約**とよぶ。非典型契約には，典型契約の要素が一部含まれている混合契約と典型契約の要素を含まない非典型契約が存在することになる。混合契約を含めた前者を**広義の非典型契約**（広義の無名契約），混合契約を含めない後者を**狭義の非典型契約**（狭義の無名契約）とよぶ場合がある。

　混合契約をめぐる法的問題については，当事者の合意をもとに債務の内容

を客観的に判断して検討することになるが，その際には，問題となっている混合契約がいずれの典型契約のどのような要素を含んでいるのかを判断し，その典型契約の規定の適用（ないしは類推適用）の可否について判断することが有用である（この点については⇨第2部第8章第1節【研究】も参照）。

研　究

複合契約と多角的法律関係　　　　　　　　　　　　　　　　関係

　以下の内容については，かなり発展的な議論である。契約法全体を学習したあとに考えてほしい。

　現代社会においては，同一の当事者間で複数の契約を締結する場合や，3人以上の複数の当事者・関与者の間で複数の契約が締結され，それらが関連して結びついている場合も存在する。最近では，それらの複数の契約の関連性をどのように考えるか（一方の契約に生じた原因が他方の契約にどのような法的影響を与えるか），多数の当事者・関与者の法律関係をどのように考えるかが判例や学説で議論されてきている。たとえば，同一当事者間で2つの契約が締結されそれら2つの契約の関係が問題となった判例として，最判平8・11・12民集50巻10号2673頁（30！④【03】，百選Ⅱ【44】⇨第1部第5章第2節）がある。一方，複数の当事者・関与者間でそれぞれ別の契約が締結され，それらの関係が問題となったものとして，最判平5・10・19民集47巻8号5061頁（30！④【11】，百選Ⅱ【69】⇨第2部第8章）がある。このような関係をどのようによぶかについては，学説上定まった概念・用語があるわけではない。最近の有力説には，「複数の契約が関連している」という点に着目し「**複合契約**」または「**複合的契約**」とよぶ見解がある。一方，後者の3人以上の複数の当事者・関与者が登場する問題について，「複数の者が関与し，それらの間の法律関係が問題となっている」という点に着目し「**多角的法律関係**」または「**多角取引**」とよぶ見解もある。

　典型契約に関する民法の規定は，2当事者間で相対する意思表示が合致して成立する契約を念頭に置いており，このような複数の当事者・関与者が登場する場面については，組合契約（⇨第2部第11章第1節）や転貸借（⇨第2部第6章第5節）などの一部を除いて想定していない。学説上も議論が展開されているが，新しい契約基礎理論が確立されているわけではない。「複数の契

約の関連」という点に着目して考える場合には，複数の契約を生じた原因や契約の関連性の強弱などを考慮し，これまでの契約理論を応用することも考えられよう。一方で，「ある取引をめぐって複数の当事者・関与者がいる」という点に着目した場合には，それらの人的関連性や取引としての一体性を考慮して全体を1つとして捉えることができるかということが問題となり，これまでの契約理論をさらに一歩越えた理論構築が必要となるだろう。大規模建設工事のように，1つの目的達成のために多数の当事者・関与者が登場し，それらの間で複数の契約が複雑に絡み合って行われる取引の場合には，一体的な説明も必要となるかもしれない。今後，社会が発展するにつれて，取引をめぐってはさらに複雑な法律関係も登場してくることになるだろう（たとえば，インターネットでの取引の法律関係を考えてみてほしい）。

次のステップ ─────
➡ 非典型契約契約について
・河上正二「債権法講義［各論］4」法学セミナー738号（2016年）86-89頁
➡ 複合契約と多角的法律関係について
・中舎寛樹『債権法』（日本評論社，2018年）48-50頁

（芦野訓和）

第2章 売買

　売買は現代における経済取引の基礎をなしている。それだけではなく売買に関する規定は，性質の許すかぎり他の有償契約に準用されるため，有償契約の基本形として法的にも大変重要である。本章では売買の成立や効力を学ぶ。第1節では主に売買の成立に関わる規定を置く総則規定を扱う。続く第2節‐第5節では，売主と買主の権利義務について扱うが，民法改正との関係では売主の契約不適合責任がとくに重要である。また第6節では買戻しという制度を扱う。

第1節　売買の総則規定
555条–559条

　本節では売買の総則規定について学ぶ。【構造】では売買の意義や成立要件のほか，予約や手付といった制度や有償契約への準用規定などを扱う。交換は贈与や売買と並ぶ典型契約の1つであるがここで扱う。【展開】ではとくに手付規定と関連した条文解釈の問題を扱う。【研究】では予約に関連し担保目的で扱われる場合の予約について扱う。

構　造

1　意義・概要

　売買は，売主が**財産権**を移転することを，買主が**代金**を支払うことを約することで成立する有償・双務・諾成契約である（555条）。現代における経済取引は財貨交換を基本としており，それに対応する契約類型である売買は，経済社会とって重要な意義をもつ。売買において売主は財産権移転義務を負うが，この財産権には土地や不動産，動産といった有体物の所有権のみならず，特許権といった無体財産権や債権なども含まれる。また買主は代金支払義務を負うが，代金ではなく金銭的価値のある財産の交付で代金の支払に代

えることはできない。売主の財産権の引渡しに対し，買主も金銭所有権以外
の財産権の引渡しで応じる場合には，交換（586条）に分類される。

　なお，コンビニや書店，家電量販店などで私たちが日常の買い物をする場
合，店側と商品の値段や契約条件等について交渉をすることなく，値札など
に表示された金額に従って代金を支払い，即時に商品が引き渡されるという
例が多い。このような契約も売買契約であるが，財産権の引渡しと代金の支
払とが即時に行われるという点で**現実売買**とよばれる。現実売買であっても
売買であることに変わりはないため，売買の規定が可能なかぎり適用され
る。

2　予約，手付，費用，交換

（1）予　約

（a）**意　義**　　予約とは，将来ある契約を成立させるために締結される
契約を指す。一般に，将来成立する契約を**本契約**といい，そのために締結さ
れる契約を予約という。予約が締結されると，契約当事者の一方もしくは双
方が本契約を成立させるための申込みをする権利を有し，また相手方はこれ
に対して承諾をする義務を負う。そうすると，本契約締結の債権をもつ側の
当事者が本契約成立の申込みをしてきた場合，その相手方は予約に基づいて
承諾をする債務を負うので，この債務を履行する結果本契約が成立すること
になる。予約当事者の一方が本契約成立の権利をもつ予約を片務予約，双方
がその権利をもつ予約を双務予約とよぶ。

　しかしこのような予約は，本契約を成立させる承諾をする義務を生じさせ
るにとどまる。承諾義務を負っているにもかかわらず，その当事者が承諾を
しようとしない場合，申込者は訴訟を通じて承諾の意思表示に代わる判決
（414条1項・民執177条）を得なければならないという問題がある。

（b）**売買の一方の予約**　　そこで民法の売買規定は，予約を**売買の一方
の予約**として規定した（556条1項）。一方の予約の場合，予約をした当事者
の一方に本契約を成立させる権利（**予約完結権**）が与えられる。当事者双方に
予約完結権がある場合を，双方の予約とよぶ。予約完結権をもつ当事者がこ
の権利を行使すると，その相手方の承諾がなくとも本契約が成立する。そう
することで，相手方が承諾義務を履行しないために訴訟を提起する必要が生
ずるリスクを回避できる。なお，予約については担保目的で利用されること

もある。これについては【研究】で扱う。

　予約完結権も権利であるため，予約完結権をもつ当事者は必ずこの権利を行使しなければならないわけではない。しかし相手方からすれば，権利が行使されない間は契約が成立するかどうかわからないという浮動的な状態におかれてしまう。そこで予約完結権の相手方は，相当の期間を定めて予約完結権を行使するかどうかを確答するよう催告することができる（556条2項前段）。この期間内に催告がなければ一方の予約は効力を失う（同後段）。

　(2) 手　付

　(a) 意　義　　売買締結に際して代金の一部をあらかじめ支払うように求められることがある。この代金の一部を**手付**とよぶ。手付が交付された場合，その手付が当該売買においてどのような役割を果たすのかはそれぞれの契約内容によるが，民法は手付の機能を契約の解除にあると推定する（557条1項本文）。この手付を**解約手付**という。この規定は文言どおり推定規定であるため，当事者が手付に別の機能を付与することもできる。詳しくは【展開】を参照してほしい。

　(b) 解約手付の機能　　契約中に特段の定めのないかぎり，売買の締結にあたって買主から手付が交付されると，手付を交付した買主も交付された売主もこれを利用して売買を解除することができる。買主が売買を解除したい場合，買主は売主に交付した手付を放棄する，つまりそのまま売主のものとすることで解除できる。売主が解除をしたい場合には，買主から交付された手付の倍額を現実に提供することで解除できる（それぞれ557条1項本文）。なお，売主から解約手付による解除をするには，倍額を支払う用意があることを単に買主に通知するだけでは足りず，条文どおり倍額を現実に提供する必要がある（493条も参照）。これは，改正前の判例法理（最判平6・3・22民集48巻3号859頁）を明文化したものとされている。

　手付が交付されていれば，どのようなタイミングでも557条1項本文の成立要件のもとで解除できるというわけではない。解約手付による解除をするためには，当事者の一方が履行に着手する前にする必要がある（同ただし書）。ここで，当事者のどのような行為があれば履行の着手があったといえるのかについては民法には規定されておらず，解釈にゆだねられている（【展開】参照）。

　解約手付が交付されると，有効に契約が成立していても手付の放棄または

倍額の現実の提供によって各当事者は任意に契約の拘束から逃れることができる。この意味で，手付の交付は売買という契約の拘束力を弱める機能をもつとも理解できる。他方で，買主は手付を放棄し，売主は手付の倍額を提供することでなければ解除ができないという点で，ノーリスクで契約から逃れることができるわけではないという点にも注意する必要がある。

(c) **手付による解除と損害賠償**　解約手付により売買が解除されると，解除された側の当事者は売買が履行されていれば得られていたであろう利益などが得られなくなるといった損害を受けることがある。債務不履行を理由とする解除の場合には，解除権の行使は損害賠償の請求を妨げないと規定されているが，他方で手付による解除の場合には，545条4項の規定の適用はないと規定されている（557条2項）。これは，解約手付による解除は約定解除であって債務不履行解除ではないことや，また手付の放棄や倍額の現実提供により，手付による解除の相手方の損害が填補されることが理由であるとされている。

(3) **費　用**

売買を締結するに際して，契約書を作成するなどの目的で一定の費用が必要となることもある。売買に関する費用について，民法は当事者が平等に負担するとしている（558条）。登記費用について，判例は契約費用に属するとしている（大判大7・11・1民録24輯2103頁）が学説では反対意見もある。

なお，契約の履行に要する費用については別扱いとなる点に注意が必要となる。各当事者が売買に基づいて負う義務を履行する際に要する費用（商品の送料や振込払で代金を支払う場合の費用など）は，債務の履行に必要な費用となるため，各債務者が負担することになる（485条も参照）。なお，売主と買主の負う義務については第2節を参照してほしい。

(4) **交　換**

契約当事者が財産権同士を給付しあう契約が**交換**である（586条1項）。交換は，財産権と代金ではなく財産権と財産権が交換されるという構造上，売買に類似する。諾成契約であり，双務契約であり，有償契約であるという点も，売買と同様である。

交換の一方当事者が，財産権の給付とともに金銭も給付するという場合には，金銭給付の部分に関しては売買代金に関する売買規定が準用される（586条2項）。

3　有償契約への準用

　売買の規定は，その性質が許すかぎり売買以外の有償契約に準用される
(559条)。そのため，賃貸借や雇用，請負など他の有償契約においても売買の
規定が必要な修正を加えたうえで適用されることになる。売買は経済取引の
基本形として重要な意義をもつのみならず，法律規定においてもいわば有償
契約の基本類型として重要な意義を有しているといえる。

　他の有償契約でも準用されうる売買の規定としては予約や手付があげられ
るほか，売主の契約不適合責任が重要である (562条以下。詳しくは⇨第 3 節・第
4 節)。とくに請負では，改正後，請負人の担保責任に関する主要な規定が
ほぼ削除され，請負人の仕事の内容に問題がある場合には562条以下を準用
して解決されることとなった。具体的には559条を通じて請負でも，562条
(追完請求権)，563条 (代金減額請求権)，564条 (損害賠償請求権・解除権の行使) な
どが準用される点に注意が必要である (請負人の契約不適合責任については⇨第 2
部第 8 章第 2 節を参照)。

展　開

1　手付の認定　　　　　　　　　　　　　　　　　　　　　　　解釈

　すでに述べたように，民法では手付を解約手付と推定するが (557条 1 項本
文)，手付に解約手付とは異なる機能が当事者の意思により付与されること
がある。それはどのようなものであろうか。

　手付に付与されうる機能としては，解約手付のほかに，契約が成立した証
拠として交付される**証約手付**，手付の交付を契約の成立要件とする**成約手
付**，そして交付された手付を債務不履行があった場合の賠償金とする**違約手
付**がある。違約手付については，損害賠償の予定 (420条 3 項) の性質ももつ
ものと，別途損害賠償の請求を認める違約罰としての性質をもつものがある。

　手付には前述の機能のうち 1 つだけでなくさまざまな機能が付与されうる
が，複数の機能を有する手付が交付されたと判断されることもある。最判昭
24・10・ 4 民集 3 巻10号437頁［百選Ⅱ［第 6 版］【47】］では，違約の場合
に手付の没収または倍返しをするという約定のもとで交付された手付につ
き，それだけでは解約手付としての推定は否定されないとされた。

２　履行の着手　　解釈

解約手付を用いた解除は，当事者の一方が履行に着手するまでに行う必要があるが，どのような行為があれば履行に着手したといえるのであろうか。

判例では，履行の着手があったというためには単に履行の準備行為をしたというだけでは足りないとされている。すなわち，目的物の仕入れといった調達行為のような，「債務の内容たる給付の実行に着手すること，すなわち客観的に外部から認識できるような形で履行行為の一部をなし，又は履行の提供をするために欠くことのできない前提行為をした場合」が履行に着手した場合であるとされた（最大判昭40・11・24民集19巻 8 号2019頁［百選Ⅱ【48】]）。なお，同判例では一方の当事者が履行の着手をした場合でも，相手方が履行の着手をしていないときには，履行の着手をした側の当事者から解約手付を用いた解除をすることはできると示されている。

研　究

予約の担保的機能　　関連

（1）概　説

売買の一方の予約は，将来において売買を成立させるために用いられるばかりではなく，担保の目的で用いられることもある。このような目的で用いられる予約として担保目的の予約や再売買の予約がある。いずれも買戻しと深く関係する。第 6 節も参照してほしい。

（2）担保目的の予約

担保目的の予約とは，以下のようなものを指す。金銭の貸主 A が借主 B との間で500万円の金銭消費貸借を結ぶ際に，B 所有の500万円の価値のある不動産甲について，B を売主，A を買主とする売買の一方の予約を結んでおき，もし B が返済期日に500万円を支払うことができれば問題はないが，B が支払うことができなかった場合には，A は予約完結権を行使できることにする。これにより甲の売買が成立し，同契約に基づいて B は甲の所有権を A に引き渡し，A は代金である500万円を支払う義務を負う。このとき A は，B に対する貸金債権500万円と B の A に対する代金債権500万円を相殺して（505条）甲を受け取ることによって金銭（貸金の返還）に代えて A は500万円の経済価値をもつ不動産である甲を受領し，結果として500万円の弁

済を受けたことになる。

(3) 再売買の予約

　再売買の予約は，売主と買主との間で売買が成立した場合に，買主に引き渡される目的物について，将来同じ当事者間で再度売買するという内容の一方の予約を結んでおくことをよぶ。外形的にはいったん売買した目的物をもう 1 度売買するということにすぎないが，その実態は金銭の貸付とそれに対する担保の提供を意味している。

　具体的には以下のとおりである。売主 B 所有の500万円の不動産甲につき，買主 A と売買が締結され，同時に将来甲について A から B に再度売却するという内容の一方の予約をしたとする。このとき，最初の売買においてA が B に支払う売買代金500万円は実は500万円の貸付となっている。つまり最初の売買そのものが買主 A を貸主，売主 B を借主とする金銭の貸付と，B が弁済できなかった場合の担保としての B から A への甲の提供を意味している。そしてのちに B が500万円を A に支払うことができるようであれば，予約完結権を行使して再売買の本契約を成立させ，B は500万円を支払うことで貸付金を返還し，A から甲の引渡しを受ける（担保として提供されていた甲の返還を受ける）。もし B が返済ができないようであれば，予約完結権を行使せず，A は甲を自分のものとして500万円分の返済を受けたのと同じ状態を実現するのである。

┌─ **次のステップ** ──────────────────────────

➡予約全般について

・椿寿夫編『予約法の総合的研究』（日本評論社，2004年）

➡手付について

・中田裕康『契約法［新版］』（有斐閣，2021年）118-124頁

└─────────────────────────────────────

（萩原基裕）

第 **2** 節 売買の基本的効力

560条，561条，573条-578条

　本節では，売買の基本的効力について学ぶ。【構造】では，売買契約の当事者である売主と買主がそれぞれに対して負う義務の内容について学習する。【展開】では，他人物売買において，他人の物の権利を買主に移転できなかった売主がどのような責任を負うのかについて学習する。

構　造

1　売主の義務

（1）はじめに

　売主は，売買の目的である財産権を買主に移転する義務を負う（**財産権移転義務**，555条）。財産権移転義務は，具体的には以下の内容で構成される。

（2）権利を移転する義務

　売主は，契約の内容に適合した権利を買主に移転する義務を負う（売主の契約不適合責任については⇨第3節・第4節参照）。

　物権の移転は，当事者の意思表示のみによって生じる（物権変動の意思主義，176条）。このことについて，判例・通説が，物権変動が生じるためには，売買契約（債権行為）以外に物権を移転するための行為（物権行為）は必要ないと考えていることからすれば（物権行為独自性否定説），売買の目的が特定物である場合，その所有権は契約成立時に売主から買主に移転することになる。そうであれば，権利を移転する義務をわざわざ観念することは不要に思うかもしれない。しかし，学説においては，所有権移転時期を代金支払や引渡し・登記時に遅らせる考え方も有力であるし，不動産売買の実務においてもそのような特約が結ばれることが多い。そうすると，少なくとも売買契約成立時から所有権移転時期までの間については，権利を移転する義務を別個に観念する意義があるだろう。また，他人物売買の売主について，他人からその物の権利を取得して買主に移転する義務を負うことが明文化されている（561条。【展開】参照）。

　売買の目的が不特定物である場合，売主は，特定のために必要なことをし

て（401条2項参照），権利を移転しなければならない。

（3）権利の移転に必要な行為をする義務

財産権の移転のために何らかの行為が必要な場合には，売主は，その行為をしなければならない。賃貸借の売買においては，売主は賃貸人の承諾を得る義務がある（612条参照）。農地の売買においては，農業委員会の許可を得なければ効力を生じないので（農地3条1項・6項），許可申請手続に協力する義務を負う。

（4）対抗要件を具備させる義務

売主は，買主に対し，売買の目的である権利の移転について対抗要件を具備させる義務を負う（560条）。ここでいう対抗要件とは，売買の目的物が不動産であれば，登記である（177条）。買主がその権利をさらに処分する場合には，登記を備えておく必要があるが，登記は売主と買主が共同して申請することになっており（共同申請主義，不登60条），買主だけでは登記を具備することができない。

その他の対抗要件は，動産であれば引渡し（178条）または動産譲渡登記（動産・債権譲渡対抗要件特例3条），賃借権であれば賃貸人の承諾（612条。⇨第6章第5節【構造】1（2）参照），債権であれば通知もしくは承諾（467条）または債権譲渡登記（動産・債権譲渡対抗要件特例4条）である。なお，自動車や船舶については独自の登記・登録制度がある。

（5）引渡しをする義務

売主は，買主に目的物を引き渡す義務を負う。従物（87条2項）がある場合には，これも買主に引き渡さなければならない。売買の対象に関する書類がある場合にも，買主に引き渡さなければならない。

2　買主の義務（拒絶・供託含む）

（1）代金支払義務

（a）はじめに　　買主は売主に代金を支払う義務を負う（代金支払義務，555条）。双務契約である売買においては，買主の代金支払義務が売主の財産権移転義務と同時履行の関係に立つ（同時履行の抗弁について，⇨第1部第4章第2節参照）。

代金支払義務の不履行については，その損害賠償額は遅延利息とされ，遅延利息について売主は損害を立証する必要はなく，不可抗力をもって損害賠

償責任を免れることができない（金銭債務の特則である419条を参照）。

　（b）**代金の支払時期**　　代金の支払時期は，当事者の合意による。合意が明らかでなくても，慣習によって定まることもある（92条）。合意がなく，慣習も明らかでない場合で，売買の目的物の引渡しについて期限があるときは，代金の支払についても同一の期限を付したものと推定される（573条）。

　（c）**代金の支払場所**　　代金の支払場所も，当事者の合意による。合意が明らかでなくても，慣習によって定まることもある（92条）。合意がなく，慣習も明らかでない場合に，金銭については債権者の現在の住所地で支払うのが原則であるが（484条1項），売買における特則として，目的物の引渡しと同時に代金を支払うべきときは，その引渡しの場所で支払わなければならない（574条）。

　（d）**代金支払拒絶権**　　買主は，同時履行の抗弁（533条）や不安の抗弁によって代金の支払を拒絶することができるが（⇨第1部第4章第2節参照），売買においては，さらに2つの特則がある。

　第1に，売買の目的について権利を主張する者がいることや，その他の事由により，買い受けた権利の全部もしくは一部を取得できず，または失うおそれのあるときは，買主は，その危険の程度に応じて代金の全部または一部の支払を拒絶することができる（576条本文）。具体的には，売買の目的物の所有権を主張する第三者が登場する場合や，債権の売買において債務者が債務の存在を否定する場合が想定されている。ここでいう「おそれ」とは，主観的な不安感や危惧感では足りず，客観的かつ合理的な理由が認められるものであることが必要である。売主としては，相当の担保を供与することで買主の代金支払拒絶を回避することができるし（同ただし書），買主に対して代金の供託を請求することもできる（578条）。供託請求に応じない買主は，代金の支払を拒絶することができなくなる。

　第2に，買い受けた不動産について契約の内容に適合しない抵当権の登記があるときは，買主は，抵当権消滅請求の手続（379条-386条）が終わるまで，その代金の支払を拒絶することができる（577条1項前段）。抵当権を消滅させることができるかわからない段階で代金を支払うのは買主にとってリスクがあり，また，買主は，売主に対し，その手続のために支出した費用の償還を請求することができるので（570条），代金から償還金を差し引いた方が簡便かつ公平である。契約の内容に適合しない先取特権や質権の登記がある

場合も同様である（577条2項）。「契約の内容に適合しない」とは，これらの担保物権の存在が代金額に反映されていない状況が考えられる。この場合に，売主は，買主に対し，遅滞なく抵当権消滅請求をするよう請求することができる（同1項後段）。また，売主は，買主に対して代金の供託を請求することもできる（578条）。供託請求に応じない買主は，代金の支払を拒絶することができなくなる。

(2) 受領義務（引取義務）

　売主の目的物引渡期限を過ぎても買主が目的物を受領しないと，売主は引き続き目的物の保管を強いられることになる。買主が代金を支払っていなければ契約を解除すればよいが，買主が代金支払済みである場合には，それもできない。そこで，買主に受領義務を認めるべきであるという見解が主張されてきた。その場合，受領義務違反を理由として売主が解除や損害賠償を請求できるかどうかが問題になる。

　民法改正の議論においては，買主の受領義務を条文化することが提案されたが，判例では買主には原則として目的物の受領義務はないとされていること等を理由とする反対意見がパブリック・コメントで寄せられたため，見送られた（買主の引取義務を信義則に照らして認めた判例として最判昭46・12・16民集25巻9号1472頁［30！③【10】，百選II【55】］がある）。

3　契約後に生じた果実の帰属

　果実（88条）は元物から分離するときに収取権を有する者が取得するのが原則である（89条）。しかし，売買においては，引渡前に目的物から生じた果実は売主に帰属するものとされ（575条1項），他方で，買主は引渡前に代金の利息を支払う必要はないとされている（同2項）。これらの特則があることで，目的物を引き渡す時点で，それまでに収取した果実の価額と目的物の使用利益の和から目的物の保管費用を差し引いた額と，買主が支払うべき代金の利息とを清算するという面倒な処理が不要になる。

　果実と代金の利息を相殺的に処理する趣旨から，売主は，目的物の引渡しを遅滞していても，買主が代金を支払わないうちは果実を収取できるし（大連判大13・9・24民集3巻440頁），買主が代金を支払ったあとは，目的物の引渡前であっても，果実を収取できない（大判昭7・3・3民集11巻274頁）。

展　開

他人物売買における売主の義務 　関連

（1）他人物売買における権利移転義務

他人の物を売買の目的とすることも妨げられない。その物の所有者が売買成立当時からその物を他に譲渡する意思がなく，売主においてこれを取得して買主に移転することができないような場合でも，売買契約は有効である（最判昭25・10・26民集4巻10号497頁）。

他人物売買において，売主は，その権利を取得して買主に移転する義務を負う（561条）。権利の一部が他人に属する場合において，その権利の一部を売買の目的としたときも同様である（同条）。

（2）他人物売買における所有権の移転

（a）**所有権移転時期**　　他人物売買の売主がその物の所有権を取得した場合，判例は，特段の意思表示や約定のないかぎり，その物の所有権は当然に買主に移転するとしている。

（b）**他人物売買と追認**　　他人物売買をその物の所有者が追認した場合，無権代理行為の追認に関する116条が類推適用され，追認によってその物の所有権が買主に移転するとともに，所有権移転の効果は売買契約の成立時にさかのぼって生じる（最判昭37・8・10民集16巻8号1700頁）。もっとも，追認しても，その物の所有者が代金支払請求権を取得するわけではない（最判平23・10・18民集65巻7号2899頁）。

（3）他人物売買と相続

他人物売買がなされた後に相続が生じ，他人が売主の地位を承継する，あるいは売主が他人の地位を承継する場合がある。この問題については，無権代理と相続における問題と対応した議論がなされてきた。

（a）**他人が売主の地位を承継した場合**　　売主の地位を相続により承継した他人は，権利者としてその権利の移転につき諾否の自由を保有しているのであるから，信義則に反すると認められるような特別の事情のないかぎり，売主としての履行義務を拒否することができる（最大判昭49・9・4民集28巻6号1169頁）。この場合，買主は，売主の地位を承継した権利者に対して，債務不履行責任を追求することが可能である。

（b）**売主が他人の地位を承継した場合**　　無権代理と相続に関する判例

（最判昭40・6・18民集19巻4号986頁）を参考にすると，売主が権利者の地位に基づいて買主からの履行請求を拒絶することは，信義則に反するだろう。

（c）**売買契約時に他人でも売主でもなかったが，その後両者の地位を承継した場合** これについても無権代理と相続に関する議論を参考にすると，先に相続した地位と矛盾する主張をすることが信義則上許されるかどうかで決せられることになるだろう。

（4）権利移転義務違反と買主の救済

（a）**権利移転義務の全部不履行の場合** 他人物売買において，売主が買主に権利の全部を移転できない場合，債務不履行責任の一般原則に従うことになる。すなわち，買主は，契約を解除し（541条，542条），損害賠償を請求することができる（415条）。

（b）**権利移転義務の一部不履行の場合** 他人物売買において，売主が買主に権利の一部を移転できない場合，追完請求権（562条），代金減額請求権（563条），損害賠償請求権（564条），解除権（564条）を行使することができる（565条による準用。それぞれの効果の詳細について⇨第3節・第4節参照）。

次のステップ

➡売主の財産移転義務について
・中田裕康『契約法［新版］』（有斐閣，2021年）293-299頁
➡他人物売買について
・潮見佳男『新契約各論Ⅰ』（信山社，2021年）104-112頁

（大坂恵里）

第3節　売主の契約不適合責任（担保責任）・総論
562条-572条

売買契約の売主は，売買の目的物が契約に適合しない場合，買主に対して一定の責任を負う。条文上はこれを売主の「担保責任」という。売主の担保責任について，改正後の民法は，改正前の民法とは異なる観点から規定している。また，担保責任の法的性質をめぐっては判例・学説上争いがあったが，改正後は態度を明確にしている。そこで本節では，【構造】において担

保責任の意義および民法の規定について，【展開】において担保責任の法的性質をめぐる改正前後の議論ついて，【研究】において法改正前の議論を勉強する必要性について学ぶ。なお，567条については第1部第4章第3節を参照。

構　造

1 概　要

（1）意義と種類

　売買契約の売主は，契約目的についてそれが契約に適合するように一定の保証をして（担保して）おり，これに違反した（契約不適合があった）場合に売主が買主に対して負う責任を条文上は「売主の**担保責任**」という。民法の売買の効力に関する規定のほとんどは，担保責任に関するものである（562条-572条，571条は削除されて欠番になっている）。

　改正前の民法は，売買の目的物が契約上その物が備えるべき権利が欠けている（権利の瑕疵）場合の責任と，売買の目的物に契約上その物が備えるべき性質が欠けている（物の瑕疵）場合の責任（瑕疵担保責任とよばれていた）という形で，瑕疵の種類に着目して分類していた。また，権利の瑕疵については，その一類型として，目的物の所有権の全部が他人に属する場合（「他人物売買とよばれる）の売主の責任についても規定されていた（改正前561条，562条）が，改正後は，売主の財産権移転義務の問題であるとして，その違反は債務不履行責任に関する一般規定に委ねられることになった（他人物売買をめぐる問題については⇨第2節も参照）。

　前述のように改正前は瑕疵に着目して売主の担保責任が分類されていたのに対し，改正法は，契約の内容に着目して売主の担保責任を契約に適合しない場合の責任（**契約不適合責任**）として捉え，①目的物の種類・品質・数量に関して契約の内容に適合しない場合の物の売主の不適合責任と，②権利が契約の内容に適合しない場合の権利の売主の不適合責任に大別して規定している。

（2）規定の配列

　民法の規定は，前述①②以外のその他の特殊な担保責任なども含め，ⓐ目的物の種類・品質・数量に関する契約不適合に対する売主の担保責任の成立

要件・効果（562条-564条），⑥権利の契約不適合に対する売主の担保責任の成立要件・効果（565条），ⓒ目的物の種類・品質に関する売主の契約不適合責任に対する買主の権利行使期間制限（566条）（数量が含まれないことについては⇨第4節参照），ⓓ目的物の滅失・損傷に関する危険の移転（567条），ⓔ特殊な担保責任：競売の場合の担保責任（568条），債権の売主の担保責任（569条），ⓕ抵当権などがある場合の買主の費用償還請求（570条），ⓖ担保責任を負わない特約の効力（572条），と配列されている。これらの規定のうちⓓについては，危険負担の問題として，すでに第1部第4章第3節で学習している。

　前述のとおり，改正前は，権利と目的物の瑕疵という観点から担保責任を分類し，まず権利の瑕疵について規定を置き，その後，物の瑕疵については権利の瑕疵に関する規定を準用するという形で規定が配置されていたが，改正後は，契約の不適合の観点から担保責任を前述の2つに大別し，改正前の瑕疵担保責任に数量不足を含めた物の契約不適合について先に規定し，権利の不適合についてそれを準用するという配列となった。これは物の契約不適合責任の重要性に着目したためである。

2　内容（買主の権利）

　契約不適合責任の具体的内容として，買主には，①追完請求権（562条），②代金減額請求権（563条），③損害賠償請求権（564条による415条の準用），④解除権（564条による541条・542条の準用），という権利が認められる。この中で，追完請求権については，改正前は規定がなく，解釈上認められるかが議論されていたが，改正法は契約責任（債務不履行責任）説の立場からこれを認め，明文化した（⇨第4節）。

　前記の買主の権利のうち，③については415条により売主に帰責性がない場合には売主の免責が認められるが，①②④については認められない。また，目的物の種類・品質に関する契約不適合責任については，買主がその不適合を知った時から1年以内にその旨を売主に通知しないときは，買主は売主に対して責任を追及できなくなる（566条本文。買主の権利の詳細については⇨第4節）。

3　免責特約

　民法の担保責任の規定は任意規定であり，当事者間で行われたこれらの規

定と異なる内容の合意・特約は，それが買主に不利であったとしても原則として有効である（合意・特約が民法の規定に優先する）。ただし，売主が契約不適合であることを知りながら買主に告げなかったなかった事実，自ら第三者のために設定しまたは第三者に譲り渡した権利については，特約によって売主の免責を認めることは信義則に反するため，売主はその責任を免れることはできない（572条）。

展　開

1　担保責任の法的性質

（1）概　要

改正前の担保責任については，債権総則で債務者の債務不履行責任が規定されているにもかかわらず，なぜ売買契約には売主の担保責任が規定されているのか，担保責任の法的性質をどのように考えればよいのかについて，その適用範囲（不特定物にも瑕疵担保責任規定の適用はあるか），売主の帰責事由の要否，対象や損害賠償の範囲，瑕疵修補請求権を認めるかなどの具体的問題にも関連させながら，長い間議論されてきた。

この議論は，改正前570条の売主の瑕疵担保責任を主な対象として，**法定責任説**と**契約責任説**という2つの見解を基礎として展開されてきた。

（2）法定責任説

この見解は，瑕疵担保責任は，特定物に関してのみ特別に法律で規定された（法定された）売主の責任であるとする。この説は，売買契約では売主は財産権移転義務を負うが，これはその目的物を引き渡す義務であり，特定物の場合には売主はその物を現状のまま引き渡せばその義務を履行したことになるとした（改正前民法483条は「債権の目的が特定物の引渡しであるときは，弁済をする者は，その引渡しをすべき時の現状でその物を引き渡さなければならない」と規定していた）。したがって，引き渡された目的物に容易には発見できない欠陥（隠れた瑕疵）があったとしても，本来であれば売主は責任を負わないことになるが，それでは目的物には隠れた瑕疵がないと思い代金を支払った買主に不公平であることから，買主を保護するために，売買目的物が特定物の場合にのみとくに法律が認めた責任が瑕疵担保責任であると解していた。

法定責任説は，売買目的物が不特定物（種類物）の場合は債務不履行責

任，特定物の場合は瑕疵担保責任と区別するが（特定物にこだわる見解であることから批判的に「特定物ドグマ」とよばれることがあった），このような区別は妥当ではないとの批判が展開されるようになった。

（3）契約責任説

　法定責任説を批判する学説として有力に主張されたのが，契約責任説である。この見解は，瑕疵担保責任の規定は契約責任の規定に過ぎないとして，特定・不特定という目的物の性質にかかわらず，まず瑕疵担保責任の規定が適用されると主張した。契約責任説によれば，売買契約により売主は財産権移転義務を負うが，それは単に目的物を引き渡す義務にとどまらず，契約内容に適合した物を給付しなければならない義務であり，それに違反した（引き渡した物が契約に適合しない）場合には債務不履行責任を負う。そして，債務不履行責任の規定と瑕疵担保責任の規定の関係について，債務不履行責任の規定は債務者の責任について定めた一般規定であり，瑕疵担保責任の規定は売買契約の売主の責任について特に定めた特則であると理解し，まずは瑕疵担保責任の規定が適用されるが，そこで規定されていない問題については，一般規定である債務不履行責任に関する規定が適用されることになるとした。

（4）改正法の立場

　改正前の議論では，伝統的な学説は法定責任説を主張し，判例もこの見解であると考えられてきた。しかし，世界的な動向や学説上も契約責任説が次第に有力となってきたことも踏まえ，改正法は契約責任説の立場から担保責任を規定している。すなわち改正法は，売主には契約に適合した物を引き渡す義務があることを前提に，契約不適合の場合に，買主の追完請求権（562条），代金減額請求権（563条）を規定し，564条では，それらの規定は，415条の損害賠償請求，541条・542条の解除権の行使を妨げないとして，債務不履行責任の規定を準用している。

2　不特定物売買をめぐる議論

（1）概　要

　前述のとおり，法定責任説と契約責任説とでは，売買の目的物を種類のみで指定した場合（「種類物売買」または「不特定物売買」とよばれる）への適用について違いがあった。すでに説明したとおり，契約責任説が不特定物売買にも

瑕疵担保責任の規定の適用があるとするのに対し，法定責任説は，特定物ドグマの観点から，種類物売買には瑕疵担保責任の規定は適用されないとしていた。

（2）判例の見解

判例は，法定責任の立場に立つと理解されていたが，債務不履行責任規定の適用と瑕疵担保責任規定の適用については，目的物が特定物か種類物かではなく，「目的物の受領時」という別の視点から区分していた（このため，受領時区分説とよばれることがある）。すなわち，特定物売買には瑕疵担保責任の規定が適用されるが，不特定物売買については，買主が受領をすることにより目的物が特定されることになるから，受領以前（特定前）は債務不履行責任の規定が，受領後（特定後）は瑕疵担保責任の規定が適用されるとした。すでに大審院がこの立場であり，最高裁もこの見解を踏襲していた（最判昭36・12・15民集15巻11号2852頁［百選Ⅱ【51】]。ただし，本判決は，「債権者が瑕疵の存在を認識した上でこれを認容」した上で，債務者に対し瑕疵担保責任を追及するなどの事情がない限り，受領後も債務不履行責任を追及できるとしており，これまでの判例理論を変更したとの指摘もある。百選の解説を参照してほしい）。

（3）改正法の立場

改正法では，売買目的物に着目した区分はされていない。したがって，特定物売買の場合にも不特定物売買の場合にも，買主は売主に対して契約責任としての担保責任を追及することができる。すなわち，特定物売買でも一定の要件を満たすのであれば追完請求が可能であり，不特定物売買で受領後であっても，買主は追完請求や代金減額請求をすることができる。つまり，そもそも売買目的物を特定物と不特定物とに分けて検討する必要も，受領を問題とする必要もなくなったといえる。

研　究

法改正前の議論を勉強する必要性

改正後の民法の条文を理解するためには，改正前の議論について学習する必要性は必ずしもないかもしれない。しかし，売主の担保責任については，それまでの判例理論とは異なる立場から規定が創設されていることから，従来の判例理論との整合性が問題となる。それを考えるにあたっては，まず，

改正前の判例理論はどのようなものであり，それらをめぐってどのような議論があったのかを学んだ上で，それらを踏まえてどのように改正されたのかを理解する必要がある。その上で，今後も引き継がれる理論と今後は考慮する必要のない理論を意識した上で学習する必要があろう。

　ところで，改正法はなお「担保責任」という用語を売買や請負などの規定で使用しているが，これまでの「担保責任」を「契約不適合責任」とし，これを債務不履行責任として一元化するという改正法の立場からは，「担保責任」という用語を用いない方が一貫するとの指摘がすでに法制審議会で1人の委員からなされており，改正後の教科書・体系書などでも，条文上はともかく，説明あたってはこの用語を用いないとする考え方も主張されている。

┌─ 次のステップ ─
➡契約不適合責任の法的性質について
　担保責任の法的性質については，さまざまな文献があり，それぞれの立場・理解からその説明も必ずしも一様ではない。そのことに注意しながら，文献を参照してほしい。
・野澤正充『契約法［第3版］』（日本評論社，2020年）124-134頁
・潮見佳男『新契約各論Ⅰ』（信山社，2021年）112-127頁
└─

（芦野訓和）

第4節　目的物の種類・品質・数量，権利に関する契約不適合

562条-566条

　本節では，売買の目的物に種類・品質・数量，権利に関する契約不適合があったときの売主の責任について，条文を確認しながら，より詳しく学習する。【構造】では，契約不適合責任の成立要件および効果について，まずは，物の種類・品質・数量に関する契約不適合の場合を確認し，つぎに，権利に関する契約不適合の場合をみる。【展開】では，契約不適合がどのように判断されているのか，判例を中心に説明する。また，損害賠償の範囲や消滅時効規定との関係といった個別の問題のほか，特別法における責任規定を取り上げる。【研究】では，契約不適合と錯誤の関係を扱う。

構　造

1　物の種類・品質・数量に関する契約不適合

（1）成立要件

　売買契約の売主は，種類，品質または数量に関して契約の内容に適合した売買目的物を引き渡す義務を負い，契約内容に適合しない物を引き渡したとき，債務不履行責任を負う。前節で述べたように，このような場合に売主に生じる責任をとくに定めたのが契約不適合責任規定である。契約不適合責任の要件は，562条1項本文により，引き渡された目的物が種類，品質または数量に関して契約の内容に適合しないことである。さらに，562条以下に規定される各権利を買主が行使するためには，それぞれについて個別の要件をみたす必要がある。

　不適合があるかどうかを判断するためには，当事者が契約でいかなる内容を合意したのかを確定することが必要である。とくに，当事者の合意が明確でない場合は，契約内容の確定をめぐって難しい問題が生じることが多い。契約適合性の具体的な判断については，【展開】で述べる。

（2）規定の構造

　種類・品質に関する契約不適合と数量に関する契約不適合について，改正前は，565条（数量不足または物の一部滅失）と570条（瑕疵担保責任）に区別して規定していたが，改正後は，目的物の数量不足について，買主の権利の期間制限（566条），競売における特則（568条）に関して異なる定めがある点を除いて共通の規定に服する。また，前節で述べたように（⇨第3節【構造】1(2)），買主に移転した権利が契約の内容に適合しないものである場合について，物の種類・品質・数量に関する契約不適合責任の規定を準用するとし（565条），これらは同様に扱われる（契約不適合責任の規定構造について，【構造】の最後に掲げる表も参照してほしい）。

　562条以下の契約不適合に関する諸規定は，559条により，異なる定めのないかぎり売買以外の有償契約にも準用される。

（3）効　果

　（a）概　要　　契約内容に適合しない目的物が引き渡されたとき，買主には，売主に対する責任追及として複数の手段が与えられる。契約不適合責任の効果の全体像をあらかじめ確認しておくと，買主には，①追完請求権

（562条），②代金減額請求権（563条），さらに，564条によって準用されるものとして，③損害賠償請求権（415条），④解除権（541条，542条）が認められる。このように，損害賠償請求権と解除権については，債務不履行の一般規定が契約不適合の場面でも適用される（改正前の担保責任の法的性質をめぐる議論について⇒第3節【展開】）。

（b）追完請求権　目的物が契約の内容に適合しないとき，買主は，売主に対して，目的物の修補，代替物の引渡し，または不足分の引渡しによって履行を追完するよう求めることができる（562条1項本文）。

562条1項本文に示されているように，追完の方法には，修補，代替物の引渡し，不足分の引渡しがある。買主は，いずれの方法によるかを選択して売主に請求することができると解されている。たとえば，目的物が種類物である場合には，引き渡されたその物を修補するよう求めることも，同じ種類の別の物を引き渡せということもできる。ただし，売主は，買主に不相当な負担を課すものでないかぎり，買主が求めた方法と異なる方法で追完をすることができる（562条1項ただし書）。

追完は売主に本来果たすべき義務の履行を求めるものであるから，売主に帰責事由があることは必要ない。他方で，契約不適合について買主に帰責事由があるときは，履行の追完を請求することができない（562条2項）。買主の責めに帰すべき事由がある場合には，追完だけでなく，代金減額請求権や解除権も同様に認められないと規定されており（563条3項，543条参照），それらと整合的なものになっている。

なお，追完請求権の限界について直接定める規定はないが，履行請求権の限界を定める412条の2第1項の適用を受けると解されている。したがって，追完に過分の費用を要することにより，追完の履行が契約および取引上の社会通念に照らして不能と評価されるときは，買主は追完を請求することができない。

追完請求権をめぐっては，その法的位置づけや履行請求権との関係をどのように考えるかについて学説上活発に議論されている。この問題については，**次のステップ**にあげた文献や，債権総論の教科書を参照してほしい。

（c）代金減額請求権　買主が相当の期間を定めて追完するよう売主に催告をしたにもかかわらず，その期間内に追完がされないときは，買主は，契約不適合の程度に応じて代金の減額を請求することができる（563条1

項）。代金減額請求権は，双務有償契約である売買の性質にかんがみて，契約不適合責任の効果として，とくに設けられている手段である。

代金減額請求権は，改正前は，権利の一部が他人に属する場合（改正前563条1項）と，数量不足または一部滅失の場合（改正前565条による改正前563条の準用）についてのみ規定されていた。もっとも，そのほかの瑕疵についても損害賠償の範囲において実質的には代金減額と同様の取り扱いがされていたところ，改正によって，契約不適合責任一般に認められる手段として代金減額請求権が明文上規定されることになった。なお，条文の文言では代金減額「請求権」とされているが，権利の性質としては**形成権**であり，買主の一方的な意思表示によって代金減額の効果が生じる。

代金減額請求権の行使には，原則として，相当期間を定めた追完の催告とその期間の徒過を必要とするが，つぎの例外が定められている。①追完が不能であるとき（563条2項1号），②売主が追完拒絶の意思を明確に表示したとき（同2号），③特定の日時または一定の期間内に履行しなければ契約目的を達することができない場合に，その時期を経過したとき（同3号），④買主が催告をしても追完を受ける見込みがないことが明らかであるとき（同4号）は，追完の催告をすることなく代金減額が可能である。代金減額請求権は，契約の一部解除と実質的に同じ機能を有するとされ，その要件は，解除に関する541条から543条とパラレルな内容になっている（解除の場合の催告の要否について⇨第1部第5章第2節【構造】）。

代金減額請求に関しても，追完の場合と同様に，売主に帰責事由があることは必要ではなく，売主の免責は認められない。この点で，売主が契約不適合について自らに帰責事由がないことを抗弁として主張しうる損害賠償請求（415条1項ただし書参照）と異なっている。他方，契約不適合について買主に帰責事由があるときは，代金減額の手段をとることはできない（563条3項）。

なお，代金減額の算定について，その基準時がいつであるかは条文上明らかではなく，契約時，履行期の到来時，引渡時など複数の時点が考えられるところであるが，引渡しの時点を基準とすべきとの見解が有力となっている。

(d) 損害賠償請求権　契約不適合を理由とする損害賠償については，564条により，債務不履行一般に対する損害賠償の規定である415条が適用される。したがって，415条の要件のもとで処理されることになる。前述のように，損害賠償については，契約不適合が債務者（ここでは売主）の責めに帰

することができない事由によるものであるときは，売主は責任を免れる（415条1項ただし書）。

　また，損害賠償の範囲については，416条が適用される。損害賠償の範囲に関する具体的な問題について，【展開】で述べる。

　売主が追完に代わる損害賠償債務を負うときは，買主の代金支払債務と同時履行の関係に立つ（533条本文）。

　(e) 解除権　　損害賠償と同様に，契約不適合による解除についても，564条により，解除一般の規定である541条・542条が適用される。解除の要件と効果についてはすでに述べたとおりであるが（⇨第1部第5章第2節・第4節），解除権の行使にも売主の帰責事由は必要ない。ただし，買主の責めに帰すべき事由による契約不適合の場合は，解除が認められない（543条）。

2　権利に関する契約不適合

(1) 成立要件

　前述したように，物の種類・品質・数量に関する契約不適合の規定は，買主に移転した権利が契約の内容に適合しないものである場合についても準用される（565条）。移転した権利の不適合には，移転した権利の一部が他人に属することにより，その部分を買主に移転できない場合を含む（同括弧書）。565条は，改正前566条1項・2項，563条が規定していた内容に対応する。

　買主に移転した権利が契約の内容に適合しない場合とは具体的にどのようなものを指すのかについては，改正前566条1項・2項と，この規定のもとで示された判例が改正後も参考になる。それらによると，①売買目的物に地上権・永小作権・地役権・留置権・質権が設定されており，買主の所有権が制限される場合，②不動産の使用収益のためにあるはずの地役権がなく，買主が期待した使用収益ができない場合（たとえば，隣接地の通行地役権がなく，購入した土地の使用収益ができないような場合），③建物売買においてその建物の使用収益のためにあるはずの地上権や土地の賃借権がない場合，④売買目的物である不動産に対抗要件を備えた他人の賃借権が存在する場合があげられる。もっとも，目的物に付着している他人の権利が対抗力を備えていないなど，買主の所有権に対抗しえないものである場合には，権利の契約不適合の問題にならない。権利の一部が他人に属する場合とは，土地の一部が他人に属するようなケースをいう。なお，権利の全部が他人に属する場合（他人物

売買）は，財産権移転義務の不履行であり，不完全ながらも権利の移転がある場合を規定する契約不適合責任の範囲には含まれない（⇨第 1 節【構造】1
(1) も参照）。

(2) 効　果

565条が規定しているように，権利に関する契約不適合があった場合についても，種類・品質・数量に関する契約不適合と同様に，買主には，追完請求権，代金減額請求権，損害賠償請求権および解除権が認められる。

---

③　期間制限

(1) 種類・品質に関する契約不適合責任

種類または品質に関する契約不適合を理由とする買主の権利（追完請求権，代金減額請求権，損害賠償請求権および解除権）は，目的物の引渡後，買主がその不適合を知った時から 1 年以内にその旨を売主に通知しないときは，期間制限にかかる（566条本文）。ただし，売主が引渡時に不適合を知っている場合や，重大な過失によって知らなかったときは，この期間制限は適用されない（同ただし書）。

改正前の瑕疵担保責任に基づく権利行使については，瑕疵の事実を知ってから 1 年で期間制限にかかると定められていたが（改正前570条による改正前566条の準用），改正後は，買主に不適合を通知する義務を課し，この通知を怠った場合には，契約不適合責任を追及できない（権利を失うという意味で失権効ともよばれる）とする制度に変更した。このような期間制限が設けられている理由は，目的物の引渡しを完了することによって自らの履行を終えたと考えている売主の期待を保護することに加え，引渡しからの時間の経過にともない，引渡しの時点で不適合があったか否かの判断が困難になることを考慮して，契約当事者の関係を早期に安定させる必要があるためである。

(2) 数量に関する契約不適合と権利に関する契約不適合

なお，566条は，契約不適合のうち，種類・品質に関する不適合のみをあげ，数量に関する不適合は対象としていない。これは，数量不足の場合，種類・品質に関する不適合と比較すると，売主にとって外形的に明らかであることから，買主の権利を短期に制限してまで売主の履行終了に対する期待を保護する必要はなく，時間の経過による不適合判断の困難性も当たらないとされたためである。

　また，権利に関する契約不適合についても，数量不足の場合と同様に，契約どおりの履行をしたという期待保護を考慮する要請は大きくなく，不適合の有無の判断が時間経過によって困難になることも考えにくいことから，短期の期間制限は設けられていない。

　このように契約不適合の短期期間制限が置かれていないものについては，一般債権の消滅時効規定（166条1項）に服することになる。

(3) 商人間の売買における責任期間 　　　　　　　　　　　　　[関係]

　契約不適合責任の期間制限に関して，商人間の売買については，商法に異なる定めがある。商人間の売買における買主は，目的物の引渡しを受けた際に，遅滞なくその物を検査しなければならず（商526条1項），この検査によって目的物の種類・品質・数量に関する不適合を発見したときは，ただちに売主に通知しなければ，契約不適合責任を追及することができない（同2項前段）。また，不適合をただちに発見できない場合においては，買主が目的物を受領してから6か月以内にその不適合を発見したときも，遅滞なく売主に通知しなければならないと定める（同2項後段）。なお，これらの規定による買主の売主に対する責任追及の制限は，売主が悪意である場合には適用されない（同3項）。

表　契約不適合責任規定の概観

		買主の権利				権利行使の期間制限
		①追完請求権	②代金減額請求権	③損害賠償請求権	④解除権	
契約不適合の種類	物の種類・品質に関する契約不適合	562条	563条	564条による415条の準用	564条による541条・542条の準用	・契約不適合を知った時から1年以内の通知＋不通知による失権（566条） ・通知をしたときは一般債権の消滅時効による（166条1項）
	物の数量に関する契約不適合					一般債権の消滅時効による（166条1項）
	権利に関する契約不適合	565条による562条の準用	565条による563条の準用	565条による564条の準用（→415条）	565条による564条の準用（→541条・542条）	

展　開

1　契約不適合の判断 解釈

(1) 種類・品質・数量に関する契約不適合の意義

(a) 種類・品質に関する契約不適合　　契約不適合の意義については，改正前の瑕疵に関する判例の判断が改正後も参考になる。契約において具体的な合意がある場合は，その合意に反する状態は契約不適合となる（不適合は，個別の契約内容に照らして把握される）。なお，このとき，明示されている品質のみが契約内容になるわけではない。契約内容を確定するにあたっては，当事者間でとくに示された品質等だけではなく，明示的な合意がなくとも当事者が予定していたと思われる品質等も考慮する必要がある。このとき，**取引上の社会通念**に照らして，目的物が通常有すべき品質や性能が重要な基準となる。たとえば，建物が建築基準法令に定める構造上の安全性を備えていることや，自動車が安全に走行できる性能を備えていることは，それに反する取り決めがないかぎり，買主が契約において当然に期待している品質であるといえるのであって，そのような基準も含めて契約解釈が問題となる。

　種類・品質に関する契約不適合には，目的物に欠陥があるような物理的なものだけではなく，心理的なものも含まれる。たとえば，購入した不動産でかつて自殺があった場合（東京地判平25・7・3判時2213号59頁）や購入した不動産の近隣に暴力団事務所があった場合（東京地判平9・7・7判時1605号71頁）についても瑕疵を認めたものがある。

(b) 数量に関する不適合　　数量不足を理由とする売主の責任が問題となるのは，特定の数量に合致させる義務を売主が負っているとされる場合である。目的物の数量を指示してする売買契約を，**数量指示売買**という。数量指示売買といえるためには，土地の売買の場合には，単に土地の面積が示されているだけでは足りず，その数量を基礎として代金額が定められたことが必要と解される（最判昭43・8・20民集22巻8号1692頁）。

(c) 法令上の制限　　法令上の制限によって目的物について予定していた使用が妨げられるような場合，権利に関する契約不適合と物の種類・品質に関する契約不適合のいずれに該当するかは条文上明確ではなく，解釈によって決せられることになる。改正前の判例には，法令上の制限について物の瑕疵を肯定したものがある。具体的には，購入した土地の大部分が都市計

画事業における道路敷地にあたり，建物を建設したとしても撤去を余儀なくされる場合（最判昭41・4・14民集20巻4号649頁），購入した土地に接する私道が建築基準法による道路指定を受けることができず，建物の建築確認を得られないことが明らかである場合（東京高判昭62・6・30判時1240号66頁）などがあげられる。

(2) 取引上の社会通念

前述のように，不適合の有無は，当事者が合意した契約内容から判断されるが，当事者の合意内容が明確でない点については，取引上の社会通念に照らして合意内容が確定される。この社会通念については，どの時点の社会通念・取引通念を基準にすべきなのかということが問題となる。この点，契約当事者がどのような品質・性能を有することを予定していたかについては，売買契約締結当時の取引観念をしんしゃくして判断すべきとした判決がある（最判平22・6・1民集64巻4号953頁［30！④【06】，百選Ⅱ【50】]）。事案は，土地の売買において，目的物である土地に条例が定める基準を超えるふっ素が含まれていたことがのちに判明したが，契約締結当時，ふっ素による健康被害は認識されておらず，法令上の規定もなかったことから，健康を損なう限度を超えるふっ素が含まれていないことを当事者が予定していたとはいえないとして瑕疵を否定したものであった。

もっとも，この判決は，売買目的物である土地に健康被害を生じるおそれのある物質が含まれていないことがとくに予定されていたというような事情がある場合には，それが契約内容とされる余地があることを示しており，判決の結論に対する学説の評価も一様ではない。

2 契約不適合による損害賠償の範囲──数量不足と値上がり 関連

前述のように，契約不適合による損害賠償については，債務不履行の一般規定である415条が適用され，損害賠償の範囲についても416条の規定に服する。損害賠償の範囲をめぐる個別の問題として，数量指示売買における数量不足を理由とする不適合責任において，その不足していた分の損害賠償の範囲として，売買契約当時からの値上がり益が含まれるかが議論されている。具体的には，面積に応じて売買代金を算出した土地の売買において坪数の不足があり，この土地の値段が契約時から上昇していたような場合，数量の不足がなければ買主が得ていたであろう利益として，現在の値上がりした土地

の価格で不足分を算出した額を損害賠償として請求できるかという問題である。改正前の判例（最判昭57・1・21民集36巻1号71頁［30！④【05】，百選Ⅱ【52】］）は，土地の面積の表示が売買契約の目的を達成するうえで特段の意味を有するものでないときは，値上がりによる利益について損害賠償を請求することはできないと判断した。

　改正前の学説の状況として，法定責任説は，数量不足を知っていたならば支払わなかったであろう金額（信頼利益の賠償）にかぎられるとし，契約責任説は，契約どおり数量の不足のない履行がされていたならば買主が得られたであろう利益（履行利益の賠償）が含まれうると主張していた。判例は，この事案では結果として値上がり益の賠償を認めなかったが，当事者が土地の面積の表示についていかなる意味を与えたか（すなわち契約内容）によって損害賠償の範囲を決するとしたものであり，契約責任説を採用する改正後の規定のもとでも参考になる（改正前の学説について⇨第3節）。

３　消滅時効の適否　　　関連

　【構造】で述べたように，数量に関する不適合と権利に関する不適合を除いて，契約不適合責任の効果として規定される各権利については，566条に従い，特別の期間制限に服することになる。他方，これらの権利に消滅時効の規定（166条1項）の適用があるかについては，条文上明らかではない。この点，改正前の判例（最判平13・11・27民集55巻6号1311頁［百選Ⅱ【53】］）は，瑕疵担保責任に基づく損害賠償請求権について消滅時効の適用があるとしている。このとき，時効は，買主が目的物の引渡しを受けた時から進行を開始する。改正後の契約不適合を理由とする各権利についても，同様に消滅時効の規定が適用されるとの見解が多数である。

４　品確法における売主の契約不適合責任　　　関係

　契約不適合責任に関する規定は任意規定であり，契約当事者は民法と異なる内容の合意をすることも可能である。もっとも，新築住宅の売買では，売主の契約不適合責任について特別法の規定の適用がある。**住宅の品質確保の促進等に関する法律**（品確法）は，欠陥住宅が重大な社会問題となる中で，1999年に制定された法律であり，住宅取得者の利益を保護するために瑕疵担保責任に関する特別な定めを置いている（品確法では，民法の改正後も「瑕疵」

の用語を維持している）。新築住宅の売買で，「構造耐力上主要な部分又は雨水
の侵入を防止する部分として政令で定めるもの（住宅の構造耐力上の主要な部分
等）」（品確94条 1 項）に瑕疵が生じた場合には，新築住宅を買主に引き渡した
時から10年間，売主は担保責任を負い（品確95条 1 項），これに反する特約で
買主に不利なものは無効となる（同 2 項）。品確法の制定前，多くの住宅取引
実務では，民法の定める責任期間を短縮する特約が付されており，買主の救
済の途が閉ざされることが問題とされ，このような規定が設けられた。な
お，新築住宅の請負にも同様の規定が適用される（⇨第 8 章第 2 節【研究】）。
品確法は，新築住宅で，かつ重大な瑕疵に対象を限定しているが，住宅取引
の場面において買主と注文者を保護するものとして重要な機能を有してい
る。

研　究

契約不適合と錯誤　関連

　売買目的物に契約不適合がある場合，売買契約の締結時において，売買目
的物に契約に適合しないところがあることを知っていれば売買契約を締結し
なかったとして，買主の意思表示の錯誤が同時に問題になることが多い。そ
こで，買主が売買契約の基礎とした事情について錯誤が生じているとして，
意思表示の取消しを主張することも考えられる（錯誤の要件・効果については，
95条 1 項 2 号， 2 項を参照）。このような場合に，契約不適合と錯誤の関係はど
うなるかという問題が議論される。

　この問題について，改正前の判例には，錯誤の規定が適用される場合に
は，瑕疵担保責任の規定は排除されるとしたものがある（最判昭33・6・14民
集12巻 9 号1492頁［百選Ⅱ【76】］など）。これに対して，学説からは，改正前の
錯誤の効果が無効とされていたことから（改正前95条を参照），短期の責任期
間を定める瑕疵担保責任の趣旨に照らし，瑕疵担保責任を負うべき期間の徒
過後に錯誤を理由とする無効を主張することは否定されるべきとの見解が示
されていた。これらの見解に加えて，近年では，瑕疵担保責任と錯誤の要件
をいずれもみたす場合には，原告である買主の選択に委ねるべきとの考え方
も有力となっていた。

　改正では，これまでみてきたように契約不適合責任について規定の大幅な

変更がされただけでなく，錯誤に関する規定についても，その効果が無効から取消しとなるなど重要な変更が加えられている（改正後95条 1 項。詳しくは民法総則の教科書などを参照してほしい）。改正後もこれらの規定の適用関係は明らかにされていないが，改正前に比べると，期間制限といった点において，錯誤と契約不適合責任のいずれを主張するかによる差が縮まったことから，買主が選択可能であるとする見解を支持するものが多数となっている。

次のステップ

➡契約不適合責任に関する論点は多岐にわたり，文献も多いため，契約不適合責任全体を詳しく説明するものをあげておく。そこであげられた各論点の文献も参照してほしい。

・中田裕康『契約法［新版］』（有斐閣，2021年）299-320頁

・潮見佳男『新契約各論Ⅰ』（信山社，2021年）112-202頁

（永岩慧子）

第 5 節　その他の問題
568条-570条

　本節では，売買契約の効果のうち，これまで説明してきた以外のもの，具体的には，競売（568条），債権の売買（569条）および買い受けた不動産に抵当権等が付着している場合（570条）の問題について学習する。

構　造

1　競売における契約不適合

　民事執行法その他の法律に基づく競売で買い受けた物に数量・権利に関し契約不適合があった場合には，買受人は541条，542条および563条の規定に従い，契約を解除しまたは代金の減額を請求することができる（568条 1 項）。これらの相手方は債務者であるが，債務者が無資力のときは，買受人は，代金の配当を受けた債権者に対して，その代金の全部または一部の返還を請求することができる（同 2 項）。

　1 項には解除・代金減額請求しか規定されておらず，追完請求は認められ

ない。損害賠償請求についても原則として認められないが，債務者が物・権利の不存在を知りながら申し出なかったとき，または債権者がこれを知りながら競売を請求したときには，これらの者に対して請求することができる（同3項）。

　前記の内容は，競売目的物の種類・品質に関する不適合については適用されない（同4項）。

2　債権売買における売主の責任

　第2部第2章第4節で学習したとおり，債権の売主にも契約不適合責任の適用がある（565条）。さらに債権の売買では，権利そのものの不適合のほかに，その債権の債務者の資力が問題となることから，①債権の売主が債務者の資力を担保したときは，契約の時における資力を担保したものと推定され（569条1項），②弁済期前の債権の売主が債務者の将来の資力を担保したときは，弁済期における資力を担保したものと推定される（同2項）。この条文が適用されると，売主は債務者に代わって責任を負わなければならない。

3　不動産の買主の費用償還請求権

　買い受けた不動産について契約の内容に適合しない先取特権，質権または抵当権が存在していた場合において，買主がその所有権を保存するために費用を支出したときは，買主は売主に対してその費用の償還を請求することができる（570条）。

（芦野訓和）

第6節　買戻し・再売買の予約
579条-585条，556条

　本節では，売主が売買目的物を取り戻す手段として，買戻し（579条から585条）と再売買の予約（556条）を扱う。いずれも債権担保の機能を有しており，それは，債権者に対して，形式的には売買によって担保物の所有権を移転しておいて，債務者が弁済をすれば，再売買または買戻しとして担保物が返還されるという形で実現される。【構造】において買戻しを，ついで【展

開】において再売買の予約を取り上げ，そのうえで，これらと同様に債権担保の役割を果たす譲渡担保を【研究】において紹介する。

構　造

買戻し

（1）意　義

　売買によって，財産権は，売主から買主に確定的に移転される。しかし，売買契約において，売主に解除権を留保する特約をつけておけば，売主は，その解除権を行使して売却した不動産を取り戻すことができる。このような特約は，①担保手段として利用されたり，②不動産売買における契約条件の履行確保手段として利用されたりする。①について，このような特約を利用すれば，売主が不動産を売却して，売買代金の形式で実質的には貸金が行われ，その後，売主が買主に対して，売買代金等を返還するという形式によって実質的には貸金の返済が行われ，それとともに売主（実質的には金銭借主）が不動産を取り戻すことができる。また，②について，このような特約を利用すれば，公共団体や公団等が宅地や建物を分譲する際に定めた条件に買主が違反した場合に，売主は，売却した宅地や建物を取り戻すことができる。

　そこで，民法は，579条以下において，いったん売却した不動産を売主が取り戻すことを規定する。それは，不動産売買契約の締結と同時に締結される**買戻しの特約**である。この特約によって，不動産の売主は，一定の期間内は，一定の金額を支払って，売買の解除をすることができる（579条）。このように，買戻しの特約の法的性質は，解除権留保特約である。

（2）成立要件・対抗要件

　買戻しの特約は，「売買契約と同時に」しなければならない（579条前段）。また，その目的物は不動産にかぎられる（同条）。

　買戻しのために売主が返還するのは，原則として，①買主が支払った代金および②契約の費用であるが，①代金については，別段の合意をすることができる（同前段）。当事者間の別段の意思表示がないときは，不動産の果実と代金の利息とは相殺したものとみなされる（同後段）ため，買戻しの際に返還する代金に利息を付ける必要はない。

　買戻しの期間は，10年を超えることができない（580条1項前段）。これより

も長い期間を定めても，10年に短縮される（同後段）。いったん期間を定めれば，後になってこれを伸ばすことはできない（同2項）。これに対して，期間を定めなかったときは，5年以内に買い戻さなければならない（同3項）。

買戻しを第三者に対抗するためには，売買契約と同時に，買戻しの特約を登記する必要がある（581条1項，不登96条）。

(3) 行　使

買戻しの特約に基づいて売主が取得する権利を「**買戻権**」という。買戻しの特約は，前述のとおり，解除権留保特約であり，買戻権の行使は，前記(2)の買戻期間内に，売主が相手方に対する契約解除の意思表示によって行われる。この相手方は，通常は買主であるが，目的物が譲渡されたときには転得者である（最判昭36・5・30民集15巻5号1459頁）。この期間内に，売主は，代金および契約の費用を提供しなければ，買戻しをすることができない（583条1項）。また，買主または転得者が不動産について費用を支出したときは，売主は，196条の規定に従って，その償還をしなければならないが，有益費については，裁判所は，売主の請求により，その償還について相当の期限を許与することができる（583条2項）。

売主の債権者が買戻権の代位行使（423条）をする場合には，債権者の債権回収と買主の目的物取得の利益を調和させるために，買主は，裁判所が選任した鑑定人の評価に従って，不動産の現在の価額から売主が返還すべき金額（代金額，契約費用，有益費など）を控除した残額に達するまで売主の債務を弁済し，なお残余があるときは，これを売主に返還して，買戻権を消滅させることができることとされている（582条）。

買戻権が行使されなかった場合には，買主は，確定的に目的物の所有権を取得することになる。

なお，不動産の共有者のひとりがその共有持分を買戻特約付きで売却した後に，買戻権行使前に共有不動産が分割や競売された場合については，584条および585条において，買戻方法の規定が設けられている。

(4) 効　果

買戻権の行使によって売買契約が解除される。そこで，買戻しの効果は一般の解除の効果と同一である（解除の効果について⇨第1部第5章第4節）。買戻特約が登記された不動産について，買主または転得者によって設定された用益権・担保権は，買戻権が行使されたときには，解除の効果としてすべて消

滅する。もっとも，買主または転得者が目的不動産を賃貸して，この賃貸借について対抗要件が備えられている場合には，賃借人を保護するために，賃借権は，その賃貸借が売主を害する目的でないかぎりは，その残存期間中1年を超えない期間にかぎって，売主に対抗することができることとされている（581条2項）。

展 開

1 担保手段として利用される買戻しとその他の不動産担保手段　関連

前述のように，買戻しは，不動産を利用する債権担保の機能を有する。改正前は，民法は，買戻権の行使を困難にすることや利息制限法（⇨第4章【研究】1）を潜脱することを防ぐ趣旨から，買戻しの代金は，売買の代金と契約の費用を超えてはならないこととしていた（旧579条）。このように民法が買戻しについて厳しい制限を加えていることから，担保手段としては，①再売買の予約や②譲渡担保のような他の手段が多く利用されてきた。ここでは①について言及することにして，②については後に【研究】において紹介することにする。

2 担保手段として利用される再売買の予約　関連

予約は，将来，本契約を締結することを約束する契約であり，債権担保の機能を有することはすでに述べたとおりである（⇨第1節【研究】）。不動産売買に際して，売主が将来目的物を再び買い戻す旨を予約する**再売買の予約**は，一般的に，売主のみが予約完結の意思表示をすることによって本契約としての再売買を成立させる**売買の一方の予約**（556条）の形をとる。このような再売買の予約を利用すれば，金銭貸主が不動産の買主になって代金の名目で融資が行われ，金銭借主は，その貸金の元利相当額を再売買代金として支払って再売買をすることによって，貸金の返済と不動産所有権の返還が行われる。

再売買の予約は，買戻しと比較すると，不動産売主である金銭借主が，一定期間内に，一定金額を不動産買主である金銭貸主に支払って不動産を取り戻すという仕組みが同じである。しかし，再売買の予約については，再売買の代金額に制限がないことが，買戻しに比べて，債権者にとってのうまみに

なっていた。

　しかし，このような違いは，改正によって，買戻しの特約についても，売主の返還すべき額について別段の合意をすることが認められた（579条前段丸括弧）ことでなくなることになる。この改正は，買戻しが担保手段以外の目的で利用される場面を念頭に，買戻制度を利用しやすくするという目的をもっている。

研　究

譲渡担保 関連

　判例は，「買戻特約付売買契約の形式が採られていても，目的不動産の占有の移転を伴わない契約は，特段の事情のない限り，債権担保の目的で締結されたものと推認され，その性質は譲渡担保契約と解するのが相当である」と述べる（最判平18・2・7民集60巻2号480頁［百選Ⅰ【96】]）。

　譲渡担保とは，債権者が債務者に対して有する債権を担保するために，物の所有者または権利者（譲渡担保設定者）が，物の所有権または権利をあらかじめ債権者（譲渡担保権者）に移転しておき，債務の弁済があれば，所有権または権利を返還するというものである。買戻しの特約と同様に，不動産を担保目的物として利用する債権担保手段としては，この譲渡担保が多く用いられてきた。それというのも，このような譲渡担保については民法に規定がなく（非典型担保），たとえば，貸金額と不動産価額との差額を丸どりできるなど，貸主にとってのうまみが多かったからである。

　しかし，このようなうまみは，判例・学説によって形成されてきた合理的な規律によって制限されるようになった。そのうち，とくに重要なものは，被担保債権の弁済期の到来後も，債権者（譲渡担保権者）による換価処分が完結するまでは，債務者など（譲渡担保設定者）は，被担保債権を弁済して譲渡担保目的物を取り戻すことができるという受戻し，および，債務不履行となった場合に，譲渡担保権者が譲渡担保権を実行する際に，貸金額と不動産価額との差額（清算金）を譲渡担保設定者に対して返還しなければならないという清算義務の形成である。

　このような判例法理を通じて，買戻しが債権担保の目的を有するとして譲渡担保として性質決定された場合には，買戻特約付不動産売買の売主は，買

戻期間を過ぎても目的不動産を受け戻すことができ，買主は，譲渡担保権を実行する場合には清算金を支払わなければならないことになる。

次のステップ

➡譲渡担保について

・松井宏興『担保物権法（民法講義）［第 2 版］』（成文堂，2019年）185頁以下

（深川裕佳）

第**3**章　贈　与

549条–554条

　本章では贈与を扱う。贈与は売買と同じく権利移転型の契約であるが，対価のない無償契約という特徴を有する。【構造】ではその意義や成立要件，そして書面によらない贈与の場合の特殊な解除や贈与者の責任について扱う。また民法では定期贈与など特殊な贈与に関する規定もある点に注意を要する。【展開】では，【構造】で扱った書面によらない贈与に関連した解釈問題について扱う。【研究】では，主に忘恩行為をめぐる問題を整理する。

構　造

1　意義・成立要件

（1）贈与の意義

　贈与は，当事者の一方（贈与者）が相手方（受贈者）にある財産を与える意思表示をし，それを相手方が受諾することで成立する契約である（549条）。売買と同じく**権利移転型**の契約であるものの，財産を受け取る受贈者は対価を支払わないため**無償契約**に分類される。こんにちのような取引社会においては，贈与のような無償契約が果たす経済的意義は有償契約に比べれば乏しい。贈与に関する規定は条文の順序としては契約各則の最初に位置するものの，無償契約であることからその実際的意義としては売買に劣る。しかし無償契約であるとはいえ，当事者の意思表示によって成立する契約の1つであり，いったん有効に成立しさえすれば原則として当事者間に債権債務を生じさせて彼らを法的に拘束し，贈与者が契約に違反する場合には債務不履行（415条）などの問題が生じる。

　ある財産を無償で譲渡するという行為は，相手方に対する恩恵と理解できる。そのため外国では贈与を要式行為とする，贈与者の注意義務や責任を軽減する，あるいは拘束力を弱めるなどのように有償契約と比較し贈与者を保護する例が多い。日本の民法でも贈与の拘束力や贈与者の責任について特殊

な規定があるものの，外国ほど贈与者が保護されているわけではない。それは日本においては贈与というものがいわば義理や恩義，社会的儀礼などに基づいてなされる一種の義務的行為ととらえる考え方が強いためとされている。

（2）贈与の成立要件

贈与は贈与者が財産を受贈者に無償で与える意思表示をし，受贈者がそれを受諾すれば成立する**諾成契約**である（549条）。書面などを交わす必要もないが，書面によらない贈与の場合には解除に関する特別な規定が存在する（【構造】2）。

2　書面によらない贈与（撤回から解除へ）

書面によらない贈与は，各当事者が解除することができる（550条本文）。ただし，履行が終わった部分については解除できない（同ただし書）。書面による贈与については，このような規定がないことから，理由のない解除は認められない。そのため，ここではどのような書面が用いられる場合に書面による贈与と判断されるのか，そしてどのような場合に履行が終わったといえるのかが解釈上の問題となる（【展開】を参照）。

なお，書面によらない贈与の解除に関する550条については，制定当初の規定では解除ではなく取消しという表現が用いられていたが，2004（平16）年における現代語化によって撤回という表現に改められた。さらに2017（平29）年の民法改正に際して，撤回とは意思表示の効力を消滅させることであり，この場面には妥当しないという理由で解除という表現に改められた。

3　贈与の効力

贈与が成立すると，贈与者には財産を移転する義務が生じる（549条）。贈与に基づいて義務を負うのは贈与者のみであるため，贈与は純粋な**片務契約**である。片務契約であることから，一方の義務が履行されない場合や一方の義務履行が不能になった場合の規定である同時履行の抗弁（533条。⇨第1部第4章第2節）や危険負担（536条。⇨第1部第4章第3節）の規定については適用の余地がない。

催告解除や無催告解除（541条・542条）についても，その意義が認められるのは主として双務契約である（とりわけ既給付の取戻し。⇨第1部第5章）。そう

すると贈与のような片務無償契約では贈与者が履行をしないからといって受贈者が解除をしても取り戻すべきものはないため，解除を認める意味はあまりないようにも思える。しかし，贈与者が給付をしない間に受贈者で本来贈与によって達成するはずであった目的（財産の取得）が他の方法で達成されてしまい，贈与を受けることに意味がなくなってしまったという場合もありうる。このような場合に不要となった贈与者からの履行を防ぐため，贈与を解除する意味を認めることはできるであろう。

　贈与者の負う履行義務は，無償契約に基づく義務であるとはいえ，債務の履行義務であることには変わりなく，債権総則規定の適用を受ける。すなわち特定物の財産権を移転する贈与である場合には，贈与者は引渡しまで善良なる管理者の注意でもって目的物を保管しなければならず（400条），また種類物を贈与する場合，特定前（401条2項）に目的物が滅失するなどしたときには，贈与者は種類や数量に適合する他の種類物を調達して引き渡す義務を負う。

　ただし，贈与者の義務に関しては551条1項に特殊な規定がある。それによれば，贈与の目的である物または権利について，贈与者は贈与の目的として特定した時の状態で引渡し，または移転することを約したものと推定される。贈与者が受贈者に対してある財産を贈与しようとする場合，贈与しようとする財産をそのままの状態で引き渡そうとするのが通常である。つまり，贈与の目的物に瑕疵があったり権利の不存在があったりしても，贈与者は責任を負わないと推定される。この規定は推定規定であるため契約内容やその解釈によりこの規定と異なる定めがあれば，そちらに従う。また，551条1項が適用されるのは贈与の目的物が特定している場合という点にも注意を要する。

4　特殊な贈与

（1）定期贈与

　贈与者が受贈者に対し，定期的に贈与行為を繰り返して行うという贈与が**定期贈与**である。定期贈与はいずれかの当事者の死亡によって終了する（552条）。

　贈与では，契約成立の前提として当事者間の人的信頼関係が重要になることもある。たとえば，相手に対する個人的な謝意や好意から何かを無償で贈

る場合であり，そのような関係があるからこそ贈与が定期的になされること
もある。契約当事者の一方が死亡した場合には，債権債務も相続の対象とな
るため，死亡した側の当事者の相続人が贈与の当事者としての地位を引き継
ぐこととなる。しかし，贈与者と受贈者との個人的な信頼関係が，彼らの相
続人にも引き継がれるとはかぎらない。そこで552条は，定期給付を目的と
する贈与は，贈与者または受贈者の死亡により効力を失うと規定している。

（2）負担付贈与

　ある贈与において，受贈者側も何らかの義務を負うものの，その義務が贈
与者の贈与とは完全な対価関係にはないというような贈与を**負担付贈与**とい
う。たとえば，親が子どもに自身の所有する土地や家屋を贈与する代わり
に，老後の生活援助を求めるというような場合である（負担付贈与における負
担不履行に基づく解除の事例として，最判昭53・2・17判タ360号143頁がある。同判例に
ついては【研究】）。負担付贈与では，完全な対価関係にはないものの当事者の
双方が互いに義務を負担することになるため，構造的には双務契約や有償契
約に近づくこととなる。それらに類似する性質を備えるため，双務契約の規
定が準用される（553条）。そして負担付贈与においては贈与者の義務も負担
の限度において加重される（551条2項）。

（3）死因贈与

　死因贈与とは，贈与者の死亡によって受贈者に財産が譲渡される贈与であ
る。贈与者の死亡を条件としてその財産が受贈者に移転するというかぎりで
は，遺言による財産分与である遺贈に類似する。そのため，死因贈与が締結
された場合には，遺贈に関する規定が準用される（554条）。死因贈与と遺贈
の相違点は，死因贈与は生前に贈与者と受贈者との合意によって成立する契
約である一方，遺贈は遺言による単独行為であるという点である。

展　開

書面によらない贈与の解除の問題 　|解釈|

（1）書面の意義

　すでに述べたように，書面による贈与は解除できない。それでは，どのよ
うな書面が用いられれば，書面による贈与であると認められるのであろう
か。

　判例ではつぎのような事例が問題となったことがある。贈与者が受贈者にある土地を贈与したが，土地の登記名義人が前所有者のままであった。そこで贈与者が司法書士に依頼して前所有者に対し，土地を受贈者に譲渡したとして，前所有者から受贈者に対して所有権移転登記をするように求める内容証明郵便による書面を作成して差し出した。ところがその後，贈与者が死亡してしまった。そうしたところ，贈与者の相続人らが，この贈与は書面によらない贈与であるとして贈与の解除を主張した（最判昭60・11・29民集39巻7号1719頁［30！④【07】，百選Ⅱ【47】]）。

　最高裁はこの事例において以下のように示した。すなわち，550条が書面によらない贈与の解除を認めている理由は，軽率な贈与を予防し，かつ贈与者の意思を明確にすることにあるのであって，贈与が書面でなされたというためには意思表示自体が書面によっていることを必要とせず，また書面が贈与の当事者間で作成されたことや，書面に無償である旨が記載されていることも必要としない。そして，書面に贈与されたことを確実に看取しうる程度の記載があれば足りると解すべきとした。そうすると，この事例における書面は，贈与者の慎重な意思決定に基づいて作成され，贈与の意思を確実に看取しうる書面であるとした。

　したがって，判例理論によると，書面による贈与であると判断されるためには，贈与者の慎重な意思決定があり，贈与の意思があると認定できる程度の書面があれば足りるということになる。

（2）履行の終わった部分

　書面によらない贈与であっても，履行が終わった部分については解除できない。それでは，どのような場合に履行が終わったと判断されるのであろうか。

　この点について，贈与の目的物が動産であればその引渡しによって履行が終わったと判断される。不動産の場合も同様であるが（最判昭39・5・26民集18巻4号667頁。簡易の引渡しによる履行の終了を認めた），所有権移転登記があれば引渡しがなくとも履行が終わったと判断される（最判昭40・3・26民集19巻2号526頁）。さらに土地の贈与者がその占有や登記名義を有しないために受贈者に引渡しなどができない場合でも，受贈者が登記名義人に対して登記移転に関する訴訟を提起したときに贈与者が受贈者に協力したことで履行が終わったと判断した判例もある（最判昭56・10・8判時1029号72頁）。

　農地の贈与については，農地法 3 条に規定がある。同条は，農地の所有権等の移転をする場合には政令に基づいて当事者が農業委員会の許可を得なければならないと規定する（同 1 項柱書本文）。そうすると，書面によらない農地の贈与が行われた場合に，引渡しがあったが，まだ農業委員会の許可を得ていないというときは，履行が終わったといえるのであろうか。

　判例では，農業委員会の許可を得ることを停止条件とする書面によらない贈与においては，引渡しがあったとしても許可を得ていなければなお解除ができるとしたものがある（最判昭41・10・7 民集20巻 8 号1597頁。この判決で問題となった土地の贈与は，当時の農地法によれば都道府県知事の許可を要したが，現在の農地法では農業委員会の許可に一本化されている）。

　この点について，学説では，相手方保護のために引渡しが終わった時点で履行も終わったとするべきという意見もある。しかし，農地法 3 条 6 項は，農業委員会の許可を得ない農地の取引行為は効力を生じないと規定する。また前掲・最判昭41・10・7 では，農業委員会の許可を得ることが契約の停止条件（127条 1 項）とされた。そうすると，このような契約では，農業委員会の許可が得られなければ条件が成就せず，契約の効力も生じていないといえる（農地の売買の例ではあるが最判昭37・5・29民集16巻 5 号1226頁も参照）。契約の効力が生じていなければ，贈与によって生じるはずの財産権の移転も生じていないので，履行が終わっていないと理解することもできそうである。ただし，書面によらないとはいえ，贈与に基づいて農地を引き渡しておきながら，農業委員会の許可が得られていないことを理由に契約の効力が生じておらず履行も終わっていないとして，贈与者が解除をすることを認めることは妥当であろうか。許可が得られていない理由もさまざまでありうるが，引渡しが終わっているならば，受贈者保護のため，許可が得られていなくとも履行は終わったと判断するべきとの意見もうなずくことのできる部分があるように思われる。

研　究

忘恩行為・贈与後の経済事情の変更と解除　　関連

（1）忘恩行為による贈与の解除

すでに述べたように，無償契約である贈与は当事者間の親密な関係や人的

な信頼関係に基づいて成立することもある。そのような場合に，当初は当事者間の親しい関係があったからこそ贈与がなされたものの，その後受贈者にいわば裏切りのような行為があって，当事者の信頼関係が破綻することもありうる。また，贈与者が受贈者に金銭の贈与をしたものの，その後，突然に経済事情が苦しくなってしまったという場合も考えられる。こうした場合において，贈与者の保護のために贈与の解除を認めることはできないのであろうか。従来，こうした受贈者の**忘恩行為**や贈与者の窮乏（財政難）を理由として，贈与の解除が認められるべきか議論されてきた。

(2) 判例法理

判例において，受贈者の忘恩行為が問題とされた事例があった（前掲・最判昭53・2・17)。この事例では，養親である贈与者Aが，養子である受贈者Bに財産などを贈与したところ，事後Bの裏切行為があったとして，Aが贈与の解除を主張した。

最高裁は，A・B間の贈与においては，Bにも老齢に至ったAを扶養し，円満な親子関係を維持するなどの負担があったとして，この贈与を負担付贈与と認定した。そして，この負担の不履行がBにあったとして，契約解除の規定に従い贈与の解除を認めた。

この判例においては，事実として受贈者側の忘恩行為があり，結論として贈与者側からの解除が認められてはいるものの，忘恩行為があったことに直接の根拠を求めていない点に注意が必要である。この事例では，あくまで当事者の贈与は負担付贈与であり，受贈者の負っていた養親扶養などの負担の不履行があったことを理由として解除が認められた。

┌─ **次のステップ** ─────────────────────────
➡契約の成立と書面について
・西内康人「契約の成立と「書面」」法学教室456号（2018年）18-21頁
➡民法改正と贈与について
・松岡久和ほか編『改正債権法コンメンタール』（法律文化社，2020年）690-706頁
[森山浩江]
└──────────────────────────────────

（萩原基裕）

第**4**章　消費貸借

587条-592条

　本章は，消費貸借を扱う。そのうち，現代において重要であるのは，住宅ローンや事業資金のような金銭を目的物とする消費貸借である。まず，【構造】において，民法に規定された消費貸借の基本的な制度を説明したうえで，【展開】および【研究】において，消費者信用について，現代的な問題も含めて言及する。

構　造

1　意　義

　消費貸借とは，当事者の一方が種類，品質および数量の同じ物をもって返還をすることを約して，相手方から金銭その他の物を借り受ける契約である（587条および587条の2）。典型例は，金銭を目的物とする消費貸借である。その法的性質は，後述のように，消費貸借の内容による。

　消費貸借は，同様に貸借型契約（⇨第1章【構造】2（2））に属する賃貸借や使用貸借と比較すれば，借りた目的物そのものを返還するのではなく，それを消費して同等の物を返還するという違いがある。

2　要物契約としての消費貸借

　前述のとおり，消費貸借では，貸主から金銭その他の物を受け取ることが必要であるから，587条による消費貸借は，要物契約である。そして，これは，借主が返還債務を負うだけの片務契約である。

3　書面でする消費貸借

　このように，消費貸借が要物契約であるのは，歴史的産物にすぎない。そこで，改正によって新設された587条の2第1項では，書面（または同4項による電磁的記録）でする消費貸借は，当事者の一方が金銭その他の物を引き渡

すことを約し，相手方がその受け取った物と種類，品質および数量の同じ物をもって返還をすることを約することによって，その効力を生ずると規定される。

書面でする消費貸借は，要式契約である。書面を要求することで，貸借の合意を明確にするとともに，当事者に契約を締結することへの慎重さを求めたのである。また，書面でする消費貸借においては，貸主の貸す債務は，借主の返還債務の発生原因となることから，両債務は対価関係に立たないため，要物契約としての消費貸借と同様に片務契約である。

書面でする消費貸借においては，借主は，貸主から金銭その他の物を受け取るまでは，契約の解除をすることができる（同2項前段）。書面でする消費貸借は，契約の成立時から，借主に目的物を借りる債務を生じさせるものの，借りる必要のなくなった者に対してその債務を履行させることは無意味だからである。ただし，貸主は，その契約の解除によって損害を受けたときは，損害の発生，その額，解除と損害との因果関係を証明することによって，借主に対して，その賠償を請求することができる（同後段）。

書面でする消費貸借は，借主が貸主から金銭その他の物を受け取る前に当事者の一方が破産手続開始の決定を受けたときは，その効力を失う（同3項）。

4 利 息

消費貸借契約は，無利息が原則であって，特約がなければ，借主に対して利息を請求することができない（589条1項）。消費貸借が無利息であれば無償契約，利息付きであれば有償契約である。

利息の割合（利率）は，合意によって定まる。利息を付する特約があっても利率について合意がない場合には，法定利率による（404条）。

利息の特約があれば，貸主は，借主が金銭その他の物を受け取った日以後の利息を請求することができる（同2項）。この規定によって，要物契約としての消費貸借だけでなく，書面でする消費貸借についても，利息の合意があれば，貸主から借主に対して消費貸借の目的物の引渡しがあった日から利息が発生する。

5　消費貸借の効力

(1)　貸主の責任

　利息付消費貸借契約については，有償契約であるため，売買契約の規定が準用される（559条）。これによって，引き渡された目的物が種類，品質または数量に関して契約の内容に適合しないものであるときは，借主は，貸主に対して，代替物の引渡しや不足分の引渡し等の履行追完を請求することができ（562条１項），また，損害賠償請求権および解除権を行使することができる（564条）。

　無利息の消費貸借契約については，590条１項によって，551条が準用される。これにより，貸主は目的物が特定した時の状態で目的物を引き渡すことを約したものと推定される（同１項）。

(2)　借主の返還義務

　借主は，契約内容に従って，種類，品質および数量の同じ物をもって返還をする義務を負う（587条および587条の２）。ただし，以下の２つの場合を除く。

　利息の有無にかかわらず，貸主から引き渡された物が種類または品質に関して契約の内容に適合しないものであるときは，借主は，その物の価額を返還することができる（590条２項）。引き渡された目的物に瑕疵があった場合に，その物と同様の瑕疵ある物を調達する困難から借主を救済するための規定である。

　借主が貸主から受け取った物と種類，品質および数量の同じ物をもって返還をすることができなくなったときは，その時における物の価額を償還しなければならない（592条本文）。ただし，借りた通貨が弁済期に強制通用の効力を失っているときは，借主は，他の通貨で弁済をしなければならない（同ただし書）。

6　返還の時期

(1)　返還時期を定めなかった場合

　当事者が返還時期を定めなかった場合には，貸主は，相当の期間を定めて返還の催告をすることができる（591条１項）。他方で，借主は，いつでも返還をすることができる（同２項）。

(2)　返還時期を定めた場合

　当事者間で返還時期の定めがあれば，これに従うことになる。しかし，借

主は，いつでも返還をすることができる（591条 2 項）。この場合に，貸主
は，借主がその時期の前に返還をしたことによって損害を受けたときは，損
害の発生と損害額，期限前の返還と損害との間の因果関係について主張・立
証して，借主に対し，その賠償を請求することができる（同 3 項）。

7　準消費貸借

　準消費貸借とは，たとえば売買契約の買主が負う代金債務を直ちに払わず
に，これを売主への借金にするというように，金銭その他の物を給付する義
務を負う者が，その相手方に対してそれを消費貸借の目的とすることを約す
る契約である（588条）。準消費貸借の効力は，普通の消費貸借と同一である。

展　開

消費者信用──販売信用・消費者金融　　　　　　　　　　　関係

　個人が自分自身または家庭の消費生活のために受ける信用供与（消費者信
用）には，大きく分ければ，①販売信用と②消費者金融とがある。以下で
は，これらについて問題になる点を概観する。さらに学習を進めるには，**次
のステップ**にあげた消費者法の分野の教科書を参照するとよい。

　①は，たとえば，スーパーや百貨店でクレジットカードを利用して商品を
購入したり，自動車をローンで購入したりするような場合である。このよう
な売買代金を分割して支払うことを条件とした販売方式を割賦販売といい，
このような取引においては，事業者と消費者の間の交渉力の格差等から，消
費者に不利な条件において契約が締結されることがあることから，特別法
（割販）によって，解除や損害賠償額の予定，違約金の制限をしたり，抗弁の
対抗を認めたりするなどの規制がなされている。

　②消費者金融については，つぎの【研究】において述べるように，とくに
利息の規制が問題となり，特別法によって問題の解決が図られている。

研　究

1　利息の規制　　　　　　　　　　　　　　　　　　　　　　関係

　【構造】　4 において述べたように，消費貸借には，利息の特約を付するこ

とができる。契約自由の原則からすれば，利率は当事者間で自由に定められることになる。しかし，それでは，借主の無思慮 窮 迫に乗じて，貸主が不当に高い利率を定めて不当な利益を収奪するという不都合な事態が生じることがある。そこで，特別法である利息制限法，貸金業法，出資法がこれを規制する。

利息の規制の概要を述べれば，以下のとおりである（図を参照）。

利息制限法1条に所定の利率内において，利息の契約は有効であり，これを超える部分は無効となる。また，年109.5％を超える利率で貸し付ける契約をしたり，利息を受け取ったり，支払を要求したりした者は，刑事罰を科される（出資5条1項）。

貸金業者に対しては，①利息制限法所定の利率を超える利息の契約を締結することが禁止され（貸金業12条の8。これを超えると行政処分の対象となる），②年20％を超える利率で貸付けをした場合には刑事罰が科され（出資5条2項），さらに③年109.5％を超える利率で貸し付けたときは消費貸借契約自体が無効になり（貸金業42条），かつ，より重い刑事罰を科される（出資5条3項）。

なお，①利息制限法所定の利息と②出資法所定の刑事罰規定が課される利息との間の金利の幅は，**グレーゾーン金利**と呼ばれる。この範囲では，民事上は利息の契約が無効であるが，賃金業者が貸付けをしても刑事罰は科されない。2006（平成18）年に法改正がなされるまで，②については，年29.2％を超える利率で貸付けをした場合には刑事罰が科されるものと規定されており（出資旧5条2項），グレーゾーン金利の範囲が現在よりも広かった。また，同年の改正まで，みなし弁済と呼ばれる制度があり，グレーゾーン金利の範囲の利息であっても，一定の要件のもとで債務者が任意に支払ったときは，有効な債務の弁済とみなされていた（貸金業旧43条。現在は削除）。そこで，貸金業者は，このグレーゾーン金利において貸付けを行い，多重債務を抱える人が続出するという社会問題を生じさせていた（クレサラ問題）。

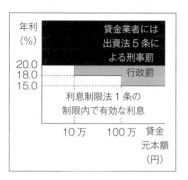

図　特別法による利息の制限の概要

2 ソーシャル・レンディング

　近年，インターネットを通じて資金を集める仕組みとして，ソーシャル・レンディングや貸付型クラウドファンディングという言葉を耳にすることがある。インターネット上で，資金の出し手と借り手とを結びつけるサービスの総称であるが，これには，さまざまな形態がある。その代表的な例は，ファンド業者が投資家から資金を募って，企業等にこれを貸し付ける（金銭消費貸借）という仕組みである。従来は，このような役割を金融機関が担ってきた。このような金融機関による金融仲介サービスに代わる新たなサービスの出現として，ソーシャル・レンディングは注目される一方で，ファンド業者が倒産したり，企業が当初の説明とは異なる事業に資金を利用したりするなどの問題が生じている。

次のステップ

➡消費者信用について（利息の制限も含む。）
・中田邦博・鹿野菜穂子編『基本講義・消費者法［第4版］』（日本評論社，2020年）183-211頁
➡利息の制限について
・中田裕康『債権総論［第4版］』（有斐閣，2020年）65-68頁
・藤原正則「判例クローズアップ「ヤミ金融事件判決」について——最三小判平成20・6・10」法学教室338号（2008年）8-13頁
➡ソーシャル・レンディングについて
・森田果「ソーシャル・レンディングの機能—maneoの事例を題材に—」GEMCジャーナル3号（2010年）50-71頁

（深川裕佳）

第**5**章　使用貸借

593条-600条

　本章では，使用貸借について学ぶ。【構造】では，使用貸借の成立から終了までの基本的な内容を扱う。賃貸借との違いを意識しながら学習してほしい。【展開】では，①使用貸借の無償性，②使用貸借の推認について学習する。

構　造

1　意義・機能

　使用貸借とは，当事者の一方（貸主）がある物を引き渡すことを約し，相手方（借主）がその受け取った物について無償で使用収益をして契約が終了した時に返還をすることを約することによって，その効力を生ずる契約である（593条）。無償・片務・諾成の契約である。

　使用貸借は，改正前は要物契約として規定されていたが，改正後は諾成契約となった。使用貸借は，親族間などで行われる情義的・恩恵的な貸借に限らず，経済的取引の一環として行われることも多く，目的物が引き渡されるまで契約上の義務が生じないのでは取引の安定性を害するおそれがあることが理由とされる。実際，改正前においても，諾成的使用貸借や使用貸借の予約が認められていた。

2　成　立

　使用貸借は，貸主と借主の合意によって成立する（593条）。ただし，書面によらない使用貸借の場合には，貸主は，借主が借用物を受け取るまで，契約の解除ができる（593条の2本文）。書面による使用貸借については，解除権は認められない（同ただし書）。

　改正民法において，使用貸借の諾成契約化とともに，契約の拘束力を緩和する規定が追加されたのは，使用貸借の無償性を考慮し，貸主保護の見地か

ら，軽率な契約締結を予防し，貸主の意思の明確を期して後日紛争を生ずることを避ける必要があると考えられたためである。

3　効　果

(1) 貸主の義務

(a) **目的物引渡義務**　使用貸借の貸主は，目的物を借主に引き渡す義務を負う（593条）。この場合，目的物を使用貸借の目的として特定した時の状態で引き渡すことを約したものと推定される（596条による551条 1 項の準用）。ただし，負担付使用貸借においては，貸主は，負担の限度において売主と同様の担保責任を負う（596条による551条 2 項の準用）。

(b) **使用収益を認容する義務**　貸主は，借主が目的物を使用収益することを認容する義務を負う。賃貸借と異なり，使用貸借は無償であるため，借主の使用収益を妨げないという消極的な義務にとどまる。

(c) **費用償還義務**　貸主は，目的物の通常の必要費以外で借主が負担した費用を借主に償還しなければならない（595条 2 項による583条 2 項の準用）。台風によって生じた建物の損傷の修繕費などの特別な必要費，借用物の改良費などの有益費は，貸主から償還させることができる。ただし，借主の費用償還請求権の行使期間は，目的物を返還してから 1 年以内とされている（600条 1 項）。

(2) 借主の義務

(a) **用法遵守義務**　借主は，契約または目的物の性質によって定まった用法に従って使用収益をしなければならないし（**用法遵守義務**，594条 1 項），貸主の承諾を得なければ，第三者に借用物の使用収益をさせることもできない（同 2 項）。

また，借主は，目的物について善管注意義務を負う（400条）。

(b) **通常の必要費負担義務**　賃貸借とは異なり，借主は，借用物の通常の必要費を負担しなければならない（595条 1 項）。たとえば，借用物の現状を維持するために通常生じる補修費，修繕費，保管費などは借主の負担となる。

(c) **契約終了時の義務**　借主が契約終了にあたって負う義務は，以下のとおりである。第 1 に，目的物を返還する義務を負う（593条）。第 2 に，借主が借用物を受け取った後にこれに附属させた物があれば，その附属させ

た物を収去する義務を負う（**収去義務**，599条1項本文）。ただし，借用物から分離することができない物または分離するのに過分の費用を要する物については，収去義務を負わない（同ただし書）。他方，借主には，これらの物の**収去権**がある（599条2項）。第3に，借用物を受け取った後にこれに生じた損傷があれば，その損傷を原状に復する義務を負う（**原状回復義務**，同3項本文）。ただし，その損傷が借主の責めに帰することができない事由によるものであるときは，原状回復義務を負わない（同ただし書）。

　なお，賃貸借の原状回復義務を規定する621条では，「損傷」について，「通常の使用及び収益によって生じた賃借物の損耗並びに賃借物の経年変化を除く」との括弧書が付されているが（⇨第6章第3節【構造】6・第6節【構造】3参照），599条3項本文にはこのような限定がない。使用貸借における原状回復の範囲は，個々の契約の趣旨に照らして定まることになる。

4　終　了

（1）一定の事実の発生による終了

　使用貸借の期間を定めた場合，使用貸借は，その期間が満了することによって終了する（597条1項）。

　使用貸借の期間を定めなかった場合において，使用収益の目的を定めたとき，使用貸借は，借主がその目的に従い使用収益を終えることによって終了する（同2項）。

　借主が死亡したときは，使用貸借は終了する（同3項）。使用貸借が，貸主の借主に対する個人的信頼関係に基づく契約であるという理由による。相続人は目的物の返還義務を負う。他方，貸主が死亡しても使用貸借は終了しない。貸主の地位は相続人に承継される。

（2）解　除

（a）任意解除　　使用貸借の期間を定めなかった場合において，使用収益の目的を定めたとき，その目的に従い借主が使用収益をするのに足りる期間を経過すると，貸主は契約を解除できる（598条1項）。

　使用貸借の期間も使用収益の目的も定めなかった場合，貸主はいつでも契約を解除することができる（同2項）。

　借主は，いつでも契約を解除することができる（同3項）。

（b）債務不履行を理由とする解除等　　借主が用法遵守義務に違反した

場合，または，貸主の承諾を得ずに第三者に借用物の使用収益をさせた場合，貸主は，ただちに無催告で契約を解除することができる（594条3項）。また，借主にその他の債務不履行があった場合，貸主は契約を解除することができる（541条。⇨第1部第5章第2節参照）。

　貸主は，債務不履行による損害賠償も請求できる。損害賠償請求権について，貸主は，返還を受けた時から1年以内に行使しなければならない（600条1項）。この損害賠償請求権については，貸主が返還を受けた時から1年を経過するまでは，時効は完成しない（同2項）。

　(c) 合意解除　　使用貸借は，貸主と借主との合意によっても終了させることができる。

　(d) 使用貸借の解除の効果　　使用貸借の解除をした場合，その解除は，将来に向かってのみ効力を生ずる。賃貸借における620条に相当する規定はないが，そのように解されている（⇨第1部第5章第1節【展開】2（4）参照）。

展　開　

1 賃貸借との区別──無償性　　　　　　　　　　　関連

　使用貸借は，借主の地位が弱く，賃貸借における賃貸人の保護を強化する借地借家法などの適用もない。

　使用貸借と賃貸借との区別において重要なのは，無償か有償かの違いであるが，現実には，賃料という名目でなくとも貸し手に何らかの金銭が支払われていたり，借り手が何らかの費用を負担していたりすることも少なくない。そうした場合に使用貸借と賃貸借のいずれになるのかは，一般的には，借り手が貸し手に目的物の使用収益の対価を支払っているかどうかで判断されることになる。

　最高裁は，たとえば，会社の従業員寮を使用する従業員が世間並みの家賃相当額を使用料として支払っている事案について，賃貸借関係であると判断した原審の判断を維持し（最判昭31・11・16民集10巻11号1453頁），他方，建物の借主が支払うことで合意していた固定資産税の額が適正賃料の4分の1程度であった事案について，「建物の借主がその建物等につき賦課される公租公課を負担しても，それが使用収益に対する対価の意味をもつものと認めるに

足りる特別の事情のないかぎり，この負担は借主の貸主に対する関係を使用
貸借と認める妨げとなるものではない」とした（最判昭41・10・27民集20巻8号
1649頁）。

② 使用貸借の推認による同居者の保護　　関連

　親所有の建物に親と同居していた子が，親の死後も引き続き居住してきた
ことについて，他の共同相続人が，遺産分割までは当該不動産が全員の共有
物であり，建物の無償使用は不当利得であるとの理由で賃料相当額の支払い
を請求した事案において，最高裁は，「特段の事情のない限り，被相続人と
右同居の相続人との間において，被相続人が死亡し相続が開始した後も，遺
産分割により右建物の所有関係が最終的に確定するまでの間は，引き続き右
同居の相続人にこれを無償で使用させる旨の合意があったものと推認さ
れ」，使用貸借契約関係が存続することになるとして，不当利得返還請求を
否定した（最判平8・12・17民集50巻10号2778頁［百選Ⅲ【71】]）。

　この判旨によると，被相続人が居住建物を第三者に遺贈した場合などの事
情がある場合には，同居人の居住が保護されないことになる。そこで，2018
（平成30）年の相続法改正で，配偶者に限ってではあるが，立法的解決がなさ
れた。相続開始に被相続人の居住建物に無償で住んでいた配偶者には，居住
建物を一定期間無償で使用する権利（配偶者短期居住権）が認められる（1037
条）。

次のステップ
➡使用貸借全般について
・中田裕康『契約法［新版］』（有斐閣，2021年）373-386頁
➡建物の所有者死亡後の同居者の使用関係について
・潮見佳男『新契約各論Ⅰ』（信山社，2021年）341-349頁

（大坂恵里）

第6章 賃貸借

　売買契約が所有権を移転する契約であるのに対し，本章で学ぶ賃貸借契約では，借主は物を受け取るが，その物を使用し，契約後はその物をそのままの形で返すことになる。また，物の利用は一時のものではなく，通常は一定期間継続的に行われる。

　本章では，このような特徴を持つ賃貸借契約について，民法はどのように規定し，解釈上どのようなことが問題となってきたかということについて学習する。

第1節　賃貸借の意義・成立
601条，602条，622条の2

　本節では，賃貸借の意義・成立について学ぶ。【構造】では，賃貸借の意義・成立に関する規定の構造および賃貸借以外で他人の不動産を利用する民法上の権利について，【展開】では，使用貸借との異同，そして敷金をめぐる解釈上の議論，さらには特別法による不動産賃借権の強化について，【研究】では，更新料およびサブリースについて学習する。

構　造

1　賃貸借の意義・成立要件

（1）賃貸借契約の意義

　賃貸借とは，当事者の一方（賃貸人）が物を使用・収益させることを相手方（賃借人）に約束し，これに対して相手方が賃料を支払うことおよび引渡しを受けた物を契約終了時に返還することを約束することによって成立する有償・双務・諾成契約である（601条）。また，賃貸借は，いわゆる**継続的契約**の代表的なものであり，解除は将来に向かってのみ効力を生じる（620条。効力については⇨第6節を参照）。

　被保佐人（13条）のように行為能力の観点から処分の権限を制限された者
や，権限の定めのない代理人（103条）のように処分権限のない者について
は，目的物に応じて一定期間を超える賃貸借を締結することはできない
（602条）。このような賃貸借を**短期賃貸借**とよぶ（⇨第4節）。

　賃貸借の目的物は，土地・建物といった不動産のほか，機械や日用品など
の動産も含まれる。ただし対象は「物」すなわち有体物（85条）であり，情
報やアイディアなどの無体物は含まれない。

（2）賃借権以外の他人の不動産を利用する権利

　他人の土地を利用する権利として，民法上は賃借権のほかに，**地上権**
（265条。他人の土地の上に工作物などを所有するために利用することができる権利）や
永小作権（270条。小作料を払って，他人の土地で耕作や牧畜をすることができる権利）
がある。賃借権が債権であるのに対し，地上権・永小作権は物権であるとこ
ろが異なる点である。民法の起草者は，土地の利用については，通常は長期
間に及ぶことから地上権や永小作権が選択されると考えていた。しかし，土
地の所有者としてみれば，権利として効力の強い物権を設定することは避
け，効力の弱い（利用者の保護に薄い）賃借権を利用することを望み，借地人
との社会的・経済的な力の格差から賃借権を強制するようになってしまった
（不動産賃借権は登記することにより対抗力を有するが（605条），その問題につき⇨第3
節【展開】）。そこで，賃借人保護のために，特別法の制定により不動産賃借
権の強化が図られてきた（【展開】参照）。なお，他人の建物や動産に対する物
権は存在しないため，賃貸借によるしかない。

　民法の規定は賃貸借全般に適用されるが，一部の規定は目的物が動産であ
るか不動産であるかで区別している（さらには，貸席を対象とする規定もある）。

（3）条文の構造

　賃貸借については601条から622条の2で規定されている。賃貸借について
は，成立，当事者の権利義務（効果）のほかにも，継続的な契約であること
から，存続期間，存続期間中の当事者の交替，そして終了も重要である。民
法はこれらについて規定を置くほか，さらには，改正後民法では「敷金」に
ついても規定が新設された。

（4）賃貸借の成立要件

　前述のとおり，賃貸借契約は諾成契約であり，賃貸人の①「賃借人に対し
目的物の使用・収益をさせる」という意思表示と，賃借人の②「それに対し

て賃料を支払い」，③「契約終了時に引渡しを受けた目的物を返還する」という意思表示が合致すれば成立する（601条）。使用貸借とは異なり，契約成立に物の引渡しは要件とされておらず，要物契約ではなく諾成契約である。③については，改正法から要件として明記された。これは，目的物返還義務は賃借人の基本的債務の1つであり，また，使用貸借や消費貸借といった他の貸借型の契約では，改正前から返還義務が規定されていたからである。

2 敷 金

(1) 意 義

不動産賃貸借では，契約締結の際に，賃借人から賃貸人に対して，さまざまな名目で一定の金銭が交付されることが多い。この金銭のうち敷金については，改正前も用語として用いられていたが（316条，619条2項ただし書），その意義は明らかでなく，また，精算をめぐって裁判でも争いがあったことから，改正により第4款として新規定が設けられた（622条の2）。

敷金とは，不動産とりわけ建物の賃貸借契約において，賃借人の賃料や目的物の損傷に対する損害賠償などの債務を担保する目的で，契約成立の際に，賃借人から賃貸人にあらかじめ交付される金銭である。敷金という名目が使われていなかったとしても，前記の目的で交付されているものは敷金とされる（622条の2第1項括弧書）。敷金の交付は成立要件ではない。また，622条の2は対象を不動産に限定していないことから，不動産の賃貸借に限らず，動産の賃貸借であっても前記の目的で交付されるものにも適用される。

敷金は，賃貸借契約から発生するものではなく，敷金設定契約という賃貸借契約とは別個の契約により発生するものである。

(2) 返 還

敷金交付にあたっては，契約終了に際して，賃借人に債務不履行がなければ賃貸人はその金額を返還し，もし債務不履行があったときには受け取った敷金の中から弁済に充当し，残額を賃借人に返還する旨の約束がなされていることが一般的である。

敷金の返還について622条の2は，「賃貸借が終了し，かつ，賃貸物の返還を受けたとき」（1項1号），または，「賃借人が適法に賃借権を譲り渡したとき」（同2号）には，賃貸人は，その受け取った敷金の額から賃貸借に基づいて生じた賃借人の賃貸人に対する金銭の給付を目的とする債務の額を控除し

た残額を，賃借人に返還しなければならないと定めている（同本文）。これは，【展開】で説明する判例法理を明文化したものである。

　返還にあたっては，賃借人が賃貸借に基づいて生じた金銭の給付を目的とする債務（たとえば，未払賃料や損害賠償債務）を履行しないときは，賃貸人は敷金をその債務の弁済に充てることができる（同2項前段）。一方で，賃借人の側から，賃貸人に対し，敷金をその債務の弁済に充てることを請求することはできない（同後段）。

展　開　

1　使用貸借との異同　　関連

　第2部第1章でも説明したとおり，民法上，他人の物を借り，それを利用した後にその目的物自体を返還する契約には，賃貸借のほかに使用貸借（593条以下）がある。使用貸借と賃貸借の違いは，使用貸借が無償・要物契約であるのに対し，賃貸借は有償・諾成契約である点である。ここで問題となるのは，金銭を支払えばそれが少額であったとしても賃貸借契約となるのかである。この問題については，すでに第2部第5章使用貸借の【展開】1でも学んでいるが，改めて確認しよう。使用貸借か賃貸借かの判断にあたっては，具体的事実からみて対価性があるかどうかが基準となる。すなわち，支払われた金銭が目的物の使用収益の対価とみられる場合には有償契約である賃貸借とされ，対価とみられない場合には使用貸借とされる。判例では，従業員専用の寮の使用であったとしても，その使用料が世間並みの家賃相当額である場合には，賃貸借契約であるとしたものがある（最判昭31・11・16民集10巻11号1453頁）。一方で，建物の借主が，建物を含む貸主所有の不動産の固定資産税等を負担するなどの事実があった場合でも，その負担が建物の使用収益に対する対価の意味を持つと認めるに足りる特段の事情がない限り，その貸借関係は使用貸借であるとしたものがある（最判昭41・10・27民集20巻8号1649頁）。

2　契約書

　賃貸借契約は諾成契約であるが，不動産賃貸借の場合には，当事者の意思や契約関係を明確化するために契約書が作成されるのが一般的である。そし

て，宅地建物の取引については，その内容が複雑かつ専門的であることも多いことから，宅地建物取引業者が関与して契約が成立した場合には，契約の相手方および代理を依頼した者などに，契約書以外にも，契約に関する一定の事項が記載された書面（重要事項説明書）を交付しなければならない（宅建業37条2項）。これは成立要件ではないが，宅地建物取引業者に課せられた特別法上の義務である。また，借地借家法では，一定の事業用の賃貸借契約について，公正証書によらなければならないと定めており（借地借家23条3項），これは事業用定期借地権の契約では成立要件である。

3　敷金と権利金　解釈

　不動産賃貸借では，敷金以外の名目で賃借人から賃貸人に金銭が交付されることもある。【構造】2（1）で示した目的で交付されたものは敷金であるが，敷金以外の目的で交付される金銭の代表的なものに権利金がある。**権利金**とは，賃借権設定の対価，場所的利益に対する対価，賃料の一部の一括前払，あるいは，賃借権譲渡・転貸についての承諾料等として支払われる金銭である。権利金の性質・返還については，規定がないためなお解釈によるしかないが，判例は，特別な事情がない限り，原則として賃貸人の権利金返還義務を認めていない。

4　敷金の返還をめぐる問題　解釈

　敷金については，改正前は規定がないため，①その性質・範囲，②敷金返還債務の発生時期，③敷金返還債務と建物明渡債務との関係，が解釈上問題となっていた。この点について判例は，①「家屋賃貸借における敷金は，賃貸借存続中の賃料債権のみならず，賃貸借終了後家屋明渡義務履行までに生ずる賃料相当損害金の債権その他賃貸借契約により賃貸人が貸借人に対して取得することのあるべき一切の債権を担保」するものであるとし，②「賃貸借終了後，家屋明渡がなされた時において，それまでに生じた右の一切の被担保債権を控除しなお残額があることを条件として，その残額につき敷金返還請求権が発生する」としていた（最判昭48・2・2民集27巻1号80頁，最判昭49・9・2民集28巻6号1152頁［百選Ⅱ【65】]）。この①②についての判例理論は，改正法622条の2第1項柱書および1号に明文化された。③について判例は，敷金は賃貸借契約そのものから発生するものではないことから一個の

双務契約によって生じた対価的債務の関係にあるわけではないこと，敷金の返済額は目的物を返還してはじめて額が確定すること，賃貸目的物の価格と敷金とでは価値に著しい差があることから，家屋明渡債務と敷金返還債務とは同時履行の関係に立たないとした（前掲・最判昭和49年・9・2）。

5　特別法による不動産賃借権の強化　　関係

（1）概　要

【構造】 1（2）で説明したとおり，不動産賃借権については，賃借人保護の観点から，社会状況の変化に合わせさまざまな特別法によりその強化が図られてきた（**不動産賃借権の物権化**といわれる）。その主なものとして，①建物保護法（1909（明治42）年），②借地法，借家法（1921（大正10）年），③農地調整法（1938（昭13）年），④農地法（1952（昭27）年），⑤借地借家法（1991（平3）年）などをあげることができる。これらのうち，④は③を受け継いだものであり，⑤は①②を受け継いだものである。

不動産賃借権については，これらの特別法が優先的に適用される（**特別法は一般法に優先する**）。本書では，⑤の借地借家法について，各項目で民法の規定と対比して説明するが，ここでは借地借家法の成立要件について説明する。

（2）借地借家法の適用

不動産賃貸借に借地借家法が適用されるのは以下の要件を満たしたときである。

（a）借　地　　借地借家法上の借地権は，建物所有を目的とする地上権または土地の賃借権である（同1条）。たとえば，駐車場やガソリンスタンド利用を目的とする賃貸借契約は，その目的物が土地（不動産）であるが，適用されない。また，建物使用の目的であっても，それが「臨時設備の設置その他一時使用のため」であるときには適用されない（同25条）。一時使用かどうかは，期間の長さだけでなく，契約の目的や建物の構造などから総合的に判断される。

（b）借　家　　借地借家法上の借家権とは，建物の賃借権である（同1条）。ここでの建物は，建物全体だけでなく，その一部（たとえばマンションの一室）も含まれる。ポイントは，独立的・排他的支配が可能かどうかである。借家についても，一時使用のためであるときは適用がない（同40条）。

研　究

1　更新料

　とりわけ不動産を目的とする賃貸借契約において，賃料以外に賃借人から賃貸人に支払われる金銭として，**更新料**がある。これには，①賃料の補充または将来の賃料の一部，②賃貸借契約を継続するための対価（賃貸人の更新拒絶権放棄の対価），③賃借人のそれまでの債務不履行についての紛争の解決金，といった趣旨が含まれているとされる（最判昭59・4・20民集38巻 6 号610頁，最判平23・7・15民集65巻 5 号2269頁［百選Ⅱ【63】］など）。

　では，賃貸借契約を締結する際に，あらかじめ更新料の支払を約定していながら賃借人が更新時にこれを支払わなかった場合，その不払は解除事由となるだろうか。この点について，前述の昭和59年判決は解除を認めている。一方学説では，居住用建物賃貸借の場合には，このような更新料を認めてしまうことは，消費者である賃借人の義務を加重するものとして消費者契約法10条により無効であるとの見解が主張されている。この点について争われた前述の平成23年判決は，更新料の約定は消費者である賃借人の義務を加重するものに当たるが，更新料の支払には経済的合理性がないとはいえず，また更新料についての情報の量や質および交渉力に看過し得ないほどの格差があるとはいえないとして，消費者の利益を一方的に害するものには当たらないとした。

2　サブリース　　　　　　　　　　　　　　　　　　　　　関係

　サブリースとは，ビルなどの建物の所有者が，不動産事業者に対してその建物を一括して賃貸し，不動産事業者がその建物の各フロアや各部屋を第三者に転貸する契約である。サブリースという用語は転貸借を意味する sub-lease の日本語訳であるが，日本でサブリースといった場合，転貸することをはじめから予定している所有者・不動産事業者間の契約を意味するとされる。このようなサブリースにも不動産賃貸借に関する解釈・法規が当てはまるかが議論されている。

　すでに説明したとおり，不動産賃借権については賃借人保護の観点からさまざまな特別法が制定されてきたが，賃借人保護の観点を有する借地借家法の規定，具体的には賃料減額請求権を定める借地借家法32条の適用があるか

どうかが判例・学説において議論されてきた（最判平15・10・21民集57巻 9 号1213頁［百選Ⅱ【67】］などがある）。さらには，サブリースの場合，賃貸人である建物所有者と賃借人である不動産事業者のほかに，不動産事業者から部屋などを借りている転貸人である第三者も関係することになるが，サブリース契約が期間満了により終了した場合，賃貸人は転貸人である第三者にサブリース契約の終了を対抗できるかという点についても争いがある（最判平14・3・28民集56巻 3 号662頁［百選Ⅰ【3】］。⇨第 5 節【展開】を参照）。

　不動産賃借権の強化やサブリースをめぐる問題については，その時代の社会背景も踏まえて検討する必要がある。これらの点については，賃貸借契約をひととおり学習したあとに，参考文献などを手がかりにさらに学習してほしい。

┌─ 次のステップ ─────────────────────
➡特別法による不動産賃借権の強化について
・野澤正充『契約法［第 3 版］』（日本評論社，2020年）185-187頁
➡更新料について
・松本恒雄「判批」『私法判例リマークス』46号（2013年）34-36頁
➡サブリースについて
・松岡久和「サブリース」『民法の争点』（有斐閣，2007年）240-241頁
└──────────────────────────────

（芦野訓和）

第 2 節　　賃貸人の義務
601条，606条-608条

　本節では，賃貸人の義務について学ぶ。【構造】では，賃貸人の主たる義務である使用収益義務の内容を確認し，【展開】では，賃貸人の妨害排除義務と，賃貸人に義務違反があった場合の責任についてみる。【研究】では，賃貸人の義務違反と賃借人の賃料支払義務の関係や，賃貸人が損害賠償責任を負う場合の賠償範囲の問題などを中心にいくつかの論点を取り上げる。

構　造

1 使用収益させる義務

（1）意　義

　賃貸人は，賃借人に対し，契約で定められた目的に従って目的物を使用および収益させる義務を負う（601条）。この義務は，無償契約である使用貸借における貸主の義務（⇨第 5 章【構造】3（1））と異なり，単に使用収益を妨げないという消極的な義務にとどまらず，契約関係が存続する間，継続して目的物を賃借人の使用収益に適した状態にしておくという積極的な内容を含むものである。使用収益させる義務は抽象的・包括的な概念であり，そこから具体的な義務として，目的物を賃借人に引き渡す義務，必要に応じて目的物を修繕する義務，第三者によって使用収益が妨げられた場合にはその妨害を排除する義務などが導かれる。民法は，**修繕義務**について明文の規定を置いており（606条 1 項本文），継続的契約である賃貸借の特徴を示す義務として重要である。

（2）目的物引渡義務

　賃貸借は諾成契約であり（⇨第 1 節【構造】1），使用貸借のように契約の成立のために目的物を引き渡す必要はない。したがって，**目的物の引渡し**も契約から生じる賃貸人の義務の 1 つとして位置づけられる。なお，不動産の賃貸借では，賃借人は，**賃借権の登記**（不登 3 条 8 号・81条）をすることができるが，売買目的物の移転につき対抗要件の具備を義務づけられる不動産売買（560条。⇨第 2 章第 2 節【構造】1（4）参照）とは異なり，賃貸借の場合，賃借権の登記申請に協力する賃貸人の義務は当然には導くことができないと考えられている。

2 修繕義務

（1）使用収益に必要な修繕

　賃貸人は，賃貸物を賃借人の使用収益に適した状態にするために必要な修繕を行う義務を負う（606条 1 項本文）。修繕義務の具体的内容は，個別の契約において，当事者が賃借人の使用収益についてどのような合意をしたかによって決まることになる。

　賃貸人の修繕義務は，賃貸借契約の成立により当然に生じる債務であるた

め，修繕の必要が生じたことについて賃貸人の帰責事由は必要ない。したがって，天災など不可抗力によって修繕が必要な状態が生じた場合も，賃貸人がこれを引き受けなければならないとされている。ただし，賃借人の責めに帰すべき事由によって修繕が必要となったときは，賃貸人は修繕義務を負わない（606条1項ただし書）。なお，このただし書は改正によって新設された規定である。改正前は，この点について学説上見解の対立があったが，改正法は，修繕義務を否定すべきとする有力説を採用し，これを明文化した。

　賃貸人の修繕義務は，修繕が可能なかぎりで存在する。たとえば，賃貸建物をすべて建て直す必要があるような損傷が生じた場合のほか，修繕を要する状態に比して修繕に過分の費用を要するとされるときは，賃貸人は，修繕を拒むことができる（履行請求権の限界に当たる。412条の2第1項参照）。このとき，賃貸人の修繕義務は履行不能と評価されることになるが，目的物全体が修繕不能となったような場合は，賃貸借契約の終了事由となる（616条の2。詳しくは⇨第6節【展開】2(1)）。

(2) 賃借人の受忍義務

　目的物の修繕は，賃貸人の賃借人に対する義務であると同時に，自己が賃貸している物を保存するという点で賃貸人の利益となる行為であり，権利としても捉えられる。賃借人は，修繕義務の履行のために賃貸人が賃貸物の保存に必要な行為をすることを拒むことはできない（606条2項）。もっとも，賃貸人が賃借人の意思に反して保存行為をしようとし，これによって賃借人が賃借をした目的を達することができなくなるときは，賃借人は，契約を解除することができる（607条）。たとえば，店舗の賃貸借契約において，修繕が長期間にわたり，その間は賃借人がまったく営業を行うことができないといった場合が考えられる。

(3) 賃借人による修繕

　これまで述べてきたように，目的物の修繕は原則として賃貸人が行うべきとされており，また，目的物は賃借人にとって他人の所有物であることから，賃借人による修繕は一定の場合にかぎって認められる。607条の2は，どのような場合に賃借人が修繕を行うことができるかを規定している。

　賃借人が修繕を行う場合の前提となる規律として，賃借物が修繕を必要とする状態となった場合，賃借人は，この事実を知り，または知ることができたときは，賃貸人がこれをすでに知っている場合を除き，遅滞なくその旨を

賃貸人に通知する義務を負う (615条)。賃借人が賃貸人に修繕の必要を通知したにもかかわらず，相当の期間内に修繕がなされないときは，賃借人は，自ら修繕を行うことができる (607条の2第1号)。また，急迫の事情があるときは，賃借人による通知や賃貸人の認識の有無を問わず，賃借人は，自ら修繕を行うことができる (同2号)。この場合に賃借人が修繕のために支出した費用は，後述する608条1項の規定に従い，賃貸人に対して償還を求めることができる。

3　費用償還義務

(1) 必要費償還義務

賃借人は，賃借物について賃貸人が負担すべき**必要費**を支出した場合は，ただちにその償還を請求することができる (608条1項)。必要費とは，賃借人が自ら修繕を行なった場合 (607条の2) の修繕費用など，目的物を使用収益に適した状態に維持・保存するために必要な費用をいう (たとえば，雨漏りの補修や畳の張替)。賃貸人が修繕義務を負うことから明らかなように，本来賃貸人が負担すべき費用を賃借人が代わって支出したものであるため，ただちに償還することが正当化される。

なお，賃借人の責めに帰すべき事由によって修繕が必要な状態が生じたような場合 (606条1項ただし書参照) には，賃借人が修繕費用を支出したとしても，当該費用は賃貸人が負担すべきものとはいえず，償還を求めることはできない。特約により賃借人が修繕義務を負っている場合も同様である (特約について【研究】で述べる)。

(2) 有益費償還義務

賃借人が**有益費**を支出した場合は，必要費とは異なる取り扱いを受ける。有益費とは，賃借物を改良するために支出された費用を指す (たとえば，借家の増改築)。もっとも，改良にあたっては，用法遵守義務 (616条による594条1項の準用。⇨第3節【構造】5参照) の制約を受けることになる。このような費用は，占有者による費用の償還請求について定める196条2項の規定に従い賃貸借契約の終了時にその価値の増加分が現存している場合にかぎり，償還請求が可能となる (608条2項本文)。有益費は，必要費と異なり本来的に賃貸人が支出すべき費用ではないため，目的物が賃貸人に返還された場合に，賃借人の費用による価値の増加分が賃貸人の不当利得とならないよう，それを

償還させる規定である。

　このとき，賃貸人は，支出額と増価額のいずれかを選択して償還することになる（196条2項）。有益費は高額となる場合もあるため，賃貸人の請求があれば，裁判所は相当の期間を猶予として与えることができる（608条2項ただし書）。なお，賃借人は，費用償還請求権を被担保債権として賃貸人からの目的物返還請求に対する留置権を有するが（295条1項本文），裁判所による期限の付与は，この留置権を消滅させる意味をもつ（同ただし書参照）。

　目的物の価値を高める費用といえるかどうかは，目的物の通常の使用目的に照らして客観的に判断される。したがって，賃借人の固有の目的に資するような場合には，有益費であるとは評価されない。

(3)　費用償還請求権の行使期間

　賃借人による費用償還請求権は，賃貸人が目的物の返還を受けた時から1年以内に行使しなければならない（622条による600条の準用）。この期間は，除斥期間であるとされる。これとは別に，消滅時効の規定に従い，5年または10年の時効にかかる（166条1項）。消滅時効の起算点について請求権の行使が可能となるのは，必要費は賃借人が費用を支出した時，有益費は契約終了時となる。

展　開　　

1　義務違反に対する賃貸人の責任　　　　　　　　　関連

　賃貸人が使用収益させる義務に違反した場合，賃貸人の債務不履行となる。このとき，賃借人は，賃貸人に対していかなる責任を追及することができるかが問題となるが，賃貸借は有償契約であるため，559条により，売買における担保責任（契約不適合責任）の規定（562条以下）が準用されることになる。したがって，目的物の引渡しや必要な修繕など本来の債務の履行を求めることができる（追完の請求。562条）ほか，賃料の減額請求（563条），不履行によって損害が生じた場合にはその賠償請求（415条），さらに，契約の解除（541条・542条）といった手段が認められる（売買の規定について詳しくは⇨第2章第3節・第4節を参照）。

　もっとも，義務違反に対する責任追及に関しては，これまでみてきたように，使用収益に問題が生じているような場面について賃貸借に固有の規定が

置かれている。具体的には，賃貸人の修繕義務（606条），賃借人による修繕（607条の2），費用の償還請求（608条1項）がある。賃借人の賃貸人に対する修繕請求は，追完請求に対応するものであり，これらの規定は，売買の規定の特則として適用される。

　また，賃料の減額についても，賃貸借には，611条に規定が置かれており（⇨第3節【構造】4），売買の代金減額の規定である563条の特則として位置づけることができる。したがって，賃貸人の義務違反については，これら固有の規律によるところが大きく，売買における担保責任規定の適用はそれほど重要ではないともいえるが，担保責任における追完と修繕の範囲の相違をどのように考えるかといった問題は残る。賃貸人の義務違反の場合における賃借人の賃料支払義務の取り扱いについては，【研究】でも述べる。

2　賃貸人の妨害排除義務 [解釈]

（1）賃貸人による妨害排除

　第三者が賃貸目的物を不法に占拠していることなどが原因で賃借人の使用収益が妨げられている場合，明文の規定はないが，使用収益させる義務から導かれる具体的義務として，賃貸人は，所有権に基づく物権的妨害排除請求権を行使し，使用収益が可能な状態を回復しなければならない。

　賃貸人が妨害排除請求権を行使しない場合に，賃借人がいかなる手段をとることができるかが問題となるが，判例は，賃借権を保全するために**債権者代位権**（423条）の転用を認め，賃貸人の無資力を要件とすることなく，賃貸人が有する返還請求権の代位行使を賃借人について肯定している（大判昭4・12・16民集8巻944頁［百選Ⅱ［第5補正版］【12】］）。もっとも，つぎに述べるように，対抗要件を備えた不動産賃借権には，固有の妨害排除請求権が認められている。

（2）賃借人による妨害排除

　605条の4は，対抗要件を備えた不動産賃借権（不動産賃借権の対抗要件については⇨第3節【展開】2）について妨害排除請求を認めており（いわゆる不動産賃借権の物権化），この場合，賃借人は，第三者に対して不動産賃借権に基づき直接に妨害排除を求めることができる。これは，改正前の判例（最判昭28・12・18民集7巻12号1515頁［百選Ⅱ【57】］，最判昭30・4・5民集9巻4号431頁など）の立場を明文化したものである（この点については⇨第3節【展開】2（2）で

も述べる）。

研　究

1　賃貸人の義務違反と賃借人の賃料支払義務

　賃貸人が修繕義務を履行しないことにより，賃借人の使用収益が妨げられているとき，賃料は，使用収益することができなくなった部分の割合に応じて減額される（611条１項）。賃借人の請求を必要としていないという点で，売買の箇所に規定される代金減額請求権（563条）とは違いがある。これは，賃料とは，目的物が賃借人の使用収益が可能な状態にあることの対価として生じるものであり，使用収益できない部分については賃料債権も生じないとの理解に基づくものである。

　なお，改正前611条１項は，目的物の一部滅失の場合の賃料減額請求権を規定しており，それに含まれない使用収益が妨げられている場合の取り扱いが問題となっていた。改正前においても，使用収益ができない場合にはそれに対応する賃料を支払う必要はないという点では見解の一致がみられたが，これをどのような法的構成によって根拠づけるかについては見方が分かれていた。判例は，賃貸人が修繕義務を履行しない場合に，同時履行の抗弁（533条）に基づいて賃借人による賃料支払の拒絶を認めていたが，学説からは，危険負担（改正前536条１項）の考え方から使用収益できない部分について当然に賃料減額が認められるとする見解や，改正前611条１項の類推適用によって賃料減額請求を認める見解が主張された。そこで，改正によって，目的物の一部滅失の場合だけでなく，目的物の一部がその他の事由により使用収益できない場合も規律の対象とし，そのうえで，使用収益が妨げられる部分に応じて当然に賃料の支払義務が生じないことを明らかにした。

2　賃貸人の債務不履行による損害賠償の範囲　　　関連

　前述のように，賃貸人に義務違反があった場合に賃借人がとりうる手段としては，履行請求，損害賠償，契約の解除，賃料の支払拒絶が問題となるが，ここでは損害賠償責任の範囲をめぐる議論を取り上げる。

　賃貸人の修繕義務の不履行に基づいて賠償されるべき損害には，事業用店舗で営業ができなくなったことによって生じた営業利益の喪失が含まれる場

合がある（カラオケを営業する店舗の賃貸借において，浸水事故の発生により営業不能が生じた事例として，最判平21・1・19民集63巻 1 号97頁［百選Ⅱ【6】]）。このとき，損害賠償の範囲をめぐっては，目的物が賃借人の支配下にあるということから，賃借人の義務違反との関係が問題となる可能性がある。目的物の要修繕状態について賃借人が通知義務を負うことについては前述のとおりであるが，たとえば，賃借人からの通知が遅れたことによって当初の損傷が拡大し，より多くの修繕費用が必要となったような場合には，賠償額が減額されることがある。また，通知義務にとどまらず，賃借人に損害の発生を回避ないし減少させる措置をとることが期待されるとして，これを講じなかったことで生じた損害の部分について，賃貸人の賠償責任が制限される場合があるとされている（前掲・最判平21・1・19）。なお，このような場面における損害回避ないし損害軽減義務を認めるかは，賃貸借にかぎらず議論されている問題であるが，債権総論の教科書なども参照しながら考えてみてほしい。

③　修繕義務に関する特約の効力　　　　　　　　　　関係

　賃貸人の修繕義務を定める606条は任意規定であり，目的物の修繕について異なる合意をすることは妨げられない（608条の費用償還についても同様）。したがって，当事者間で一定の範囲の修繕を賃借人に行わせることを取り決めることができ，実際の契約では，そのような特約を結ぶ場合が少なくない。しかし，たとえば，目的物の修繕をすべて賃借人の負担とするような条項が合意された契約において，目的物に大規模な修繕を要する場合や，天災などにより損傷が生じた場合に，常に賃借人に修繕義務を課すことは妥当とはいえない。賃借人が修繕義務を負う具体的な範囲については，修繕費用の負担をどの程度賃料額に反映させていたかなど，契約のその他の事情も含め総合的に考慮して判断する必要がある。また，賃貸人が事業者であり，賃借人が消費者である賃貸借契約の場合には，修繕義務に関して消費者に一方的に不利となるような契約条項について，公序良俗違反（90条）ないし消費者契約法10条の不当条項に当たるとして無効となる可能性もある。

┌─ 次のステップ ──────────────────────
➡使用収益義務の不履行について
・中田裕康『契約法［新版］』（有斐閣，2021年）406-411頁
➡賃貸人の修繕義務の不履行と賃借人の損害回避義務について

・野澤正充「賃貸人の修繕義務の不履行と賃借人による損害の回避」判タ1298号
（2009年）63-68頁

（永岩慧子）

第3節　賃借人の権利義務

601条，605条，607条の2-611条，614条-616条

本節では，賃貸借において賃借人が有する権利や負担する義務を扱う。ま
ず【構造】では，その主たる権利義務である使用収益権と賃料支払義務のほ
か，使用収益に当たっての用法遵守義務，契約終了時の目的物返還義務を扱
う。つぎに【展開】では，民法の特別法の1つである借地借家法との関係
や，賃貸借に第三者が関係してくる場合の法律問題を扱う。【研究】では賃
料の増減に関する特約の効力や，賃料の不減額や自動増額といった特約があ
る場合に経済変動が生じた場合のリスクの問題を扱う。

構　造

1 概　要

賃貸人と同様に，賃貸借に基づいて賃借人も賃貸人に対して権利を有し，
義務を負う。契約自由の原則のもと，賃借人の権利義務の内容も契約で定め
ることができるが，民法は賃借人の権利義務について規定を置いている。

2 使用収益権

賃借人は賃借物を使用し，収益に用いることができる（601条）。この権利
を**使用収益権**というが，一般に**賃借権**ともよばれる。

3 賃料支払義務

賃借物の使用収益に対し，賃借人は**賃料**を支払う義務を負う（601条）。賃
料の支払時期は動産，建物，宅地が目的物である場合には毎月末，その他の
土地が目的物である場合には毎年末である（614条本文）。農地の賃貸借を
し，賃借人がその農地で作物を育てているような場合には，収穫季のあとに

遅滞なく賃料を支払う必要がある（同ただし書）。本条は任意規定であり，契約においてこれらと異なる支払時期を定めることもできる。

4　賃料の変更

　賃料は個別の契約により定められるが，耕作または牧畜を目的とする土地の賃借人が不可抗力によって賃料にみたない収入しか得られなかった場合，減収した収益分まで賃料を減額するように請求できる（609条）。このとき不可抗力により収入が賃料にみたないという事態が2年以上続く場合，賃借人は契約の解除をすることもできる（610条）。また，賃借物の一部が滅失するなどして使用収益ができなくなり，それについて賃借人の責めに帰すべき事由がない場合には，使用収益ができない部分の割合に応じて賃料が減額される（611条1項）。さらに，残存する部分のみでは契約の目的が達成できないならば，賃借人は契約を解除することもできる（同2項）。

　借地借家法では，地代や借賃を一定の事由のもとで減額することができる旨の規定がおかれている（借地借家11条・32条。なお賃貸人からの増額請求も一定の要件のもとで可能である）。定住目的の借地や借家は長期に及ぶ例が多く，租税関係をめぐる法制度の変更や経済変動の影響を受けやすい。契約で定められた賃料であるとはいえ，税制や経済の変動によって地代や借賃が妥当ではないものになった場合であっても当初の賃料に拘束することは酷な場合もある。そのため借地借家法では賃料の増減請求を認めている。

5　用法遵守義務

　賃借人は契約や賃借物の性質によって定まった方法に従い目的物を使用収益しなければならない（616条による594条1項の準用）。これを一般に**用法遵守義務**という。不適切な用法によって賃借物を損傷するなどすれば損害賠償義務を負うこともある。

　用法遵守義務とともに，賃借人は**目的物保管義務**も負う（400条）。賃借人が用法を遵守しても，適切な方法での保管を怠ったために賃借物に損傷が生じるなどすれば責任が生じることもある。

6　目的物返還義務

　賃借人は，契約の終了後，賃借物を返還する義務を負う（601条）。これを

目的物返還義務という（賃貸借の終了に関しては⇨第6節）。返還の際に賃借物に損傷などが生じていた場合，これを原状に復する必要がある（**原状回復義務**。621条）。ただし，通常の使用収益によって生じた賃借物の損耗ならびに賃借物の経年変化である**通常損耗**は原状回復義務の対象ではない（同本文）。また通常損耗とはいえない損傷があったとしても，その損傷が賃借人の責めに帰することができない事由によるものであれば，原状回復義務の対象にはならない（同ただし書）。

　賃借物を返還するに際しては，エアコンなど賃借物に付属させた物等があれば，これを収去する義務を負う（**収去義務**。622条による599条1項の準用）。なお，この収去は賃借人の権利でもある（622条による599条2項の準用）。

7　建物買取請求権

　賃借人は賃貸借終了時に原状回復義務や収去義務を負うので，土地の賃貸借において土地上に建物を建築した場合に賃貸借が終了すると，賃借人は目的物の返還に際して建物を撤去して返還する必要がある。この点について借地借家法は，賃借人の**建物買取請求権**を規定する（借地借家13条1項）。借地権の存続期間の満了時に契約の更新がない場合，借地権者（賃借人）は借地権設定者（賃貸人）に対し，建物その他借地権者が権原により土地に付属させた物を時価で買い取るよう請求できる。

　建物が借地権の存続期間満了前に，借地権設定者の承諾を得ずに残存期間を超えて存続すべきものとして新たに築造された場合には，裁判所は借地権設定者の請求により，代金の全部または一部の支払について相当の期限を許与することができる（借地借家13条2項）。

8　造作買取請求権

　建物の賃貸借においても，賃借人は原状回復義務や収去義務を負うので，賃貸建物に付属させた物等を契約終了時に撤去する必要がある。この点について借地借家法33条では，賃借人は，賃貸人の同意を得て建物に付加した畳や建具などについては，期間満了や解約申入れによる終了の場合に賃貸人に買い取るように請求できる（同1項）。これを**造作買取請求権**という。

展　開

1　借地借家法における賃借人の権利義務 　　　関係

【構造】でも述べたように，民法の特別法の1つであり，とくに賃貸借と深くかかわる法律が**借地借家法**である（⇨第1節も参照）。借地借家法の目的は主として不動産賃借人の保護にある。賃借権は賃貸借に基づいて賃借人に与えられる相対的な債権であり，第三者に対しては効力をもたないのが原則である。賃貸人が賃借物の所有権を売買などによって第三者に譲渡した場合，賃借人は賃借物の新たな所有者となった第三者と賃貸借を改めて締結することができれば，新たな賃貸借に基づいて引き続き賃借物を使用収益することができる。しかし，新たな所有者である第三者が契約の締結を拒絶して所有権に基づく明渡請求を主張してきた場合，賃貸人に対する債権しかもたない賃借人は賃借物を第三者に明け渡さざるを得ないこともある。これを**売買は賃貸借を破る**という。とくにこの問題は，土地や家屋の賃借人がそこを生活の本拠としている場合には重大な不利益を生じさせやすい。そこで借地借家法は，取引構造上弱い立場にあり，不利益を被りやすい不動産賃借人を保護するため民法上の規定を修正または補充する特別な規定を置いている。

表　賃借人の権利義務に関する民法規定と借地借家法規定の比較

	民法の賃貸借規定によるもの	借地借家法規定によるもの
賃借人の権利	使用収益権（賃借権。601条） 必要費・有益費の償還請求権（608条） 賃料減額請求権・解除権（609条-611条） 収去権（622条による599条2項の準用）	借地契約更新後の建物滅失による解約権（借地借家8条1項） 地代・家賃の減額請求権（借地借家11条1項・32条1項） 建物買取請求権（借地借家13条1項） 造作買取請求権（借地借家33条1項）
賃借人の義務	賃料支払義務（601条） 目的物返還義務（601条） 賃借権の無断譲渡および無断転貸の禁止（612条） 修繕が必要な場合の通知義務（615条） 用法遵守義務（616条による594条1項の準用） 原状回復義務（621条） 収去義務（622条による599条1項の準用）	とくに規定なし

※ここに掲げられている権利義務については本章の別の節で解説されているものもあるため，そちらも参照してほしい。

民法における賃借人の権利義務と借地借家法における賃借人の権利義務を比較すると，表（前頁）のようになる。

2　賃借権の対外的効力 関係

前述のとおり，賃借権は賃貸人に対してのみ主張できる相対的な請求権である。しかしこの原則を貫くと賃借人に酷な場合もある。民法も登記をすれば第三者に対抗可能であるとするが（605条），後述のとおりあまり機能していない。そこで，借地借家法の規定やさまざまな判例法理によって，賃借権の対外的効力が補完され，賃借人の保護が図られている。

（1）賃借権の物権化と借地借家法による対抗要件の補充

前述のとおり，不動産の賃貸借は**登記**をすることにより，不動産について物権を取得した第三者にも対抗できる（605条）。これにより，賃借人は第三者に対しても賃借権を主張することができるようになり十分な保護が期待できそうである。しかし賃貸借の登記については，特約のないかぎり賃借人に登記請求権はないとされている（大判大10・7・11民録27輯1378頁）。そのため，不動産の賃貸人が賃借人による登記の要請に応じない場合には，賃借人は第三者に対して賃借権を主張できない立場にとどまることになる。

そこで借地借家法はこれを修正するために，土地の賃借権（借地権）と建物賃借権について民法と異なる対抗要件の規定を置いている。まず借地権については，借地権の登記がなくとも借地の上に登記済みの建物を借地権者（賃借人）が所有している場合には，借地権についても第三者に対抗できる（借地借家10条1項）。ただし判例によれば，建物の登記名義人は借地権者本人である必要があるため，たとえば同居する家族の名義で建物について登記をしていても，借地権に対抗力は備わらない（最大判昭41・4・27民集20巻4号870頁［30！④【08】，百選Ⅱ【58】]）。また建物賃借権については，賃借権の登記がなくとも建物の引渡しがあった場合，その後その建物について物権を取得した第三者に対して賃借権を対抗できる（借地借家31条）。

賃借物である不動産が第三者に譲渡されると，賃貸人としての地位もその第三者に移転する（605条の2第1項）。そのため不動産賃借権につき対抗力を得た賃借人は，これらの規定により，賃借人は新所有者である第三者に対して賃借権を主張できるにとどまらず，新たな所有者である第三者との関係において当然に賃貸借関係が続く（賃貸人の地位の移転については⇨第5節）。

(2) 第三者による賃借権の妨害への対応

　ある土地について賃貸借が締結され，賃借人が使用収益をしようとしたところ，同土地が第三者によって不当に占拠されていて賃借人による使用収益が妨害されているとしよう。このとき賃借人は第三者に対して妨害行為をやめるように請求できるであろうか。

　この問題について民法は，不動産の賃貸借につき，賃借人が605条の2第1項の規定する対抗要件（605条，借地借家10条・31条によるものや，その他の法令の規定による対抗要件）を備えた場合，第三者による占有妨害の停止および第三者によって不動産が占有されている場合に返還請求権を認めている（605条の4）。したがって，605条や借地借家法の規定により不動産賃借権の対抗要件を取得した賃借人であれば，第三者による不動産の占有妨害等に対して直接にその停止等を請求できる。この規定は改正法において設けられた規定であるが，改正前も判例は，賃借権が対抗要件を備えている場合に第三者に対する妨害排除請求や建物の収去等の請求を認めてきた（最判昭28・12・18民集7巻12号1515頁［百選Ⅱ【57】]，最判昭30・4・5民集9巻4号431頁）。

　では，賃借人が賃借権について対抗要件を備えていない場合はどうか。この場合について民法は規定を置いていないが，賃借人がすでに占有権を取得している場合には，占有権に基づく妨害排除等（197条以下）が考えられる。また賃貸人の所有権を債権者代位権（423条）により代位行使することを認めて賃借人の保護を図った判例もある（⇨第2節【展開】2 (2)）。

研　究

1　特約の効力　　関係

　実際の賃貸借においては，民法や借地借家法の規定とは異なる特約が結ばれることがある。ここでは，賃料の増減に関する特約の問題を扱う。

　借地借家法では，すでにみたように地代や借賃を一定の事由のもとで増減する請求ができるとされているが，一定期間地代や借賃を増額しない旨の特約は有効であるとされている（借地借家11条1項ただし書・32条1項ただし書）。それでは賃料を減額しない旨の特約（不減額特約）や，賃料を一定期間で自動的に増額するような特約の効力はどうか。借地借家法11条1項・32条1項は強行法規とされており，特約によって排除できないと解されている。判例で

は，不減額特約があっても借地権者は減額請求ができるとするものがある（大判昭13・11・1民集17巻2089頁）。また自動増額特約については，特約自体は有効であるが，特約の基礎となっていた事情が失われることにより，特約によって地代等の額を定めることが借地借家法11条1項の規定の趣旨に照らして不相当なものとなった場合，減額請求をすることができるとするものがある（最判平15・6・12民集57巻6号595頁。また，借地借家32条1項との関係では，最判平15・10・21民集57巻9号1213頁［百選Ⅱ【67】］参照）。

2　経済事情の変更　　関係

　賃料の不減額特約や自動増額特約は，賃貸人が当初見込んだ賃料収入が，減額請求等によって得られなくなるといったおそれを回避することや，租税などの変更や地価の変動による賃料収入の相対的減少を防止するための措置である。しかしすでにみたように，借地借家法11条1項や32条1項は強行法規とされ，また不減額特約や自動増額特約があっても判例では賃借人は減額請求ができるとされている。そうすると，経済事情の変動にともなって生じる賃料の減収というリスクについては基本的には賃貸人側が負うべきであるという評価があるということになる。こうした評価はとりわけサブリースの事案において重要な意味をもつ（前掲・最判平15・10・21もサブリースに関連する事案である。サブリースについては⇒第1節）。

次のステップ

➡賃借人の妨害排除請求権と民法改正について
・平野裕之『新債権法の論点と解釈［第2版］』（慶応義塾大学出版，2021年）469-471頁
➡賃借人の原状回復義務と民法改正について
・平野裕之『新債権法の論点と解釈［第2版］』（慶応義塾大学出版，2021年）485-489頁

（萩原基裕）

第 **4** 節　賃借権の存続期間
602条-604条

　本節では，賃借権の存続期間と，それに関連する更新について学ぶ。【構造】では，民法上の賃借権の存続期間と更新のルールを確認する。【展開】では，それらのルールが借地借家法によってどのように修正されているのかについて学習する。【研究】では，借地借家法の存続保障のさらなる修正例について学習する。

構　造

1　短期賃貸借
（1）趣　旨

　不在者財産管理人（28条）のような財産の処分権限を有しない者が賃貸借をする場合，その期間は602条によって制限されている。賃貸借は管理行為であるが，長期にわたる場合には，その財産の持ち主にとって処分行為と同様になると考えられるためである。

（2）存続期間

　短期賃貸借の期間は，目的物によって異なる。樹木の栽植・伐採を目的とする山林は10年，それ以外の土地は 5 年，建物は 3 年，動産は 6 か月である。契約でこれより長い期間を定めても，その期間は短期賃貸借の期間に縮減される（602条柱書後段）。

（3）更　新

　短期賃貸借は更新することができる（603条本文）。その場合，期間満了前に，土地であれば 1 年以内，建物であれば 3 か月以内，動産であれば 1 か月以内にしなければならない（同ただし書）。

2　普通賃貸借
（1）存続期間

　賃貸借の存続期間は50年を超えることができない。契約でこれより長い期間を定めても，その期間は50年に縮減される（604条 1 項）。

　この期間は，改正前は20年であった。それは，起草者が，賃貸借の期間が長期にわたると，賃貸人は目的物の改良をしなくなり，賃借人も他人の物を改良することはしないだろうから，社会経済上不利益が生じると考えたためである。もし，土地を20年以上使用収益したいならば，地上権や永小作権を設定することもできる。しかし，地上権や永小作権の利用は思ったほど進まず，長期にわたる賃貸借の必要性も認められるようになった。それでも，賃貸借があまりにも長期にわたると目的物の所有権者にとって過度な負担となる等の弊害が生ずる懸念があり，公序良俗違反（90条）等によっては十分な対応ができないかもしれない。そこで，永小作権の存続期間（278条）を参考に，上限を50年としたのである。

（2）更　新

　普通賃貸借も更新することができる（604条2項本文）。ただし，その期間は更新の時から50年を超えることができない（同ただし書）。

展　開

1　借地借家法による修正

　借地借家法は，普通借地権の存続を保障する一方で，借地の供給を促進することを目的とした更新されない定期借地権制度を導入した。また，良好な借家の安定供給を目的とした定期借家制度も創設した。

2　普通借地権　　　　　　　　　　　　　　　　　　　関係

（1）存続期間

　（a）原　則　　借地権の存続期間は30年である（借地借家3条本文）。契約でこれより長い期間を定めたときは，その期間となる（同ただし書）。一方，これより短い期間を定めても，その特約は無効となり（借地借家9条），30年となる。

　（b）更新後の存続期間　　借地契約を更新する場合，1回目の更新後の存続期間は20年（借地借家4条本文括弧書），2回目以降の更新後の存続期間は10年（同本文）であるが，契約でこれより長い期間を定めたときは，その期間となる（同ただし書）。一方，これより短い期間を定めても，その特約は無効となり（借地借家9条），1回目は20年，2回目以降は10年となる。

(c) 建物の滅失・再築の場合の存続期間の延長

（ア）更新前の滅失　　借地権の存続期間が満了する前に建物の滅失等があり，借地権者が残存期間を超えて存続すべき建物を再築した場合は，その再築につき借地権設定者の承諾があれば，借地権は，承諾があった日または再築された日のいずれか早い日から20年間存続する（借地借家7条1項本文）。ただし，残存期間がこれより長いときや当事者がこれより長い期間を定めたときは，その期間による（同ただし書）。

　借地権者が借地権設定者に対し残存期間を超えて存続すべき建物を再築する旨を通知した場合において，借地権設定者がその通知を受けた後2か月以内に異議を述べなかったときは，承諾があったものとみなす（借地借家7条2項本文）。ただし，契約更新後に通知があった場合には，承諾があったものとはみなされない（同ただし書）。

（イ）更新後の滅失　　更新後の滅失についても，再築について借地権設定者の承諾があれば，存続期間が延長される（借地借家7条1項）。

　借地権設定者の承諾がない場合には，借地権者は，地上権の放棄または土地の賃貸借の解約の申入れをすることができる（借地借家8条1項）。また，借地権者が借地権設定者の承諾を得ないで残存期間を超えて存続すべき建物を築造したときは，借地権設定者は，地上権の消滅の請求または土地の賃貸借の解約の申入れをすることができる（同2項）。これらの場合において，借地権は，地上権の放棄・消滅の請求または土地の賃貸借の解約の申入れがあった日から3か月後に消滅する（同3項）。賃貸借の終了については第6節も参照してほしい。

(2) 契約の更新

（a）合意による更新　　当事者は，合意によって借地契約を更新することができる。

（b）法定更新　　借地権の存続期間が満了する場合に，借地権者が契約の更新を請求したときは，建物がある場合にかぎり，従前の契約と同一の条件で契約を更新したものとみなされる（更新請求による法定更新。借地借家5条1項本文）。

　借地権の存続期間の満了後に借地権者が土地の使用を継続するときも，建物がある場合にかぎり，従前の契約と同一の条件で契約を更新したものとみなされる（使用継続による法定更新。同2項）。

（c）法定更新における更新拒絶の要件　　借地権設定者は，借地権者の更新請求に対し，遅滞なく異議を述べることによって，更新を阻止することができる（借地借家 5 条 1 項ただし書）。

この異議は，正当の事由があると認められる場合でなければ述べることができない。正当事由があるかどうかは，①借地権設定者および借地権者（転借地権者を含む）が土地の使用を必要とする事情のほか，②借地に関する従前の経過，③土地の利用状況，④「借地権設定者が土地の明渡しの条件として又は土地の明渡しと引換えに借地権者に対して財産上の給付をする旨の申出をした場合におけるその申出」を考慮して判断される（借地借家 6 条）。①については，借地権者の所有する借地上の建物の賃借人の事情を，借地権者側の事情としてしんしゃくすることは許されないとされている（最判昭58・1・20民集37巻 1 号 1 頁［判例30！④【10】，百選Ⅱ【61】］）。また，正当事由の判断の基準時は「異議が申し出られた時」であるが，④が意味する立退料等の提供や増額の申出は，事実審の口頭弁論終結時までにされたものについては原則として考慮される（最判平 6・10・25民集48巻 7 号1303頁［百選Ⅱ【62】］）。

3　定期借地権　　　　　　　　　　　　　　　関係

（1）一般定期借地権

利用目的を問わない，存続期間を50年以上とする借地権であり，①契約を更新しない特約，②建物再築による期間延長を認めない特約，③建物買取請求権を行使しない特約も有効である（借地借家22条前段）。公正証書等の書面で設定しなければならない（同後段）。

（2）事業用借地権

もっぱら事業の用に供する建物の所有を目的とする借地権である。30年以上50年未満の存続期間を定める場合には，①契約を更新しない特約，②建物再築による期間延長を認めない特約，③建物買取請求権を行使しない特約も有効である（借地借家23条 1 項）。10年以上30年未満の存続期間を定める場合には，①契約更新がなく，②建物買取請求権を行使できず，③建物が再築されても期間の延長がない（同 2 項）。いずれの場合も，公正証書によって設定しなければならない（同 3 項）。

（3）建物譲渡特約付借地権

30年以上経過後に地上建物を借地権設定者に相当の対価で譲渡する特約を

付けた場合，更新されない借地権である（借地借家24条）。

（4）一時使用目的の借地権

　臨時設備の設置その他一時使用のために借地権を設定したことが明らかな場合には，普通借地権の存続期間に関する規定（借地借家 3 条-8 条），定期借地権に関する規定（借地借家22条-24条）などは適用されない（借地借家25条）。

4　普通借家権　　　　　　　　　　　　　　　　　　　　　　　関係

（1）合意による更新

　当事者は，合意によって借家契約を更新することができる。その場合，当事者が，更新後の契約期間を定めることができる（借地借家29条 2 項）。民法上の存続期間である50年を超える期間でも構わない。ただし， 1 年未満の期間を定めた借家契約は，期間の定めのないものとみなされる（同 1 項）。

（2）借家期間の定めがある場合の法定更新

　当事者が，期間満了の 1 年前から 6 か月前までの間に，相手方に対して更新をしない旨の通知または条件を変更しなければ更新をしない旨の通知をしなかったときは，従前の契約と同一の条件で契約を更新したものとみなされる（借地借家26条 1 項本文）。ただし，更新後の賃貸借は，期間の定めのないものとなる（同ただし書）。

　建物の賃貸人による更新拒絶通知は，正当の事由があると認められる場合でなければすることができない。正当事由があるかどうかは，①建物の賃貸人および賃借人（転借人を含む）が建物の使用を必要とする事情，②建物の賃貸借に関する従前の経過，③建物の利用状況および建物の現況，④立退料等の提供の申出を考慮して判断される（借地借家28条）。

　更新拒絶通知をした場合であっても，建物の賃貸借の期間が満了した後も建物の賃借人が使用を継続する場合において，建物の賃貸人が遅滞なく異議を述べなかったときも，更新したものとみなされる（借地借家26条 2 項）。

5　定期建物賃借権等　　　　　　　　　　　　　　　　　　　　関係

（1）定期借家権

　期間の定めがあり，契約の更新がない建物賃貸借契約をする場合，公正証書等の書面によらなければならない（借地借家38条 1 項）。賃貸人は，あらかじめ，賃借人に対し，当該賃貸借は契約の更新がなく，期間の満了により当

該賃貸借は終了することについて，その旨を記載した書面を交付して説明しなければならない（同2項）。建物賃貸人がその説明をしなかったときは，普通借家権が成立する（同3項）。

（2）取壊し予定建物の期限付き借家権

法令または契約で一定期間経過後に取り壊すことが明らかな建物については，取壊し時点で借家権が消滅する旨を特約することができる（借地借家39条1項）。この特約は書面で行わなければならない（同2項）。

（3）一時使用目的の建物の賃貸借

一時使用のために建物の賃貸借をしたことが明らかな場合には，借地借家法第3章の借家に関する規定は適用されない（借地借家40条）。

研　究

借地借家法の存続保障の修正　　関係

（1）はじめに

借地借家法による借地権・借家権の存続保障は，場合によっては借地・借家の安定した供給や多様な賃貸借関係の形成を阻害しうることが認識されてきた。以下，借地借家法の修正例を紹介しよう。

（2）終身建物賃貸借

高齢者は，賃貸住宅の大家から，孤独死などの不安や保証人がいないことを理由に入居を拒否されることが珍しくない。2001（平成13）年に制定された高齢者住まい法は，賃貸住宅のバリアフリー化などを講じることで都道府県知事の認可を受けた事業者が，60歳以上の高齢者本人またはその同居配偶者と終身建物賃貸借契約を締結することを認めている（高齢者住まい52条以下）。賃借人にとっては，死亡時まで賃貸借が存続するため最期まで安心して住み続けられるメリットがあり，認可事業者にとっても，賃借権が相続されないことで賃貸借契約の長期化を避けることができるメリットがある。ただし，賃借人が死亡した場合に，その同居配偶者または60才以上の親族が死亡を知った日から1か月以内に認可事業者に対して引き続き居住する旨の申出をしたときは，認可事業者は，その者と終身賃貸借契約を締結しなければならない（高齢者住まい62条1項）。

(3) 被災地短期賃借権

　大規模な災害の被災地における借地借家に関する特別措置法は，被災地における暫定的な土地利用のニーズに応える目的から，存続期間が5年以下で契約更新のない借地権の設定を認めている（被災借地借家7条）。

次のステップ

➡民法と借地借家法の存続期間・更新について
・中田裕康『契約法［新版］』（有斐閣，2021年）394-396，461-474頁
➡普通賃貸借の存続期間の改正について
・秋山靖浩「存続期間」潮見佳男ほか『Before/After民法改正［第2版］—2017年債権法改正』（弘文堂，2021年）392-393頁

（大坂恵里）

第5節　賃貸借の当事者の交替および賃借物の転貸

605条の2-605条の3，612条，613条

　本節では，まず，【構造】において，不動産賃貸借を念頭において，賃貸借の当事者の交替として，①賃借権の譲渡（612条）および②賃貸人たる地位の移転（605条の2から605条の3）を中心に扱い，前者①について述べる際に，③賃借物の転貸（612条）についても言及する。つぎに，【展開】において，転貸借をめぐる問題を扱う。そのうえで，【研究】において，賃貸借において，解除権を制限したり拡張したりする考え方（信頼関係破壊の法理）について紹介する。

構　造

1　賃借権の譲渡と賃借物の転貸

(1) 意　義

　たとえば，Aの所有する甲土地（賃借物）をBが賃借しており，この上に，Bが自己の乙建物を所有している場合を考えてみよう。この場合に，BがCに乙建物を売却しようとすれば，Cが甲土地を利用できるようにしなければ，Cは，結局，買い受けた乙建物を取り壊さなければならないことに

なる。そこで，Bは，Cに対して，①甲土地の賃借権を譲渡したり（図1左），②賃貸物である甲土地を転貸したり（図1右）することになる。以下では，賃貸人をAとし，賃借人をBとし，賃借権の譲受人／転借人をCとして説明していくことにする。

(2) 適法な賃借権の譲渡および転貸

民法は，このような①賃借権の譲渡や②賃貸物の転貸（以下，①と②とをあわせて「賃借権の譲渡・転貸」という）が適法となって，CがBとCとの間の賃借権の譲渡・転貸の効果をAに対して対抗できるようになるのに，Aの承諾が必要であるとする（612条参照）。建物所有を目的とする土地の賃借権については，Aに不利になるおそれがないにもかかわらず，Aがその賃借権の譲渡または転貸を承諾しないときに，裁判所が，Bの申立てにより，Aの承諾に代わる許可を与えることができ（借地借家19条），Bがこの許可を得ることによって，Aの承諾がある場合と同様に，賃借権の譲渡・転貸が適法となる（以下では，Aの承諾がある場合を例として説明していく）。

適法な賃借権の譲渡がなされた場合，すなわち，Aの承諾を得て，BがCに甲土地の賃借権を譲渡すると，賃借権がBからCに移転して，Bは契約関係から離脱し，AとCとの間に，AとBとの間で締結されていた賃借関係と同一の関係が生じる（なお，Bが差し入れた敷金があったとしても，この敷金は，Cには承継されない。不動産賃貸借と敷金設定契約とが別個の契約であることについては⇨第1節【構造】2）。

これに対して，適法な転貸がなされた場合，すなわち，Aの承諾を得て，BがCに甲土地を転貸すると，AとBとの間の賃貸借契約はそのまま

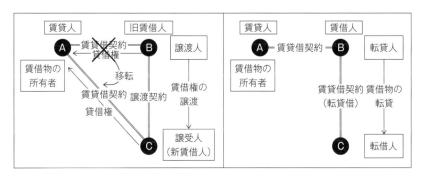

図1　賃借権の譲渡（左）と賃貸物の転貸（右）

存続し，この関係を基礎として，BとCとの間に新たな賃貸借（転貸借）契約が成立することになる。そこで，この場合には，賃借人の地位が移転するわけではないが，賃借権の譲渡の場合と対比して学習するとわかりやすいと思われるので，本節においてあわせて説明することにする。

適法な転貸借がなされても，AとCとの間には直接の契約関係が発生するわけではないが，民法は，Aを保護するために，Cに対して，AとBとの間の賃貸借に基づくBの債務の範囲を限度として，Aに対して，BとCとの間の転貸借に基づく債務を直接履行する義務を負わせた（613条1項前段）。これによって，たとえば，AとBとの間の賃料が10万円であり，BとCとの間の賃料（転借料）が20万円である場合には，Aは，Cに対して，本来的には，CがBに支払うべき転借料のうちの10万円を，Aに対して直接に支払うように請求することができる。この際，CがBに対して賃料（転借料）をその弁済期よりも前に支払ったこと（前払）をAに対して主張しても，Aは，Cに対して改めて自己に賃料を支払うように請求できる（同後段）。Aを保護するという条文の趣旨を貫徹するためである。もちろん，Aは，Cに対して請求をせずに，Bに対して権利を行使することもできる（同2項）。なお，賃貸人の直接請求権は，あくまでAを保護するためのものであるから，Cが転貸借上の権利や地位をAに対して主張できることを規定したわけではないと解されている。そこで，Cは，Aに対して，修繕（606条1項）や費用償還（608条）を請求することはできない。

BとCとの間の転貸借契約は，AとBとの間の賃貸借契約を基礎としている。そこで，AとBとの間の賃貸借契約が消滅すれば，BとCとの間の転貸借契約は，その基礎を失って消滅することになりそうである。しかし，いったん承諾をした以上，Aは，後になって，Bとの間の賃貸借を合意解除（⇨第6節【展開】1（3））したとしても，この解除をCに対抗することができない（同3項本文）。ただし，Aの承諾を得た転貸借であっても，AとBとの間の賃貸借がBの債務不履行によって解除された場合（⇨第6節【展開】1（1））には，CはAに対して転借権を対抗できない（同ただし書）。この場合には，AがBとの賃貸借を解除したうえで，Cに対して賃借物の返還請求をした時に，BとCとの間の転貸借は，履行不能になって消滅する。基礎となる賃貸借契約の終了に際する転借人Cの保護については，賃貸借の終了原因ごとに異なる検討が必要になるために，後述の【展開】においてさらに説明する。

（3）賃借権の無断譲渡および転貸

　ここまでに述べたように，賃借権の譲渡・転貸には，Ａの承諾が必要である。もしＡの承諾なく，Ｂが第三者に対して無断で賃借権の譲渡（無断譲渡）または転貸（無断転貸）（以下，両者をあわせて「**賃借権の無断譲渡・転貸**」という）した場合には，Ａは，ただちに，ＡとＢとの間の契約を解除できる（612条2項）。Ａの承諾がなくてもＢとＣとの間の譲渡契約や転貸借契約は有効であるが，Ａは，Ｃに対して，所有権に基づく目的物の返還を請求できる。

　しかし，判例は，賃借権の無断譲渡または転貸があれば，この規定によって直ちに解除権の行使を認めるというのではなく，後述の【展開】のとおり，賃借人保護の観点から解除権を制限する解釈を展開している。

2　不動産の賃貸人たる地位の移転
（1）賃貸不動産の所有権譲渡による賃貸人の地位の当然移転

　つぎに，賃貸人の地位の移転について説明していくことにする。

　たとえばＤが自己の所有する不動産をＥに賃貸しており，この賃貸不動産をＦに譲渡した場合に，ＤとＥとの間の賃貸借に対抗要件が備わっていれば（⇨第3節【展開】2），ＤとＦとの間で賃貸不動産の所有権が譲渡されたときに，賃貸人の地位は，ＤとＦとの間の合意もＥの承諾も必要とせずに，当然に，Ｆに対して移転する（605条の2第1項）。賃借人に対して目的物を使用収益させるという賃貸人の債務は，所有者であればだれであっても履行できるからである。契約上の地位の移転には，契約の相手方の承諾が必要であるのとの違いである（539条の2。⇨第1部第4章第1節【構造】3）。

　他方で，実務では，賃貸不動産の信託による譲渡や小口化したうえでの譲渡等を通じて，賃貸不動産が投資の対象とされることがあり，この場合には，新所有者となる投資法人や投資家が賃貸人として修繕義務や費用償還義務等を負担することは考えられないので，賃貸人の地位自体を譲渡人（旧所有者）に留

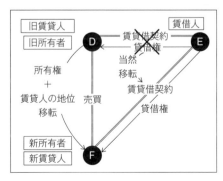

図2　賃貸人の地位の移転

保する必要が出てくる。そこで，不動産の譲渡人および譲受人が賃貸人たる
地位を譲渡人に留保する旨の合意をし，かつ，その不動産を譲受人が譲渡人
に賃貸する旨の合意をしたときには，賃貸人たる地位は，譲受人に移転しな
いものとされている（605条の2第2項前段）。この場合に，賃借人は，転借人
として保護される。そこで，自らの意思とは無関係に転借人の地位に置かれ
ることになる賃借人の保護のために，譲渡人と譲受人（承継があった場合には，
承継人）との間の賃貸借が終了したときは，譲渡人に留保されていた賃貸人
たる地位は，譲受人（または承継人）に移転することとされている（同後段）。

(2) 賃貸借の対抗要件を備えていない賃貸不動産の譲渡における賃貸人の地位の移転

これに対して，賃貸借に対抗要件が備わっていない場合には，譲渡人と譲
受人との合意があってはじめて，その賃貸人たる地位を譲受人に移転させる
ことができる（605条の3前段）。賃借人に対して目的物を使用収益させるとい
う賃貸人の債務は，所有者であればだれでも履行できるために，賃借人の承
諾は不要である。

(3) 賃貸人の地位の移転を賃借人に対抗するための要件

賃貸不動産の譲受人（または承継人）が，賃借人に対して，賃料請求，契約
解除等の権利行使をするには，賃貸物である不動産について所有権の移転の
登記をしなければならない（605条の2第3項，605条の3後段）。

(4) 賃貸不動産の譲受人による費用償還債務と敷金返還債務の承継

前記（1）または（2）の方法で賃貸人の地位が移転した場合には，費用償
還義務（⇨第2節【構造】3）と敷金返還債務（⇨第1節【構造】2）は，譲受人
（または承継人）が当然に承継する（605条の2第4項，605条の3後段）。

展　開

1　基礎となる賃貸借契約の終了に際する転借人の保護 　解釈

【構造】1（2）に述べたように，基礎となる賃貸借契約が合意解除された
場合にも，転借人は，保護される。それ以外にも，事例判決であるが，最高
裁は，転貸収益を目的とする事業用ビルの賃貸借契約が賃借人の更新拒絶に
よって終了しても，賃貸人が（再）転貸借の締結に積極的に関与したと認め
られる特段の事情がある場合には，賃貸人は，信義則上，その終了を（再）

転借人に対抗することができないとする（最判平14・3・28民集56巻3号662頁［百選Ⅰ【3】]。⇨第1節【研究】2)。

他方で,【構造】1 (2) に述べたように,基礎となる賃貸借契約が賃借人の債務不履行によって解除された場合には,転借人に対する前記のような保護はない。判例には,賃貸人は,賃借人の賃料不払いを理由とする解除の前に,転借人に通知して,転借人が賃料を代払する等して賃借人の債務不履行状態を解消させる機会を与える必要はないとするものがある（最判平6・7・18判時1540号38頁）。しかし,学説には,この場合にも,転借権を存続させる機会を与えるために,賃貸人からの転借人に対する催告や通知を求める見解もある。

2　612条2項に基づく賃貸人の解除権の制限（賃借人の保護）　解釈
(1) 612条2項における「第三者」の範囲

【構造】1 (3) に述べたように,賃借人による賃借権の無断譲渡・転貸は禁じられている。しかし,賃借人以外のすべての者が612条2項における「第三者」に当たるわけではなく,個々の事案ごとに検討する必要がある。たとえば,賃借人の家族や住込みの使用人等がこれに当たらないのはもちろんである。また,判例は,賃借人が法人である場合に,その構成員や機関に変動が生じても,法人格の同一性が失われるものではないから,賃借権の譲渡には当たらないとしており,小規模で閉鎖的な有限会社が賃借人である場合についても,これと同様に,実質的な経営者が交代しても賃借権の譲渡には当たらないと解する（最判平8・10・14民集50巻9号2431頁［百選Ⅱ【60】]）。

(2) 信頼関係破壊の法理

賃借人による賃借権の無断譲渡・転貸が禁じられているのは,賃貸借が賃貸人と賃借人との間の個人的信頼を基礎とする継続的法律関係であって,賃借権の無断譲渡・転貸は,この関係を裏切る行為と考えられるからである。そこで,たとえ賃借権の無断譲渡または無断転貸があっても,賃貸人と賃借人との間の個人的信頼関係を裏切ることのないかぎりは,賃貸人の解除権を認める必要がないとも考えられる。実際に,判例は,単に賃借権の無断譲渡・転貸があったという事実だけで解除を認めるのではなく,以下に説明するように,**信頼関係破壊の法理**を用いることによって,賃貸人の解除権を制限する。

　判例は，612条を解釈して，賃貸借が当事者の個人的信頼を基礎とする継続的法律関係であることにかんがみて，「賃貸借関係を継続するに堪えない背信的行為」がある場合に賃貸人が一方的に賃貸借関係を終止することを認めるものであるとしたうえで，「賃借人が賃貸人の承諾なく第三者をして賃借物の使用収益を為さしめた場合においても，賃借人の当該行為が賃貸人に対する背信的行為と認めるに足らない特段の事情がある場合においては，同条の解除権は発生しない」（最判昭28・9・25民集7巻9号979頁［30！④【09】]）という，いわゆる信頼関係破壊の法理を展開するに至っている。賃借権の譲渡や転貸に背信性のない特段の事情があることについては，賃借人に証明責任がある（最判昭41・1・27民集20巻1号136頁）。

研　究

1　信頼関係破壊の法理の展開　　　　　　　　　　　解釈

　賃借人の債務不履行や義務違反を理由とする解除（⇨第6節【展開】1）についても，信頼関係破壊の法理によって，解除権が制限されうるか。ここまでに説明したように，612条は，賃借権の無断譲渡・転貸の場合について規定しているので，同条の適用のない賃借人の債務不履行や義務違反の場合にまで，この法理を応用できるかどうかが問題になる。

　判例には，たとえば，無断増改築禁止の特約があるにもかかわらず，賃借人が賃貸建物の2階部分を総2階にしてアパートに無断改造した事案について，「賃貸人に対する信頼関係を破壊するおそれがあると認めるに足りないときは，賃貸人が前記特約に基づき解除権を行使することは，信義誠実の原則上，許されない」と述べるものがある（最判昭41・4・21民集20巻4号720頁［百選Ⅱ［第5補正版］【59】]）。

　このようにして，信頼関係破壊の法理によって解除権を制限するだけでなく，判例には，さらに進んで，同法理を利用して解除権を拡張しているともいえるものがある。このようなものとしてたとえば，賃借人が善管注意義務および用法遵守義務を著しく怠った事例について，「賃貸借は，当事者相互の信頼関係を基礎とする継続的契約であるから，賃貸借の継続中に，当事者の一方に，その信頼関係を裏切って，賃貸借関係の継続を著しく困難ならしめるような不信行為のあった場合には，相手方は，賃貸借を将来に向って，

解除することができるものと解しなければならない，そうして，この場合には民法〔旧〕541条所定の催告は，これを必要としないものと解すべきである」（最判昭27・4・25民集 6 巻 4 号451頁）と述べるものもある。

　これらは，いずれも，賃借人の義務違反を前提として，信頼関係破壊の有無を検討するものであるが，前掲・最判平 8・10・14は，賃借人である会社経営者の交代が賃借権の譲渡に当たらないとしても，経営者の交代の事実が，賃貸人・賃借人間の信頼関係を悪化させるものと評価され，その他の事情と相まって賃貸借契約解除の事由となり得ることを示唆しており（同判決は，この点をさらに審理させるために，原判決を破棄して，差し戻した），信頼関係破壊の有無の判断は，人的信頼関係も含めた諸要素の総合判断に基づくものと考えらえれる。

２　継続的契約の解除と信頼関係破壊の法理　　関連

　信頼関係破壊の法理が「当事者相互の信頼関係を基礎とする継続的契約」において問題になるならば，「賃貸借契約，使用貸借契約，雇用契約，委任契約，寄託契約，消費貸借契約，組合契約その他の継続的契約」についても信頼関係破壊の法理を押し広めて，契約当事者間の信頼関係を破壊するような債務不履行がなければ解除することができないとし（解除権の制限），さらに，債務不履行による契約当事者間の信頼関係の破壊が著しいときは，催告することなく解除することができる（解除権の拡張）というようにも考えられる。実際に，改正の議論においてもこのような提案がなされていた。しかし，一口に継続的契約といっても，その中にはさまざまな類型のものが含まれるために，改正によっても最終的には条文化されずに，解釈にゆだねられることになった。そこで，信頼関係破壊の法理に関する改正前の判例や学説は，改正後も意義を有することになる。

次のステップ
➡解除の一般規定と信頼関係破壊の法理との関係について
・中田裕康『契約法［新版］』（有斐閣，2021年）424-428頁

（深川裕佳）

第 **6** 節　賃貸借の終了
616条の2-622条

　本節では，賃貸借の終了について学ぶ。【構造】では，本来の終了原因である①期間の満了と②解約申入れについて学習する。【展開】では，賃借人の債務不履行による解除をはじめとする，賃貸借の特別の終了原因について学習する。【研究】では，賃貸借契約の当事者が死亡した場合に生じうる問題を扱う。

構　造

1　期間の定めのある賃貸借

（1）期間の満了
　当事者が賃貸借の期間を定めた場合，賃貸借は，その**期間の満了**によって終了する（622条による597条1項の準用）。終了後の賃借人の目的物返還義務および原状回復義務については，第3節【構造】6の内容を復習してほしい。

（2）黙示の更新
　賃貸借の期間の満了後に賃借人が賃貸物の使用収益を継続する場合，賃貸人がこれを知りながら異議を述べないときは，従前の賃貸借と同一の条件でさらに賃貸借をしたものと推定される（**黙示の更新**，619条1項前段）。この場合，期間については，期間の定めのない賃貸借となり，解約申入れ（617条）の対象となる（619条1項後段）。ただし，建物所有を目的とする土地の賃貸借および建物賃貸借については，借地借家法による修正がある（借地借家5条・26条。⇨第4節【展開】参照）。

　従前の賃貸借について当事者が担保を供していた場合，賃貸借が更新されると，敷金（622条の2第1項）を除き，期間の満了によって消滅する（619条2項）。

（3）解約権の留保の合意
　当事者が賃貸借の期間を定めた場合であっても，その一方または双方がその期間内に解約する権利を留保したときは，後述の期間の定めのない賃貸借の解約の申入れが準用される（618条）。その結果，当事者はいつでも解約の

申入れをすることができ，民法617条1項に定める期間を経過した時に賃貸借が終了する。ただし，建物所有を目的とする土地の賃貸借および建物賃貸借については，借地借家法により，借地権設定者・借家権設定者に解約権を留保する特約は無効となる（借地借家9条・30条）。

2　期間の定めのない賃貸借

当事者が賃貸借の期間を定めなかった場合，各当事者は，いつでも解約を申し入れることができる（617条1項前段）。**解約申入れ**により，①土地の賃貸借については1年，②建物の賃貸借については3か月，動産および貸席の賃貸借については1日を経過した時に賃貸借が終了する（同後段）。ただし，田畑など収穫の季節がある土地の賃貸借については，その季節の後，次の耕作に着手する前に，解約の申入れをしなければならない（617条2項）。

以上のうち，建物賃貸借（一時使用目的の場合を除く）については借地借家法により修正されており，建物賃貸人からの解約申入れは，6か月を経過することにより終了する（借地借家27条1項）。そして，建物賃貸人からの解約申入れは，正当の事由があると認められる場合でなければすることができない（借地借家28条。正当事由については⇨第4節【展開】4（2）参照）。

また，定期建物賃貸借においては，やむを得ない事情により建物の賃借人が建物を自己の生活の本拠として使用することが困難となったときは，解約申入れをすることが可能であり，その場合は1か月を経過することにより終了する（借地借家38条5項）。

3　賃貸借終了時の義務

賃貸借が終了すると，賃借人は，目的物を返還する義務を負う（**目的物返還義務**，601条）。目的物に損傷がある場合においては，その損傷を原状に復する義務を負う（**原状回復義務**，621条本文）。ただし，「通常の使用及び収益によって生じた賃貸物の損耗並びに賃貸物の経年変化」については，当事者の合意がないかぎり，賃借人に原状回復義務はない。また，その損傷が賃借人の責めに帰することができない事由によるものであるときは，原状回復義務を負わない（同ただし書）。

賃貸借終了時に賃借人が負うその他の義務については，第3節【構造】の内容を復習してほしい。

展　開

1　解除による終了　　　　　　　　　　　　　　　　　　　関連

（1）賃借人の債務不履行による解除

　契約の一般的な効力として，当事者の一方が債務を履行しないときは，債権者は，相当期間を定めて催告をしたうえで契約を解除することができる（541条。⇨第1部第5章第2節【構造】3（1）参照）。

　そうはいっても，不動産賃貸借において，賃借人の多くは，自己の居住や事業の用に供するために土地や建物を借りているのであり，前記の解除の規定をそのまま適用した場合に，賃借人の生活が成り立たなくなる可能性がある。一方で，賃貸人は，賃借人の債務不履行の程度があまりにひどい場合には即刻解除したいだろう。

　そこで，かつては，賃貸借の解除の行使方法について，541条を適用すべきであるという見解（541条適用説）と，継続的契約である賃貸借には雇用の解除に関する628条を類推適用し，「やむを得ない事由」がないと解除できないとすべきであるという見解（541条非適用説）が対立していた。

　しかし，現在では，賃借人の無断譲渡・無断転貸に限らず，賃料不払，用法順守義務違反など債務不履行全般について，賃貸人の解除権がどのような場合に制限され，あるいは拡張されるのかは，両当事者の信頼関係が破壊されているかどうかで判断されている（信頼関係破壊の法理について⇨第5節【研究】1参照）。

（2）賃貸借におけるその他の解除原因

　債務不履行による解除のほかに，賃貸借に特有の解除原因がある。

　賃借人が解除できる場合として，①賃借人の意思に反する賃貸人の保存行為による賃借目的の達成不能（607条），②減収による解除（610条），賃借物の一部滅失による賃借目的の達成不能（611条2項）があり，賃貸人が解除できる場合として，賃借権の無断譲渡・無断転貸による解除がある。ただし，これらの解除原因についても，信頼関係破壊の法理が働く。

（3）合意解除

　賃貸借は，賃貸人と賃借人との合意によっても終了させることができる。合意解除は契約であるから（⇨第1部第5章第1節【展開】2（2）参照），その効力は第三者には及ばない（契約の相対的効力）。したがって，適法な転貸借に

おいて，賃貸人は，賃借人との間の賃貸借を合意解除したことをもって転借人に対抗することはできない（613条3項）。

（4）賃貸借の解除の効果

賃貸借の解除をした場合，その解除は，将来に向かってのみ効力を生ずる（620条前段）。継続的契約において，当事者に原状回復義務を負わせて不当利得の返還をさせることは無意味だからである。このような遡及効のない解除は，講学上，**解約告知**（あるいは単に解約）と呼ばれている（⇨第1部第5章第1節【展開】2（4）参照）。

なお，損害が生じていれば，損害賠償請求も可能である（同後段）。

2　賃借物の滅失等による終了

（1）賃借物の全部滅失等による終了

建物の全焼のように賃借物の全部が滅失した場合，もはや使用収益が不可能なことは明らかであり，賃貸借は当然に終了する（616条の2）。また，賃借物が物理的に滅失しなくても，賃借人が全部について使用収益できないことが確定的になった場合でも，賃貸借は終了する（同条）。

ただし，滅失その他の理由による使用収益の不能について，当事者のいずれかに帰責事由があるときは，債務不履行または不法行為による損害賠償の問題となる。

（2）賃借物の一部滅失等による解除

賃借物の一部が滅失した場合，賃借人は，残存する部分のみでは賃借人が賃借をした目的を達することができないときは，解除できる（611条2項）。この解除も，将来に向かってのみ効力を生ずるが（620条前段），賃料債務は，解除の時ではなく一部滅失が生じた時から，使用収益をすることができなくなった部分の割合に応じて減額される（611条1項）。

賃借物の一部が滅失と同視されるような事由で使用収益できなくなった場合も，同様である（同2項）。

3　原状回復義務をめぐる問題

目的物の損傷は，建物賃貸借において問題となるだけではない。土地賃貸借において，産業廃棄物の投棄や土壌汚染による損傷事例が散見される。

土地の賃借人が賃貸人に無断で転貸をしたところ，同土地に転借人が大量

の産業廃棄物等を不法に投棄したため，賃貸人が賃貸借契約を解除したうえ，賃借人およびその連帯保証人に対して原状回復義務の不履行による損害賠償を求めた事案において，最高裁は，「不動産の賃借人は，賃貸借契約上の義務に違反する行為により生じた賃借目的物の毀損について，賃貸借契約終了時に原状回復義務を負う」のであり，賃借人は，土地の原状回復義務として，産業廃棄物を撤去すべき義務を免れることはできない，と判示した（最判平17・3・10判時1895号60頁）。この場合，賃借人が原状回復義務を履行しないのであるから，賃借人およびその連帯保証人は，債務不履行による損害賠償責任を負うことになる。土壌汚染に関しても，原状回復義務に基づき，土壌汚染調査を実施して汚染が判明した場合には，土壌汚染の除去等の対策を講じる必要があるだろう。

　なお，適法な転貸借については，判例は，賃借人（転貸人）は，転借人の故意・過失につき自己に過失がない場合にも責任を負うと解している（大判昭4・6・19民集8巻675頁）。学説は，転借人が賃借人の履行補助者であると考えて判例の立場を支持する見解と，賃借人に転借人の選任・監督に過失がある場合にのみ責任を負わせるとする見解に分かれている。

研　究　

賃貸借契約の当事者の死亡　関係

（1）賃貸人の死亡

　賃貸人が死亡した場合，賃貸人の地位は相続されるので，相続人（新賃貸人）と賃借人との間で賃貸借が存続する。賃借人の承諾を得る必要もない。賃貸人に相続人がいない場合には，賃貸借契約は終了する。

（2）賃借人の死亡

　賃借人が死亡した場合も，賃借人の地位は相続される。使用貸借とは異なる点である（597条3項参照。高齢者住まい法による修正については⇨第4節【研究】(2) 参照）。

　問題となるのは，建物の賃借人が死亡した場合，相続によって賃借人の地位を承継しない同居人をどのように保護するかである。

（a）相続人がいない場合　　居住用建物の賃借人が相続人なしに死亡した場合には，その賃借人と事実上夫婦または養親子と同様の関係にあった同

居者が，建物の賃借人の権利義務を承継する（借地借家36条 1 項本文）。ただし，同居者が，相続人なしに死亡したことを知った後 1 か月以内に建物の賃貸人に反対の意思表示をすれば，承継しない（同ただし書）。

　なお，賃借人の権利義務を承継した者には，建物の賃貸借関係に基づいて生じた債権債務も帰属する（借地借家36条 2 項）。

　(b) 相続人がいる場合　　賃貸人 A が，死亡した賃借人の同居人 B に建物の明渡しを請求した場合，判例は，B が，相続により当該賃借人の地位を承継した C の賃借権を援用して，A に対し当該建物に居住する権利を主張できるとする（事実上の養子について最判昭37・12・25民集16巻12号2455頁，内縁の妻について最判昭42・2・21民集21巻 1 号155頁）。

　また，この関係において，C が B に対して建物の明渡しを請求した場合には，C の権利濫用（ 1 条 3 項）を理由に認められない可能性がある（最判昭39・10・13民集18巻 8 号1578頁）。

次のステップ

➡賃貸借の終了全般について
・中田裕康『契約法［新版］』（有斐閣，2021年）422-430頁

（大坂恵里）

第7章 雇用

623条-631条

　本章では，雇用契約について学習する。【構造】では，民法の規定の概要について，【展開】では，他の役務提供型契約との解釈上の対比について，【研究】では，学説・判例上展開されてきた安全配慮義務について，さらには労働法との関係について学習する。

構 造

1 意義・成立

(1) 意 義

　雇用とは，当事者の一方（労働者）が相手方（使用者）に対して労働に従事することを約束し，これに対して相手方がその報酬を与えることを約束することによって成立する**有償・双務・諾成契約**である（623条）。

(2) 雇用契約と労働法

　ところで，**労働法**という分野を聞いた（学習した）ことがあるだろう。労働法という法律があるのではなく，ひとびとの働き方に関して規定するさまざまな法律の総称であり，雇用規定の特別法である。労働法には労働者保護の観点からの規定が多く置かれているのに対し，民法の規定は契約としての原則を定めている（【研究】4も参照）。

2 雇用契約の効力

(1) 労働者の義務と使用者の義務

　雇用契約が成立すると，労働者は労働に従事する義務を負う。一方，使用者は労働の対価として報酬を支払う義務を負う。報酬の支払時期について，当事者間で特約があればそれに従うが，特約がない場合には後払である（624条1項）。月払などのように，期間によって報酬を定めた場合には，その期間経過後になる（同2項）。

（2）割合に応じた報酬

労働者は，①使用者の責任ではない事由によって労働に従事することができなくなったとき，②雇用が途中で終了したときは，すでに行った履行の割合に応じて報酬を請求することができる（624条の2）。たとえば，労働場所が天災により利用できなくなり働けなかったとき，さらには労働者の自己都合で雇用を途中で終了したときでも，それまで行った仕事の割合に応じた報酬を請求できる。

3　当事者の交替

（1）使用者の交替

多くの場合，労働者は使用者を信頼して契約を結んでおり，いきなり使用者が交替されても困る場合もあるだろう。そこで，使用者は，労働者の承諾を得なければ，その権利を第三者に譲り渡すことはできない（625条1項）。

（2）労働者の交替

一方で，使用者も労働者を信頼していることは同じである。したがって，労働者は，使用者の承諾を得なければ，自己に代わって第三者を労働に従事させることはできない（625条2項）。これに違反して第三者を労働に従事させたときは，使用者は契約を解除することができる（同3項）。

4　契約の終了

（1）期間定めがある場合

（a）**期間満了**　期間の定めのある雇用の場合，その満了により契約は終了する。ただし，期間満了後も労働者が引続きその労働に従事し，使用者がそれを知りながら異議を述べない場合には，それまでと同一の条件でさらに雇用した（雇用を更新した）ものと推定される（629条1項前段）。更新されると，期間の定めのない雇用に関する規定により，当事者は解約の申入れができる（同後段による627条の準用。（2）参照）。

（b）**期間満了前の解除**　期間の定めのある雇用で，その期間が5年以上または不定期であるときは，当事者の一方は5年を経過したあとはいつでも解除できる（626条1項）。使用者が解除する場合には3ヶ月前，労働者から解除する場合には2週間前にその予告をしなければならない（同2項）。

条文は「解除」という用語を用いているが，その効力については賃貸借に

関する620条が準用され（630条），将来に向かってのみ効力を生じる。

（2）期間の定めがない場合

期間の定めのない雇用の場合，当事者はいつでも解約の申入をすることができる（627条1項前段）。この場合，申入れの日から2週間後に，契約は終了する（同後段）。

契約期間は定めていないが，たとえば毎月払のように期間によって報酬を定めた場合には，使用者からの解約申入れは，次期以降からについてすることができるが，その解約の申入れは当期の前半にしなければならない（同2項）。たとえば，毎月払で，使用者が11月以降の契約を解約しようとする場合には，10月の前半までにその申入れをしなければならない。

年俸制のように6ヶ月以上の期間によって報酬を定めている場合には，解約の申入れは3ヶ月前にしなければならない（同3項）。

（3）やむを得ない事由による解除

期間を定めた雇用であっても，やむを得ない事由があるときは，各当事者は直ちに契約の解除をすることができる（628条前段）。ただし，解除事由が当事者の一方の過失によって生じたものであるときは，相手方に対して損害賠償の責任を負う（同後段）。たとえば，労働者が自分の不注意で仕事外で怪我し，その間労働できなくなった場合には，使用者は契約の解除をすることができるし，それにより使用者に損害が生じた場合には，労働者は損害賠償の責任を負う。

（4）使用者の破産手続開始決定

使用者が破産手続開始の決定を受けた場合には，労働者または破産管財人は，期間の定めのない雇用の解約に関する規定である627条の規定により，契約を終了させることができる（631条）。

展　開

1　使用者の指揮監督命令——労働に従事する　｜解釈｜

雇用契約の特徴として，労働者は，使用者の指揮監督命令に従って役務を提供しなければならないことをあげることができる。この点について条文は「労働に従事することを約し」と表現している。民法は2005（平17）年まで，旧漢字カタカナで表記され，「労務ニ服スルコトヲ約シ」と表現されていた

が，それが改められた。

2　当事者の死亡による終了　　　　　　　　　　　　　関連

　当事者の死亡が契約に与える影響について，同じ役務提供型契約の委任（653条）とは異なり雇用については規定がないが，解釈上，労働者が死亡した場合には，労働者の役務提供義務は一身専属的なものであるから契約は終了し，使用者が死亡した場合には通常は終了しないと考えられている。

研　究

1　契約途中の終了と労働者の報酬全額請求権　　　　　　関連

　契約が途中で終了した場合の割合に応じた報酬についてすでに説明したが，使用者が責任を負うべき事由によって労働することができなくなった場合はどうであろうか。使用者によって解雇された場合や使用者が作業所を封鎖した場合（ロックアウト）で問題となることが多い。その解雇が解雇権の濫用にあたり無効となった場合やロックアウトが正当な行為と認められなかった場合には，危険負担の条文（536条2項）が適用され，労働者は報酬全額を請求できる（大判大4・7・31民録21輯1356頁，地裁決定ではあるが宇都宮栃木支決平21・5・12判タ1298号91頁）。反対に，ロックアウトが正当な争議行為と認められる場合には，使用者はその期間中の報酬支払義務を免れる（最判昭50・4・25民集29巻4号481頁）。労働法でさらに勉強してほしい（雇用における危険負担については⇨第1部第3節【研究】も参照）。

2　使用者の労働者に対する義務──安全配慮義務　　　　関係

　使用者は，報酬支払義務のほかにも，労働者が労務を提供するにあたり，労務提供のための場所・施設・器具等の設置・管理，労務の管理を適切に行い，労働者の生命・健康等の安全に配慮しなければならないという**安全配慮義務**を負っている（安全配慮義務という用語は，役務を提供する場面以外でも用いられることがあるが，ここでは役務提供の場面に限定している）。安全配慮義務は雇用またはそれに類似する役務提供型契約において使用者の**付随的義務**として，信義則を根拠に判例・学説上認められてきた（最判昭50・2・25民集29巻2号143頁［30！③【03】，百選Ⅱ【2】］など）。その後，2008（平20）年3月に施行され

た**労働契約法**（3 も参照）で明文化された（労契 5 条）。

　民法上，安全配慮義務の違反が債務不履行となるのか，それとも不法行為
となるのかについて争いがあり，改正前は，安全配慮義務など生命身体に関
する損害賠償請求権に関しては債務不履行と不法行為との間で請求権の消滅
期間に差異があったが，新法では解消されている（167条，724条の 2 。⇨第 3 部
第 4 章第 8 節参照）。

3　他の役務提供型契約と安全配慮義務　　　　　　　　関連

　請負や委任または非典型的な役務提供型契約でも，雇用に類似する場合に
は使用者の安全配慮義務が認められる場合がある。この場合のポイントの 1
つは，使用者と役務提供者が使用従属的関係にあるかどうか（使用者側に指揮
監督命令権があるかどうか）である。このような使用従属的関係について，判例
では特別な社会的接触関係に入ったと表現されることがある（たとえば，最判
平 3 ・ 4 ・11判時1391号 3 頁）。そのほか裁判例では，「雇用に類似した」「雇用
的色彩を帯びた」と表現されることもある。

4　労働法との関係　　　　　　　　　　　　　　　　　関係

　雇用契約をより深く学習するためには，労働法に関する理解も欠かすこと
はできない。第二次世界大戦後は，使用者・労働者間の不平等な関係を是正
するために，さまざまな法律が制定されてきた。さらに労働問題に関して
は，さまざまな判例法理が確立されてきた。この判例法理に従った労働契約
に関する民事ルールを 1 つの体系としてまとめるものとして2007（平19）年
に労働契約法が制定された。これは，それまで信義則，権利濫用，公序良俗
などの一般原則に基づき判例で解決されてきたルールを明文化したものであ
る。

次のステップ
- ➡雇用契約と他の役務提供型契約との関係について
- ・鎌田耕一「雇用，労働契約と役務提供契約」法律時報82巻11号（2010年）12-19頁
- ➡民法と労働法の関係について
- ・加藤雅信「民法改正と労働法」季刊労働法229号（2010年）16-28頁

（芦野訓和）

第**8**章　請　負

　請負は，請負人が自ら役務を提供して仕事を完成させる契約である。請負契約は，たとえば建築請負のように取引実務においてひんぱんに行われている契約であり，それゆえ約款や業法も整備されているが，民法の規定は原則的な内容を定めており，規定の内容およびそれをめぐる解釈はなお重要である。第1節では，請負の意義や民法の規定のうち契約不適合を除く効果などについて学習し，第2節では，契約不適合責任について売買のそれとも関連させながら学習する。

第**1**節　請負契約の意義・成立・効果・終了

632条-634条，641条，642条

　本節では，請負契約の意義・成立・効果・終了について学ぶ。【構造】において，意義および契約不適合責任を除く効果などについて学び，【展開】において，請負目的物の所有権帰属をめぐる解釈上の議論について，【研究】において，売買との類似が問題となる製作物供給契約，および他の関与者が登場する下請負について学習する。

構　造

1　意義・成立

（1）意　義

　請負とは，一方の当事者（請負人）がある仕事を完成することを約束し，相手方（注文者）がその仕事の結果に対して報酬を支払うことを約束することによって生じる契約である（632条）。両当事者の意思表示の合致により成立し（諾成），当事者の双方が互いに対価的給付の義務を負う（双務・有償）。建設工事請負に関し，建設業法は契約内容の書面化を求めているが（建設19条），成立要件ではない。

(2) 仕　事

　請負は，請負人が仕事の完成という目的のために役務の提供を行うという**役務提供型契約**の一類型であるが，契約目的である仕事は，①有形のものでも，②無形のものでも構わない。①には，注文住宅の建築や特注での部品の製造のように注文に応じて物を製作するものと，自動車の修理や衣服のクリーニングのように注文者の物について製作以外の行為をするものがあり，②には，作詞や作曲，ソフトウェア開発のように無形の物を製作するものと，依頼に応じて講演を行うというように無形の行為を行うものがある。

(3) 他の役務提供型契約との関係

　請負人は，雇用とは異なり，自身の判断で仕事を完成することができる。また，仕事の完成という結果を求められる点で委任とは異なる。しかしながら，前述のように請負の目的となる仕事にはさまざまなものがあり，また役務の提供方法も多様であることから，ある契約が請負であるのか他の役務提供型契約であるのかの判断は，実際には必ずしも容易でない場合もある。その場合には，提供すべき役務の内容や当事者の関係から判断することになる。

2 効　果

(1) 請負人の義務

　請負人は，仕事完成義務，目的物の引渡しが必要な場合の目的物引渡義務のほかに，目的物が契約に適合していない場合には，その不適合について責任を負う（契約不適合責任については⇨第2節参照）。

　(a) 仕事完成義務　　請負人は契約で定められた期日までに仕事を完成する義務を負う（632条）。仕事の完成は，請負人自らが行う場合のほかに，履行補助者や下請負人にさせても構わない（【研究】参照）。

　(b) 引渡義務　　物の製作や修理のように請負人が有形物に関して役務を提供する場合，請負人はその物を注文者に対して引き渡す義務を負う。仕事が無形の物の場合であっても，ソフトウェア開発のようにデータの移転が必要な場合には，請負人はその移転（引渡し）義務を負う。この引渡義務は条文では明記されていないが仕事完成義務に含まれると考えられている。

　(c) 仕事完成前の仕事の滅失・損傷　　仕事完成前に目的物が滅失・損傷した場合であっても，仕事の完成がなお可能であるときは，請負人の仕事

完成義務は存続する。目的物の滅失・損傷についていずれか一方に帰責事由
があるときは，帰責事由のある当事者は目的物の滅失・損傷によって生じた
損害を賠償する責任を負う。仕事の完成が不可能となった場合には，仕事完
成義務は消滅するが，仕事完成が不可能となったことについて注文者に帰責
事由がない場合で，請負人がすでに行った仕事の結果のうち可分な部分の給
付によって注文者が利益を受けるときは，その部分を仕事の完成とみなし，
請負人はその利益の割合に応じて報酬を請求できる（634条1号）。

　仕事完成が不可能になったことについて注文者に帰責事由があるときは，
注文者は代金の支払を拒むことはできない（536条2項。⇨第1部第4章第3節参
照）。

　これらは仕事が有形の場合も無形の場合も異なることはない。

（2）注文者の義務

　注文者は，仕事の結果に対して請負人に報酬を支払う義務を負う（632
条）。請負人の報酬請求権の発生時期については契約成立時と考えられてい
るが，報酬の支払は後払が原則である。目的物の引渡しが必要な請負につい
ては引渡しと同時に（633条本文），引渡しを必要としない場合には仕事完成
後に支払わなければならない（633条ただし書による624条1項の準用）。

　注文者に帰責事由なく仕事が完成できなくなった場合，請負が仕事完成前
に解除された場合でも，請負人がすでに行った仕事の結果のうち可分な部分
の給付によって注文者が利益を受けるときは，その部分は仕事の完成とみな
され，注文者はその利益の割合に応じて報酬を支払わなければならない
（634条）。

（3）協力義務

　必要がある場合には，注文者は，信義則（1条2項）を根拠に付随義務と
して，仕事を完成させるための協力義務を負う。

3 終 了

　請負は，請負人が仕事を完成し（引渡しが必要な場合には完成した目的物を引渡
し），注文者が報酬を支払えば，契約の目的を達成し終了する。また，契約
一般に共通する，合意解除，約定解除，債務不履行解除により終了する。請
負の解除には遡及効がある（解除の効果については⇨第1部第5章第4節参照）。

　さらに請負では，その特徴から次のような特別な解除権が認められてい

る。

（1）仕事が未完成の間の注文者の任意解除権

注文者は，請負人が仕事を完成するまでの間は，請負人の損害を賠償して契約を解除することができる（641条）。注文者にとって必要がなくなった仕事を完成させても無意味だからである。ただし，仕事が可分であるときは，注文者は未完成部分についてだけ解除できると解されている（大判昭7・4・30民集11巻780頁）。

注文者が賠償すべき損害の範囲は，請負人が支出した費用と仕事が完成すれば得られたであろう費用の合計から，解除によって請負人が節約できた役務と費用を控除した額である。641条の解除をするに際しては，損害賠償を事前に提供する必要はない（大判明37・10・1民録10輯1201頁）。その理由としては，注文者が事前に損害額を算定することは困難であることがあげられている。

（2）注文者の破産手続開始決定があった場合の解除権

注文者が破産手続開始決定を受けたときは，請負人または破産管財人は，契約を解除することができる（642条1項本文）。ただし，請負人による契約解除については，仕事完成前に限られる（同ただし書）。仕事完成前に注文者が破産した場合には，仕事を完成させても請負人は報酬を得られない危険があるからである。

展 開

1 目的物の所有権帰属 関連

物の製作を目的とする請負契約の場合，完成した仕事の目的物の所有権は誰に帰属するのだろうか，請負人に帰属するとした場合にその所有権はいつ注文者に移転するのだろうか。目的物が動産の場合には，加工の規定による（243条-246条）。問題は注文者の土地の上に建物を建築するというような不動産の場合である。日本の民法において，土地と建物は別個の不動産であり（86条1項），請負人が注文者の土地の上に建物を建築しても，建物は土地に付合しない（242条）。この問題については，①請負人帰属説と②注文者帰属説の2つの説が対立している。

判例は①の立場であり，次のように考える。請負人が材料の全部または主

要部分を提供した場合には原則として完成した建物の所有権は請負人に帰属
し，その後，引渡しによって注文者に移転する（大判大 3・12・26民録20輯1208
頁）。注文者が材料の全部または主要部分を提要した場合には建物の所有権
は注文者に帰属する（大判昭 7・5・9 民集11巻824頁）。このように，材料の全
部または主要部分を誰が提供したかにより判断することから，**材料提供者基
準説**とよばれることもある。ただし，請負人が材料の全部または主要部分を
提供した場合であっても，当事者間に所有権移転についての特約があれば
（たとえば，「最初から注文者に帰属する」）それに従うことになる（大判大 5・12・
13民録22輯2417頁）。そして，完成前に請負代金の全部または大部分がすでに
支払われているときは完成と同時に注文者に帰属する（最判昭44・9・12判時
572号25頁）。そのような場合には，完成と同時に注文者に帰属するとの合意
があったと推認できるからである（最判昭46・3・5 判時628号48頁）（下請負人が
登場する場合については【研究】を参照）。

　判例の見解に対しては，請負人が材料の全部または主要部分を提供した場
合であっても，建物の所有権は完成と同時に原始的に注文者に帰属するとい
う②の注文者帰属説が学説から有力に主張されている。その理由としては，
請負人に建物所有権の帰属を認めても，敷地利用権がないことから建物を収
去せざるを得ないことから意味がないこと，そもそも請負人は注文者のため
に建物を建築するのであって，自分自身のために建築しているわけではない
（注文者に帰属すると考えることが当事者の合理的意思にかなう）ことなどがあげられ
る。

　この問題は，契約当事者の意思と同時に，請負人が工事代金を得られない
場合にどのように保護するかという問題とも関連させながら，さらに議論さ
れている。

2　注文者の任意解除権と債務不履行解除との関係　　関連

　注文者が債務不履行を理由として契約解除の意思を表明したが，後になっ
て債務不履行が存在しないと判断された場合に，この意思表示を641条の意
思表示として有効にすることはできるだろうか。この問題については，注文
者は債務不履行を理由として解除ができるほか，641条により解除もできる
が，前述のような場合には，641条の意思表示として有効にすることはでき
ないというのが判例（大判明44・1・25民録17輯 5 号）・通説である。その理由

として，641条の解除は注文者の利益のために損害賠償を支払うことにより
認められた特殊なものであるからとされる。

研　究

1　製作物供給契約 関連

　オーダーメイドで注文者に合った衣服を仕立てたり，工場用に特注で新し
い機械を製造したりするような契約では，製作する者が注文に応じて材料を
提供し製作した上で，注文者に供給するという方式が通常であろう。このよ
うに，注文を引き受けた者が自身で調達した材料で物を製作し，完成した物
を注文者に供給するという契約を**製作物供給契約**という。この契約は注文に
応じて製作するという点で請負契約に，代金と引き換えに物を引き渡すとい
う点では売買契約に類似するが，民法典には直接規律する規定はない。この
ような契約には売買の規定の適用があるのか，請負の規定の適用があるのか
が問題となることがある（たとえば，動産売買の先取特権の規定（321条）の適用が
あるか，注文者の任意解除が認められるか（641条）など）。

　通説は，このような契約は売買と請負の両方の要素をもつ**混合契約**である
と考えている。その上で，さまざまな基準から適用すべき条文を判断すべき
であるとしている。売買契約と請負契約の相違点を確認した上で，どのよう
な解決方法が適切であるか，いくつかの場面を想定しながら考えてみてほし
い。

2　下請負 関係

　複雑かつ専門的で大規模な請負が行われる場合，1つの仕事の完成に向け
て複数の者が関与し協働することが通常である。たとえば，高層マンション
建設にあたり，注文者から注文を直接受けた建設会社が，その工事の一部を
他の建設会社に請け負わせたり，電気や下水道などの分野に関してはそれを
専門とする会社に請け負わせたりするような場合である。このように，請負
人が仕事の一部または全部を他の者に請け負わせることを**下請負**とよぶ。こ
のような場合，注文者と直接契約を締結した者を元請負人，元請負人と契約
を締結して仕事の完成に従事する者を下請負人とよぶ。日常用語では「下
請」，「下請負」の両方の用語が存在するが，法律上は同義であると一般には

考えられている（ただし，「下請」といった場合には，その契約が売買契約の場合や，下請負人が元請負人の系列会社の場合などさまざまなものが含まれることが多い）。

　下請負人は，注文者とは直接の契約関係にないため，注文者と下請負人との関係を法的にどのように考えるかが問題となる。判例では，注文者Aから建物建築を請け負った元請負人Bが，その工事を下請負人Cに一括下請負に出したが，Cが自ら材料を提供し工事をしている途中でBが破産宣告し工事が中断した場合に，建築途中の建物（出来形）の所有権がAに帰属するのかそれともCに帰属するのかが争われたものがある。その際に問題となったのは，AとBとの間の元請負契約では，「Aはいつでも契約を解除することができ，その場合，出来形部分はAに帰属する」との特約があったが，BC間の下請負契約ではそのような特約はなかったこと，さらには，Aは請負代金の半分以上をBの破産前に支払っていたが，Cは下請代金をまったく受け取っていなかったことであった。このような事案について最高裁は，出来形部分は注文者に帰属するとの特約が元請負契約にある場合に，契約が中途で解除されたときは，元請負人から一括して請け負った下請負人が自ら材料を提供して出来形部分を築造したとしても，注文者と下請負人との間で所有権帰属について合意があるなどの特段の事情がない限り，出来形部分は注文者に帰属すると判断した。その理由として，下請負人は注文者との関係では，元請負人のいわば履行補助者的立場に立つものにすぎず，元請負人と異なる権利関係を主張し得る立場にはないからとした（最判平5・10・19民集47巻8号5061頁［30！④【11】，百選Ⅱ【69】]）。

　判例の見解は，【展開】1で説明した判例理論を前提に，下請負人の地位を考慮したものであるが，下請負人にもさまざまな者がおり，また，法的問題も所有権帰属にとどまるものではない。この問題は，契約は当事者のみ効力を有するという「契約の相対効」をどのように考えるか，さらには複数の関与者が登場し，複数の契約の関係が問題となる場面をどのように考えるかが問題となる。債権各論をひととおり学習した後にさらに考えてみてほしい（この問題については⇨第2部第1章【研究】も参照）。

次のステップ

➡下請負人を含む目的物の所有権帰属について

・武川幸嗣「請負契約における所有権の帰属」鎌田薫ほか編『民事法Ⅲ債権各論』（日本評論社，2005年）183-194頁

➡製作物供給契約について

・中田裕康『契約法［第2版］』（有斐閣，2020年）65，66頁

➡下請負について

・芦野訓和「下請負」椿寿夫・中舎寛樹編『解説　新・条文にない民法』（日本評論社，2004年）346-350頁

（芦野訓和）

第2節　請負人の契約不適合責任

636条，637条

　本節では，請負の仕事の目的物が契約の内容に適合しないものであったとき，請負人が負う責任について学ぶ。民法は，請負の契約不適合責任について，原則として売買の規定を準用するという規定構造をとっているため，【構造】では，この点を確認しながら請負の契約不適合責任の内容をみていく。【展開】では，請負の契約不適合責任に関して議論されているいくつかの論点を取り上げ，【研究】では，品確法における特則に触れる。

構　造

1　仕事の目的物の種類・品質に関する契約不適合

（1）概　要

　請負人は，契約の内容に適合した仕事を完成する義務を負う（⇨第1節【構造】2（1））。したがって，請負人から引き渡された仕事の目的物が種類または品質に関して契約の内容に適合しないものであったとき，請負人の債務不履行となる。売買の箇所で述べたように，民法は，引き渡された目的物が契約に適合しないという場面に妥当する規定を債務不履行の特則として設けている。請負では，仕事の目的物の引渡しを要しない場合もあることから，仕事の終了時に契約不適合があったときも同様の問題場面に含まれる。

　請負の契約不適合責任について，請負の規定の箇所には，請負人の責任が制限される場合を定める636条と契約不適合責任の期間制限に関する637条が置かれているにとどまっている。したがって，これらを除いて，売買規定の有償契約への準用を定める559条によって売買の契約不適合責任に関する諸規定（562条から564条）が適用されることになり，売買の契約不適合責任に関して述べた内容が請負についても多くの点で当てはまる（⇨第2章第3節・第4節参照）。

　なお，改正前は，請負の仕事の目的物に瑕疵があったときの責任について，売買とは別に請負独自の規定が置かれていた。改正で売買の瑕疵担保責任規定が大幅に整理・修正されたことによって（⇨第2章第3節【構造】1参照），売買と請負で異なる定めをする必要がなくなったとの理由から，請負の箇所には契約不適合責任の規定を個別に設けないこととされたのである（改正前の瑕疵担保責任に関する規定である634条・635条は別の内容に置き換えられ，638条から640条は削除となった）。

（2）注文者の権利

（a）概要

契約不適合責任の効果として，注文者は，559条により，①追完請求権（562条），②報酬減額請求権（563条），③損害賠償請求権（564条による415条の準用），④解除権（564条による541条・542条の準用）を有することになる。債権者の減額請求権は，売買においては買主の代金減額請求権であるが，請負では注文者の報酬減額請求権となる（636条本文参照）。

　売買の箇所で確認したように（⇨第2章第4節【構造】1），追完請求権，報酬減額請求権，解除権の行使について請負人に帰責事由があることは要件とされておらず，請負人は，契約不適合に関して自らに帰責事由がないことを主張してこれらの責任を免れることはできない（損害賠償について，415条1項ただし書参照）。

（b）追完請求権

注文者は，追完を請求することができる（562条1項本文）。追完は，修補や代替物の引渡しといった方法で行われるが，請負では，売買と比べ，修補という手段が有用であることが多い（たとえば，建築請負で雨漏りや戸の建付けを直すなど）。追完の方法は注文者が選択できるが，請負人には，注文者に不相当な負担を課すものでない限り，注文者が求めた方法と異なる方法で追完をする余地が認められている（562条1項ただし書）。

　修補の範囲には仕事のやり直しを含むが，412条の2第1項により，追完

に過分の費用を要し，契約および取引上の社会通念に照らして追完不能と評価される場合は，追完請求は制限される。この点に関連して，改正前634条1項ただし書は，瑕疵が重要でない場合に修補に過分な費用を要するときに修補請求権が制限されると規定していた。改正前634条の削除によって，「瑕疵（契約不適合）が重要かどうか」という観点は条文から消えたものの，追完不能の判断要素として当然に用いられると解されている。

　追完請求権は，契約不適合が注文者の責めに帰すべき事由によって生じた場合には，行使できない（562条2項）。

　なお，売買の契約不適合の箇所で触れたように（⇨第2章第4節【構造】1(b)），追完請求権と本来の履行請求権との関係をどのように理解するかをめぐっては学説上の議論があり，請負でも同様に問題となる。

　（c）報酬減額請求権　　注文者が相当の期間を定めて追完するよう請負人に催告をしたにもかかわらず，その期間内に追完がされないときは，注文者は，不適合の程度に応じて報酬の減額を請求することができる（563条1項）。報酬減額請求権は，追完の催告が前提となっているが，563条2項1号から4号にあげられている場合に該当するときは，催告を要することなく認められる（⇨第2章第4節【構造】1(c)参照）。

　報酬減額の算定基準時は条文上明らかではなく，請負においても，契約時とする見解と仕事の目的物の引渡時（引渡しを要しない場合は仕事の終了時）とする見解が対立しているが，売買と同様に，仕事の目的物の引渡時または仕事の終了時とする考え方が有力である。

　また，注文者の責めに帰すべき事由による契約不適合の場合は，報酬減額請求権を行使できない（563条3項）。

　（d）損害賠償請求権　　契約不適合を理由とする損害賠償については，債務不履行の一般規定である415条が適用される。

　改正前の請負の瑕疵担保責任では，瑕疵の修補に代わる損害賠償を規定しており（改正前634条2項前段），裁判例では，修補に代わる損害賠償として，修補に要する費用を損害賠償として認めるものが多数である。この点，重大な欠陥のある建物を一度取り壊し，建て直すための費用相当額の損害賠償を認めた判例もある（最判平14・9・24判時1801号77頁）。

　なお，改正前の判例は，修補が可能な場合であっても，催告をすることなく，修補に代わる損害賠償の請求を注文者に認めていた（最判昭54・3・20判

時927号184頁）。このような扱いが改正後も維持されるのか問題となるが，この点については【展開】で述べる。

　また，契約不適合を理由に請負人が追完に代わる損害賠償を負うとき，この債務は，注文者の報酬支払債務と同時履行の関係に立つ（533条本文）。改正前634条 2 項後段がこれを定めていたが，533条で明示された（⇨第 1 部第 4 章第 2 節も参照）。

　（e）**解除権**　　注文者は，541条以下の規定に従い，契約を解除することができる。なお，改正前635条本文は，仕事の目的物の瑕疵によって契約をした目的を達することができないときに契約の解除が認められるとして，解除についても請負の瑕疵担保責任に固有の規定を置いていた。改正後は，解除の一般規定によって処理されることから，改正前の瑕疵担保責任規定が定めていた契約目的不達成の無催告解除だけでなく，催告による解除も可能となった（解除について⇨第 1 部第 5 章参照）。

　契約不適合が注文者の責めに帰すべき事由によって生じた場合は，追完請求権，報酬減額請求権と同様に解除も制限される（543条）。

　請負の契約不適合責任における解除については，このほかにも改正による重要な変更箇所がある。改正前635条ただし書は，請負の仕事の目的物が建物その他の土地の工作物であるときは，解除できないとの規定を置いていた。これは，解除の効果として建物等が収去されると，請負人に過酷な結果が生じ，同時に社会経済上の損失につながることを考慮したものであったが，このような考慮は重大な瑕疵のある建物については妥当しないとして批判されていた。また，判例（前掲・最判平14・9・24）は，修補に代わる損害賠償として建替費用相当額の賠償を認めており，実質的に解除制限規定の意義は否定されていたことから，改正によって規定自体が削除された。したがって，請負の仕事の目的物が建物その他の土地の工作物であるか否かという区別も不要となり，すべて解除の一般規定によることになった。

（3）注文者の提供した材料・注文者の指図による契約不適合

　請負の契約不適合責任に関する固有の規定である636条は，仕事の目的物の契約不適合が注文者の供した材料の性質または注文者の与えた指図によって生じたものであるときは，これまで述べてきた追完請求権，報酬減額請求権，損害賠償請求権および解除権を行使することはできないとする（636条本文）。請負人は，通常の場合，注文者から独立して仕事を行うが，注文者に

よる材料の提供や指図を原因とする契約不適合についてまで責任を負う必要
はないとして，免責を認めるものである。

　ただし，請負人がその材料または指図が不適当であることを知りながら告
げなかったときは，請負人は責任を免れることはできない（636条ただし書）。
この点，請負人は，自らの仕事について専門的な知識・技術を有しているた
め，636条本文による免責は厳格に解される。たとえば，請負人がその材
料・指図が不適当であることを容易に知りえたにもかかわらず，調査等を
怠ったときは，免責は認められない。

　なお，すでに述べたように，契約不適合責任による各救済手段の箇所に
は，注文者に帰責事由がある契約不適合についての責任制限が定められてい
る（562条2項，563条3項，543条）。636条は，注文者に帰責事由がある場合を
具体的に列挙したものとして位置づけられている。したがって，請負人の免
責は，636条の適用のもとで処理されることが通常であるが，各救済手段に
おいて免責を定める規定に基づく主張を妨げるものではない。

2　期間制限

　前述した注文者の権利（追完請求権，報酬減額請求権，損害賠償請求権および解除
権）は，仕事の目的物の引渡後（目的物の引渡しを要しない場合は，仕事の終了
後），注文者がその不適合を知った時から1年以内にその旨を請負人に通知
しないときは，期間制限にかかる（637条1項）。ただし，請負人が仕事の目
的物を注文者に引き渡した時（引渡しを要しない場合には仕事の終了時）に不適合
を知っている場合，または重大な過失によって知らなかったときは，この期
間制限は適用されない（同2項）。売買の種類・品質に関する不適合責任と同
様の規定であるが（売買について⇨第2章第4節【構造】3 (1)），売買と異な
り，引渡しを要しない場合があるため，637条が請負に固有の規定として置
かれている。

　改正前は，請負一般の瑕疵担保責任について，仕事の目的物の引渡しま
たは仕事の終了時から1年とする期間制限規定が定められていたが（改正前637
条），売買と同様に通知を怠ったことによる失権というルールに改められ
た。同時に，土地の工作物について，引渡後5年から10年の長期の責任期間
を定めていた特則（改正前638条）も削除された。

　なお，これまで述べてきた契約不適合に関する規定は任意規定であり，責

任期間についても当事者の合意によって決められるのが通常である。もっとも，住宅を新築する建設工事請負においては，強行法規である品確法の適用がある（【研究】参照）。

展 開

1 追完請求権と追完に代わる損害賠償の関係　関連

　【構造】の追完請求権の箇所で述べたように，改正前の判例は，修補が可能な場合にも，修補の催告なく，修補に代わる損害賠償の請求を認めていた。このような取り扱いは，改正前634条2項が請負の瑕疵を理由とする瑕疵修補に代わる損害賠償を個別に定めていたことから，請負に特殊なものとして理解されてきた。また，裁判に至るような事案では，契約どおりでない仕事をした請負人に対する注文者の信頼が失われており，請負人による修補が期待できないケースが多いという事情も影響していたといえる。

　改正では，追完に代わる損害賠償について請負固有の規定が削除されたことから，改正前の判例の立場が維持されるかという問題について，実務を中心に関心が寄せられている。この議論は，債務不履行に基づく損害賠償責任の規定である415条の解釈に関わる難しい問題であるが，ここではいくつかの見解をあげておこう。まず，追完に代わる損害賠償について，履行に代わる損害賠償を定める415条2項が適用されると解する見解は，原則として追完の催告を要するとし，例外的に，415条2項各号にあげられる場合に該当するときは，追完の催告なく追完に代わる損害賠償が認められるとする。これに対し，追完に代わる損害賠償は，415条2項の適用を受けず，同条1項によって処理すべきとし，結果として催告をすることなく追完に代わる損害賠償を認める考え方も示されている。また，契約不適合を理由とするそのほかの責任追及手段（報酬減額請求権，解除権）では，追完の催告を必要としていることとの整合性から，追完に代わる損害賠償についても催告を行うことを原則としたうえで，例外として，請負人の追完による契約適合性の達成が見込めない場合には，催告なしで追完に代わる損害賠償を認めればよいとの考え方も有力となっている。

❷　債務不履行責任との関係　関連

　これまで確認したように，契約不適合責任は，債務不履行規定の特則であり，引き渡された仕事の目的物（引渡しを要しない場合は終了した仕事）に契約に適合しない点がある場面を対象とするものである。したがって，条文からは，仕事の目的物の引渡後または仕事終了後に，これらの責任規定が適用されるものと考えられる。これに対して，仕事の目的物の引渡前または仕事終了前に契約不適合が判明したような場合に，契約不適合責任として規律されるルールを適用することが可能かという点が議論されている。請負では，履行期日に向けて一定程度継続した期間，仕事が行われるのが通常である。そこから，たとえば，建物の完成・引渡前の段階で，契約で定めたのとは異なる建築部材の使用が判明した場合，注文者は，契約不適合責任として規定される各種の責任追及手段をとることができるかという問題が提起される。

　この点，改正前の瑕疵担保責任規定では，土地の工作物の解除制限のように注文者に不利な内容が定められていたことを前提として，瑕疵担保責任が適用される場面を限定するため，「仕事の完成」という時点で債務不履行の一般規定との適用を画する見解が有力であった（ここでの「完成」は，瑕疵のない完成とは区別される「一応の完成」である。何をもって「仕事の完成」とするかについても複数の考え方がある）。すなわち，仕事の完成前は債務不履行の一般規定が，仕事の完成後は瑕疵担保責任が適用されることになり，判例もこの立場を採用していた。

　改正後は，改正前の議論の前提となっていた債務不履行規定と瑕疵担保責任規定との相違が大幅に解消されたことから，「仕事の完成」によるこれらの責任規範の適用をめぐる時的区分は必要ないとの見解があるが，他方で，なおこれらの責任規範の適用場面を画する必要があるとの見解も示されている（この問題について詳しくは**次のステップ**に掲げた文献などを参照してほしい）。

研　究　

品確法における請負人の契約不適合責任　関係

　新築住宅の請負では，請負人の契約不適合責任について品確法に特別な定めがある。新築住宅の売買と同様に（売買について⇨第2章第4節【展開】4），住宅を新築する建設工事の請負において，「構造耐力上主要な部分又は雨水

の侵入を防止する部分として政令で定めるもの」に瑕疵が生じた場合には，新築住宅を注文者に引き渡した時から10年間，請負人は担保責任を負い（品確94条1項），これに反する特約で注文者に不利なものは無効となる（同2項）。

次のステップ
- ➡請負の契約不適合責任についてより詳しく
- ・潮見佳男『新契約各論Ⅱ』（信山社，2021年）213-254頁
- ・三枝健治「講座・ケースで考える債権法改正〔第7回〕請負における契約不適合責任」法学教室469号（2019年）96-103頁
- ➡請負の契約不適合責任規定の改正について
- ・森田修「請負関連規定に関する民法改正経緯」法協136巻10号（2019年）2312-2375頁

（永岩慧子）

第**9**章　委　任

643条-656条

　委任は，受任者が委任者から委託された法律行為または事実行為を実行することを内容とする契約である。【構造】では，委任の意義や成立要件，その効果である当事者の権利義務について扱う。また，委任に関しては特殊な解除権や終了に関する特別な規定もある。【展開】では委任と代理の関係，そして任意解約権に関連する受任者の利益をも目的とする委任の解釈ついて整理をする。そして【研究】では，委任の役務提供型契約の受け皿規定としての位置付けに関する問題，信託との関係，そして死後の事務委任を扱う。

構　造

1　意義──無償と有償，準委任

（1）有償委任と無償委任

　委任は，委任者が委託した法律行為を受任者が実行することを内容とする契約である（643条）。**諾成契約**であるが，643条には対価（報酬）に関する定めがなく，報酬支払の特約を結ばないかぎり委任は**無償契約**となる（648条1項）。このように委任は無償を原則とし，報酬支払の特約がある場合には有償契約となる特殊な契約である。

　これには歴史的な経緯がある。ローマ法のもとでは高級労働に対しては報酬ではなく社会的名誉が与えられることに価値が見出されていた。他人のための労働に対して報酬が支払われる場合にはローマ法では賃約とよばれる契約となり，彼らからは忌避された。そうした理由からローマ法では委任は無償が原則であるとされ，その流れをドイツやフランスの民法が組み入れ，さらにそれらを主として参考に作られた日本の民法にもこのルールが採用されたのである。

　一般に有償契約と無償契約を比較するとき，民法規定において無償契約は契約の拘束力が比較的弱いことや債務者の義務や責任が軽減される場合があ

るという特徴がみられることがある（例として贈与の550条や551条，無償寄託に関する659条がある。贈与については⇨第3章，寄託については⇨第10章）。しかし委任では，民法規定上は委任が有償である場合と無償である場合とで拘束力の強弱や効果内容を区別するような規定はない。

（2）準委任

643条によると委任の内容は法律行為の実行であり，事実行為はその対象になっていない。しかし656条により法律行為でない事務委託の場合にも委任規定が適用されることになっており，実際には法律行為であろうと事実行為であろうと委任が成立する。このため委任は役務提供を目的とする契約を幅広く包含することができる。事務の委託を内容とする委任を**準委任**とよぶ。

（3）代理との関係

643条の規定する委任は法律行為の委託を内容とするため，代理と関係することもある。受任者が第三者と締結した契約の効果を委任者に帰属させる場合には，委任者が受任者に対して代理権を授与するなど，代理の成立要件をみたす必要がある。このように委任と代理が結び付くこともあるが，一般的には当事者間の内部関係を委任の問題とし，当事者らと第三者という対外関係を代理の問題として扱うものと理解されている。代理との関係については【展開】1も参照してほしい。

▋2　委任の成立と法的性質

委任は諾成契約であるため合意のみで成立し，書面や委任状等の作成や交付は必要ない。また，原則は無償であるがこれには歴史的経緯があることはすでに述べた。現代においては弁護士による訴訟代理や税理士による税務処理などの委託が委任の主な場面であるが，有償であることがほとんどであろう（商法の適用がある場合にはむしろ報酬支払が原則となる。商512条）。

委任において受任者の給付行為が1回で終了することもありうるが，委任事務の完了まで一定期間を要する場合や，委任関係が一定期間継続する場合が多い。そのため委任は一般的に**継続的契約関係**となり，解除の効力も遡及しない（652条による620条の準用）。

3 委任の効果——受任者の義務と委任者の義務

（1）委任者の義務

（a）事務処理義務 受任者は，**善良な管理者の注意**（善管注意）をもって委任事務を処理する義務を負う（644条）。善良な管理者の注意とは，債務者の属する職業集団や社会的地位に応じて一般的に要求されてよい程度の注意を指し，受任者は自身が実際に有している能力にかかわらず，受任者の属する職業集団一般に求められる程度の注意を果たす義務を負う。受任者が自分のもてる能力を十分に発揮していたといえる場合でも，受任者が実際に果たした義務内容や行動が受任者の属する職業集団一般に求められる水準に達しておらず，そのために委任の不履行が生じた場合には責任を負うことになる。また，委任は当事者間の高度な信頼関係を基礎としているので，報酬の有無にかかわらず受任者は善良な管理者の注意をもって委任事務を処理する必要がある。

また受任者は**自己執行義務**を負うため，受任者の許諾がある場合ややむを得ない事由がないかぎり復受任者を選任できない（644条の2第1項）。また受任者としての地位は委任者の承諾なしには第三者に譲渡できないとされている（大判大6・9・22民録23輯1488頁）。委任者も同様に，委任者としての地位を第三者に譲渡するためには受任者の承諾を要する（契約上の地位の移転については⇨第1部第4章第1節）。

代理権を付与する委任において，受任者が代理権を有する復受任者を選任したときは，復受任者は委任者に対してその権限の範囲内で受任者と同様の権利を有し，義務を負う（644条の2第2項）。

（b）付随義務 受任者の負う主な義務は委任事務の処理であるが，この事務処理に付随してほかにもいくつかの義務を負う。まず受任者は委任者の請求に応じて，または委任の終了後に，経過や顛末を報告する義務を負う（645条）。そして事務処理に当たって受領した金銭その他の物，収取した果実を委任者に引き渡し（646条1項），また委任者のために自己の名で取得した権利を委任者に移転する義務を負う（同2項）。さらに委任者に引き渡すべき金銭や委任者の利益のために用いるべき金額を自己のために消費した場合は利息を支払い，また損害があれば賠償する義務も負う（647条）。

（c）委任終了後の義務 委任が終了した場合，受任者は顛末（経過および結果）の報告義務を負う（645条）。また，急迫の事情がある場合，受任者，

受任者の相続人，または受任者の法定代理人は，委任者，委任者の相続人，または委任者の法定代理人が委任事務を処理することができるまで必要な処分をする義務を負う（654条）。この義務は善処義務ともよばれ，委任者の利益を守ることが目的とされている。なお，委任の終了事由については相手方に通知するか，相手方がこれを知っていた場合でなければ対抗することができない（655条）。

(2) 委任者の義務

(a) 報酬支払義務　委任者は報酬支払の特約がある場合，受任者に報酬を支払う義務を負う（648条1項）。有償委任は報酬の支払方法に応じて2つの類型があるとされる。1つは委任事務の履行が完了した割合に応じて報酬が支払われる**履行割合型委任**と，もう1つは委任事務の完了の場合に報酬が支払われる**成果完成型委任**である。

履行割合型委任の場合は，報酬は委任の履行後に支払われることを原則とする（648条2項本文）。この委任において，委任者の責めに帰すべき事由によらずに委任事務が履行不能になった場合（同3項1号），または委任が履行の中途で終了した場合（同2号），委任者は既履行部分の割合に応じて報酬を支払う義務を負う。

成果完成型委任の場合，報酬の支払は成果の引渡しと同時に行われる必要がある（648条の2第1項）。請負の規定である634条が準用され（648条の2第2項），成果が可分である場合に委任者の責めに帰すべき事由によらずに成果の完成が不能になったとき，または成果完成前に委任が解除されたときには，完成した部分の成果に応じて委任者が利益を受けるかぎりで報酬支払義務を負う。

(b) その他の義務　委任者の主な義務は（特約のある場合には）報酬支払義務であるが，そのほかにもいくつかの義務を負う。それらは主に費用に関する義務である。委任事務を処理するにあたり費用を必要とする場合には，受任者の請求に応じて費用を前払する義務を負う（649条）。また，委任事務を処理するために必要な費用を受任者が支出した場合には，委任者はその費用と費用支出日以降の利息を償還する必要がある（650条1項）。委任事務を処理するために必要な債務を受任者が負担した場合，委任者は受任者の請求に応じて弁済をする義務を負うが，この債務が弁済期にないときは受任者の求めにより相当の担保を供与する義務を負う（同2項）。事務処理にあたり受

任者が過失なく損害を受けた場合には損害賠償の義務を負う（同3項）。

4　委任の終了

（1）終了事由

委任は委任事務の完遂（と報酬の支払）によって終了する。委任事務の不履行や不能による法定解除（541条・542条），約定解除や合意解除などよる委任の終了のほかに，委任では任意解約権（651条）という特殊な解除権が規定されている。そのほか，当事者の死亡などによっても終了する（653条各号）。

（2）任意解約権

651条1項によれば，委任は各当事者がいつでも解除することができる。委任の解除の効力は遡及しないため（652条による620条の準用），正確には解約告知（解約）である。この解除権を委任の**任意解約権**とよぶ。委任は当事者間の高度な信頼関係を基礎とするため，そうした信頼関係が失われた場合に委任を即時に解消するための手段とされている。

当事者のいずれかが任意解約権を行使すると委任は将来に向かって効力を失うが，一定の場合には相手方に損害賠償をする必要がある。651条2項によれば，相手方に不利な時期に委任を解除したとき（同1号），または委任者が受任者の利益（もっぱら報酬を得ることによるものを除く）をも目的とする委任を解除したとき（同2号）は，相手方に対して損害賠償をする必要がある。ただしこれらの場合でも，やむを得ない事由による解約権の行使である場合には，損害賠償の必要はない（同柱書ただし書）。651条2項2号にいう，委任が受任者の利益をも目的とする場合とは具体的にどのような場合であるのかについては解釈にゆだねられている。詳細は【展開】2で扱う。

（3）当事者の死亡・破産

委任は，当事者の死亡，破産手続開始の決定，受任者の後見開始の審判を理由に終了する（653条各号）。ただし653条は任意規定であるため，これらの事由があっても委任は終了しない旨の特約は有効である。判例では委任者死亡後の事務処理が委任された場合に，死亡により委任を終了させない旨の合意があったとして，委任者死亡による終了が否定された事例がある（最判平4・9・22金法1358号55頁［百選Ⅱ［第5補正版］【68】，東高判平21・12・21判時2073号32頁）。なお，民訴法によれば訴訟代理の委任では委任者が死亡しても委任は終了しない（民訴58条1項1号）。これ以外にも法律において，当事者の死

亡によって委任が終了しない例が規定されていることがある（商506条，不登
17条1号など）。

展 開

1 代理との関係 関連

　受任者に委任者に代わって法律行為をしてもらい，その効果を委任者に帰
属させるという内容の委任を締結する場合，代理権の授与も行われる必要が
ある。このように委任と代理は関連することもあるが，民法は総則において
代理を規定し，契約各則において委任を規定しており，制度設計としては別
のものとして扱っている。また法律行為の委託を目的とする委任であって
も，必ずしも代理権の授与が行われるわけではない。委任者Ａが受任者Ｂ
に対して売主Ｃの商品の購入を委託したとしよう。このとき代理を用いれ
ばＢとＣの間で締結された売買は，ＡとＣの間の売買として成立する。他
方で代理を用いずに，Ｂが自身の名でＣから商品を購入してそれをＡに引
き渡すということも考えられる。委任は委任関係の当事者の内部関係をあら
わし，代理は委任の当事者と第三者との対外関係をあらわすものと理解され
ているが，必ずしも同時に行われる必要はなく，また制度としても別個独立
のものである点に注意する必要がある。

2 受任者の利益をも目的とする委任 解釈

　委任は当事者のいずれからでも任意解約権の行使によって終了する。すで
に述べたように，受任者の利益をも目的とする委任を解約する場合には，や
むを得ない事情のないかぎり損害賠償をしなければならない。ここには単な
る報酬特約のある委任（有償委任）が含まれないことは651条2項2号の文言
から明らかである。それでは，どのような委任が受任者の利益をも目的とす
る委任となるのであろうか。

　判例では以下のような事案が問題となった。Ａが所有する建物を社宅と
してＣ社に賃貸し，同時にＢ社にこの建物の管理を委託したうえで，管理
契約においてＢはＣの保証金を事業資金として利用できることとしたが，
その後，ＡがＢに対して解約の意思表示を行った（最判昭56・1・19民集35巻
1号1頁［30！④【12】，百選Ⅱ【71】]）。

　判例はこの事案において，委任者であるAが解約権を行使すると，それ以降Bは保証金を事業資金として用いることができなくなるため，この契約は受任者の利益をも目的とする委任であるとした。そして解約をすることはできるもののそれによって生じる損害を賠償する必要があるとした。

　なお，改正前651条2項では651条2項1号に対応する規定しか置かれておらず，651条2項2号に相当する場面，すなわち委任が受任者の利益をも目的とする場合において，そもそも任意解約権の行使そのものが可能であるのかが従来議論されてきた。判例では，受任者の利益をも目的とする委任では任意解約権の行使が制限されるとし（大判大9・4・24民録26輯562頁），ただしやむを得ない事由がある場合には解除ができるとされてきた（最判昭43・9・20判時536号51頁）。さらに，やむを得ない事由がない場合であっても，委任者が解除権を放棄しておらず，不利益を受ける受任者に損害賠償をしたならば委任者は任意解約が可能であるとした（前掲・最判昭56・1・19）。これらの判例法理が651条2項2号に結実したといえる。

研　究

1　役務提供型契約の総則規定としての委任　　　　関係

　民法の委任規定は，法律行為の委託のみならず事実行為としての事務処理の委託も含むことから，相当多くの役務提供の場面を包括することができる。雇用や請負を通じて実現される労働の従事や仕事の完成といった目的を，委任を用いて実現することもできる。そのことから委任は役務提供型契約の基本形であり，いわば非典型のものも含んだ役務提供型契約全般の受け皿となる総則的な位置付けを有すると指摘されることもある。他方で委任には，その歴史的経緯や当事者間の高度な信頼関係を理由とする独自の規定も存在することから，この点に着目すればむしろ役務提供型契約の中では異質の存在であると理解することもできる。

　民法改正作業においては，役務提供型契約の総則規定の新設や準委任の類型化が検討されたが，結局は見送られた。委任を役務提供型契約の基本形と位置付けるとしても，委任そのもののヴァリエーションも豊富であることから，それぞれの契約の特徴などに応じて個別の解釈を必要とするであろう。

2 信託との関係 関係

　信託とは，契約や遺言によって特定の者に対し財産の譲渡，担保権の設定
その他の財産の処分をし，ならびに特定の者が一定の目的に従い財産の管理
または処分およびその他の当該目的の達成のために必要な行為をすべきとす
る制度である（信託3条）。とくに契約による信託（信託契約）の場合，委任と
類似の機能を有しているともいえる。ただし信託契約が成立するためには，
財産の譲渡，担保権の設定，そしてその他財産の処分と信託を受けた者が
もっぱら自己の利益を図る以外の一定の目的で，財産管理や処分など目的達
成に必要な行為をすることが求められる（信託2条1項も参照）。そうすると同
じ契約によるものであっても委任と信託の違いが強調されることになる。し
かし，委託された事務を処理するというかぎりでは委任と信託との類似性を
指摘することができるとする学説もあり，委任に包括される事務処理の1つ
の場面として信託法によって規律される信託契約が存在するとして，信託契
約固有の制度や法理には委任にも妥当するものがあるとの指摘もある。

3 死後の事務処理委任 関係

　【構造】でも少し触れたように，委任者が自身の死亡後の事務処理のため
に生前に委任契約を結んでおくことがあるが，この場合には委任者の死亡に
よって委任は終了しない（前掲・最判平4・9・22）。ただし，ここでは相続と
の関係が問題となる。相続によって委任者の相続人が委任者の地位を引き継
いだが，受任者による委任者死後の事務処理を好ましく思っていないとしよ
う。委任者の地位を相続した相続人は，委任者として任意解約権を行使する
こともできる。しかし，この場合に相続人に任意解約権を行使することを認
めてしまうと，死亡した委任者が望んでいた事務処理が果たされず，その意
思が結果としてないがしろにされてしまう。

　このようなケースでは，相続人自身の任意解約権を行使しない特約がある
と解釈できるとの意見もある。このように理解すれば，相続人によって任意
解約権が行使されることはなく，委任者の利益が保護されることになるであ
ろう。他方で死後の委任事務の処理が相続人に不利益となることもありう
る。そうすると，委任者の意思を尊重するがために委任による死後の財産管
理や処分を無制限に貫徹させることは，かえって問題を招くおそれがある。
ここでは委任者の意思と相続人の利益をどのように調整するかが問題となる

といえるであろう。

┌ 次のステップ ─────────────────────────────

➡委任の意義などについて

・中田裕康『契約法［新版］』（有斐閣，2021年）525-544頁

➡委任の終了について

・野澤正充『セカンドステージ債権法Ⅰ契約法［第3版］』（日本評論社，2020年）263-270頁

➡死後の委任による事務処理について

・大島義則「死後事務に関する法的スキーム設計と死後事務委任契約」法学セミナー65巻9号（2020年）40-45頁

└──────────────────────────────────────

（萩原基裕）

第**10**章　寄託・混合寄託・消費寄託

657条-666条

　本章では，役務提供型契約のうち，物の保管を役務の内容とする寄託について学ぶ。まず，寄託に関する一般的な規定の内容について条文を中心に確認し，つぎに，寄託の中でも特殊な性質をもつ混合寄託と消費寄託の概要をみていく。

構　造

1　意　義

　寄託とは，当事者の一方がある物を保管することを相手方に委託し，相手方がこれを承諾することで効力を生ずる契約である（657条）。当事者のうち，物の保管を委託する者を**寄託者**，物の保管を行う者を**受寄者**といい，寄託の目的物を**寄託物**という。役務提供型契約の1つであるが，寄託は，役務の内容が「物の保管」である契約を取り出して，とくに定めたものである。

　寄託の目的物は，条文では単に「ある物」とされているが，実際の契約では特定の動産であることが多い。寄託は委任（⇨第9章）と同様に無償を原則とする契約であり，特約によって有償とすることもできる。具体的には，倉庫での保管，ペットの一時的な預かり，ホテルや劇場での手荷物預かりなど，さまざまなものがある。もっとも，営業として物を預かる場合は，商事寄託として商法の規定が適用される（商595条以下）。

2　成立要件

　寄託は，当事者の合意によって成立し，効力が生じる（657条）。改正前の規定では，寄託は要物契約として定められていたが，実務では諾成的な寄託が一般に行われていたことから，有償・無償を問わず，諾成契約に改められた。そのうえで，寄託物の引渡前の任意解除について特別な規定が置かれている。この点については，4終了の箇所で述べる。

3 効 果

(1) 受寄者の義務

（a）**目的物の保管義務** 受寄者の中心的な義務は，寄託された目的物の保管である。物の保管における注意義務の程度は，無償寄託か有償寄託かによって異なる。まず，無償寄託の受寄者は，自己の財産に対するのと同一の注意をもって，寄託物を保管する義務を負うと規定されている（659条）。これは，無償契約であることを理由に注意義務を軽減することを示すものであり，有償寄託の場合の受寄者は，善良な管理者の注意をもって，寄託物を保管しなければならない（400条）。この点，商人がその営業の範囲内において寄託を受けた場合は，無償であっても善管注意義務を負うとされている（商595条）。

（b）**寄託物の使用禁止と自己による保管義務** 受寄者は，寄託者の承諾を得ないかぎり，寄託物を自ら使用することはできない（658条1項）。

受寄者は，自ら寄託物の保管を行うのが原則であるが，寄託者の承諾を得たとき，またはやむを得ない事由があるときは，第三者に寄託物の保管をさせることができる（同2項）。実務ではこのような再寄託が行われることも少なくなく，再寄託が認められる場合，再受寄者は，寄託者に対して，その権限の範囲内で受寄者と同一の権利義務を有することになる（同3項）。復委任の場合と同様である（復委任について⇨第9章【構造】3（1）（a））。

（c）**保管義務に付随する義務** 寄託では，委任の規定を準用するところが多く（665条），保管義務に付随する義務として，委任における受任者と同様の義務を負う。したがって，寄託物の保管にあたり受け取った金銭等の引渡義務や，費消した金銭の利息の支払義務がある（665条による646条，647条の準用）。

また，受寄者は，寄託物について権利を主張する第三者が現れたとき，その対応もしなければならない。第三者が受寄者に対して訴えを提起したり，差押え，仮差押えや仮処分をしたときは，受寄者は，寄託者がすでにこれを知っているときを除き，遅滞なく寄託者に通知する義務を負う（660条1項）。

（d）**保管義務の違反** 寄託物の保管義務に違反して寄託物が滅失または損傷したときは，受寄者の債務不履行となり，415条に基づき損害賠償責任を負わなければならない。なお，寄託物の一部滅失・損傷によって生じた損害賠償請求権については，短期の期間制限が定められている（664条の

2）。これは，使用貸借（600条）および賃貸借（622条による600条の準用）と同様の規定であり，一部滅失・損傷が受寄者の保管中に生じたものか否かの判断が困難となることを回避するという趣旨による。これにより，寄託者は，寄託物の返還を受けた時から1年以内に請求しなければならない（664条の2第1項）。他方，この損害賠償請求権は，寄託者が返還を受けた時から1年を経過するまでは，時効にかからない（同2項）。

　（e）目的物返還義務　　契約が終了すると，受寄者は，寄託者に寄託物を返還しなければならない。賃貸借や使用貸借のように冒頭の条文（いわゆる冒頭規定）では明記されていないが，当然の義務である。なお，第三者が寄託物について権利を主張しているような場合にも，寄託者による指図がないかぎり，寄託者に返還しなければならない（660条2項本文。例外について，同ただし書参照）。これによって第三者に損害が生じたとしても，受寄者はその賠償責任を負わない（同3項）。

　（2）寄託者の義務
　（a）報酬支払義務・費用支払義務　　報酬についての特約がある場合には，寄託者は，受寄者に対して報酬を支払わなければならない（665条による648条の準用）。

　また，受寄者が，寄託物の保管に必要な費用を負担した場合には，寄託者は，その費用を償還しなければならない。費用の前払請求も可能である。これらについても，委任の規定が準用される（665条による649条，650条1項・2項の準用）。なお，受寄者の費用償還請求について，寄託者の損害賠償請求権に関して述べたのと同様に短期の期間制限がある（664条の2第1項）。

　（b）損害賠償義務　　寄託者は，寄託物の性質または瑕疵によって受寄者に損害を与えた場合，その損害を賠償しなければならない（661条本文）。寄託者が過失なくその性質または瑕疵を知らなかったときや，受寄者がそれを知っていたときは，責任を免れる（同ただし書）。

4　終　了
（1）寄託物の引渡前における解除

　前述のように，寄託は当事者の合意によって成立するが，寄託者は，有償・無償を問わず，受寄者が寄託物を受け取る前であれば，契約を解除することができる（657条の2第1項前段）。この解除によって受寄者に損害が生じ

たときは，受寄者は，寄託者にその賠償を請求することができる（同後段）。

　他方，受寄者からの解除は，一定の場合にかぎられる。まず，寄託物を受け取るまでの間に解除権を行使できるのは，無報酬の受寄者であり（657条の2第2項本文），有償寄託の受寄者には認められていない。また，無報酬の受寄者であっても，書面による寄託がされた場合には解除はできない（同ただし書）。書面による寄託では，契約の効力を弱める必要がないとされるためである。

　もっとも，有償寄託と書面による無償寄託の場合であっても，寄託物が引き渡すべき時期までに受寄者に引き渡されず，引渡しの催告期間内にもなお引渡しがないときは，受寄者は契約を解除し，契約関係から離脱することができる（657条の2第3項）。

（2）寄託物の返還による終了

　寄託者は，返還時期の定めにかかわらず，いつでも寄託物の返還を請求できる（662条1項）。条文には返還請求と規定されているが，寄託者の任意解除を認めるものである。なお，契約で定められた返還時期より前の返還請求によって受寄者に損害が生じたときは，受寄者は，その賠償を寄託者に請求することができるとされている（同2項）。他方，受寄者は，返還の時期の定めがないときは，いつでも返還できるが（663条1項），返還時期の定めがあるときは，やむを得ない事由がないかぎり，期限前の返還はできない（同2項）。

5　特殊な寄託

（1）混合寄託

　特殊な寄託とよばれる混合寄託と消費寄託は，いずれも種類物の保管を目的としている。そのうち，受寄者が複数の者から種類・品質が同一の物の保管を委託された場合に，各寄託者の承諾により，各寄託者の寄託物を区別せずに混合して保管するものを**混合寄託**ないし**混蔵寄託**という（665条の2第1項）。管理コストや保管スペースなどの点でメリットがあることから，穀物，金地金，証券の寄託で実務上ひんぱんに用いられている。

　寄託物は，寄託物の所有者らの共有となり，混合寄託における各寄託者は，寄託した物と同じ数量の物の返還を請求することができる（665条の2第2項）。また，混合寄託において寄託物の一部が滅失した場合，各寄託者

は，総寄託物に対する自己の寄託した物の割合に応じた数量の物の返還請求をすることができる。この場合に損害賠償の請求も妨げられない（同3項）。

（2）消費寄託

受寄者が寄託者から受け取った物を消費することができ，種類・品質・数量の同じ物で返還する寄託を**消費寄託**という（666条1項）。一般的な寄託と異なり，受寄者が目的物の所有権を取得し，この物を処分する権限を有する点に特徴がある。消費寄託は，消費貸借（⇨第4章）との類似性を有していることから，寄託の規定の適用に加えて，消費貸借の箇所に置かれている規定のうち，貸主の引渡義務等に関する規定（590条，551条）と，受領した物と種類・品質・数量の同じ物で返還できなくなったときの価額償還の規定（592条）を準用する（666条2項）。

なお，消費寄託の典型は金銭を目的とするものであり，実際に問題となるもののほとんどが預貯金である。消費寄託の中でも預貯金にかかる契約によって金銭を寄託した場合には，消費貸借の返還の時期に関する591条2項および3項の規定を準用する（666条3項）。

次のステップ

➡寄託全体について

・潮見佳男『基本講義債権各論Ⅰ契約法・事務管理・不当利得［第3版］』（新世社，2017年）273-282頁

・中田裕康『契約法［新版］』（有斐閣，2021年）545-558頁

（永岩慧子）

第11章 組合・終身定期金・和解

　本章では，組合契約・終身定期金契約・和解について学習する。これらの契約はそれぞれが関連する契約ではないが，これまで示した3類型のいずれにも入らない契約であることから，その他の契約として1つの章に置き，各節でそれぞれについて学習する。

第1節 組 合
667条-688条

　本節では，組合契約について学ぶ。【構造】において，組合契約の意義を中心に，組合契約によって成立する団体に関する民法の規定について学習し，【展開】では，他の典型契約とは異なる特徴をめぐる解釈上の対立について，さらに【研究】では，団体としての特徴をめぐる解釈上の問題について学習する。

構 造

1 意 義

　組合契約とは，各当事者が出資して共同の事業を営むことを約束することによって効力を生じる契約であり（667条1項），この契約によって成立する団体を「組合」とよぶ。出資は，財産的価値があるものの提供であれば，金銭の提供でも，不動産の提供でもよく，さらには，労務の提供でも構わない（同2項）。事業についても特に制限はなく，一時的な事業であっても継続的な事業であってもよく，目的も営利であっても非営利であってもよい。非営利な場合も，公益を目的とするだけでなく，レジャー目的であっても構わない。ただし，積極的に事業を営むことが必要であり，ある物を共同で所有するだけでは単なる共有であり（249条以下），それを使用するだけでは，共有物の利用であって，組合とはならない。また，事業は「共同」して行わなけ

ればならず，その利益も各当事者が受けなければならない。一部の者のみが利益を受けるものは組合ではない。

　日常生活の中で「組合」と聞くと，消費者生活協同組合，労働組合，農業協同組合などが思い浮かぶかもしれない。しかし，これらは「組合」の名称を使用しているが，特別法上の法人であり，民法上の組合とは異なる（【研究】）。民法上の組合の例としては，マンションの管理組合や大規模な建設工事でみられる共同企業体（ジョイント・ベンチャー＝JV）などをあげることができる。

2　効　果

（1）組合員の義務

　組合契約では，各当事者は「出資して共同の事業を営む」債務を負うことになる。この債務は組合を設立するための基本的義務であり，この債務については，団体設立を打ち消すような契約総則規定や意思表示に関する民法総則規定は適用されない。すなわち，同時履行の抗弁（533条），危険負担（536条）の適用はない（667条の2第1項）。さらに，他の組合員が出資債務を履行しないことを理由として解除することもできない（同2項）。また，組合員の1人について意思表示の無効または取消しの原因があっても，他の組合員間においては，組合契約はその効力を妨げられない（667条の3）。組合契約は「組合という団体を設立する」という特徴を持っている行為であるからである（【展開】参照）。

　金銭の出資を目的とした組合でその出資義務に不履行があったときは，その組合員は利息の支払および損害賠償をしなければならない（669条）。組合財産の充実を図るために，通常の金銭債務の不履行責任（419条）よりも重い責任が課されている。

（2）財産の共有

　組合財産は，組合員の共有に属する（668条）。原則として249条以下の物権の共有の規定が適用される。組合員は持分権を有するが，以下の2つの制限がある。①処分の制限：組合員は組合財産についてその持分を処分したとしても，これを組合および組合と取引をした第三者に対抗することができない（676条1項）。②分割請求の禁止：組合員は持分権を有するが，組合の精算前には分割請求をすることができない（同3項）。

組合の有する債権は427条の組合員の分割債権とはならず，組合員はその持分についてその権利を単独で行使することができない（676条2項）。また，組合員の債権者も，組合財産に対して権利を行使することができない（677条）。たとえば，組合員の債権者が組合に対して債務を負っている場合でも，それらを相殺することはできない。これらを認めてしまうことは，共同事業のための組合の財産を組合員個人のために認めることになってしまうからである。

（3）組合の債務

組合の債権者は，組合財産に対して権利を行使できる（675条1項）。そして，各組合員は，組合の債権に対し，持分に応じて無限責任を負う。組合の債権者は，自身の選択により，各組合員に対しても損失分担の割合または等しい割合でその権利を行使することができるが（675条2項本文），組合の債権者がその債権発生時に各組合員の損失分担の割合を知っていたときは，その割合になる（同ただし書）。各組合員の損失分担割合は，特に定めがなければ出資額に応じて定まる（674条1項）。

（4）業務の執行

（a）内部業務 組合の業務は，組合員の過半数で決定し，各組合員が執行する（670条1項）。組合契約で，1人もしくは数人の組合員に，または第三者に組合の業務の決定および遂行を委任した場合には，その者が決定し，執行する（同2項，3項前段）。業務執行者が複数いる場合には，その過半数で決定し，各業務執行者が執行する（同3項後段）。いずれの場合も，総組合員の同意によって決定し，または総組合員が執行することは妨げられない（同4項）。また，日常の軽微な業務（常務）は，他の組合員からの異議がなければ，各組合員，各業務執行者が単独で行うことができる（同5項）。ただし，その完了前に他の組合員または業務執行者が異議を述べたときは単独ではできない（同ただし書）。

（b）対外的業務の執行 組合の対外的業務については，次のように組合員が代理して行うことになる。①各組合員は，組合員の過半数の同意を得れば他の組合員を代理することができる（670条の2第1項）。②業務執行者がいる場合には，業務執行者だけが組合員を代理することができ，複数人いるときはその過半数の同意を得た業務執行者が組合員を代理することができる（同2項）。③いずれの場合でも，組合の常務については，各組合員または各

業務執行者が単独で組合員を代理することができる（同3項）。

（5）組合員の変動

（a）加　入　組合設立後であっても，組合員全員の同意によって，または組合契約の定めに従い，新たな組合員を加入させることができ（677条の2第1項），組合の成立後に加入した組合員は，その加入前に生じた組合の債務については，これを弁済する責任を負わない（同2項）。

（b）脱　退

（ア）任意脱退（組合員の意思による脱退）　各組合員は，①組合契約に組合の存続期間を定めがないとき，またはある組合員の終身の間を組合の存続期間とする定めがあるときは，いつでも脱退することができる（678条1項本文）。ただし，この場合でも，組合に不利な時期に脱退することは，やむを得ない事由がなければ認められない（同ただし書）。また，②組合の存続期間を定めた場合でも，やむを得ない事由があるときは，脱退することができる（同2項）。脱退に遡及効はない。

（イ）非任意脱退（組合員の意思によらない脱退）　組合員は，自身に以下の事由が生じたときは脱退する（679条）。①死亡，②破産手続開始の決定，③後見開始の審判，④除名。除名をするには，正当な事由があり，他の組合員が一致することが必要である（680条）。

（c）脱退した組合員の責任　組合員は，脱退しても，脱退前に生じた組合の債務については弁済の責任を負う（680条の2第1項前段）。この場合に，債権者が全部の弁済を受けない間は，脱退した組合員は，組合に担保を出すこと，または自己に免責を得させることを請求することができる（同後段）。脱退後に，脱退前に生じた組合の債務を弁済した組合員は，組合に対して求償権を有する（同2項）。

脱退後は，脱退した組合員と他の組合員との間で持分の精算が行われる（681条）。

（6）組合の解散と精算

（a）解　散　組合は，①目的事業の成功または成功不能，②組合契約で定めた存続期間の満了，③組合契約で定めた解散の事由の発生，④総組合員の同意，により解散する（682条）。さらに，⑤やむを得ない事由があるときは，各組合員は解散請求ができる（683条）。そのほかにも，規定はないが，⑥組合員がひとりになった場合にも解散すると解されている。解散に遡

及効はない（684条による620条の準用）。

　（b）精　算　　解散後は，685条以下の規定に従い，精算が行われる。

展　開

1　法律行為としての組合契約

　組合契約は，当事者の意思表示のみによって成立する諾成「契約」であるが，それにより目的事業を営むための団体が設立されるという特徴がある。そこで，「複数当事者の相対する意思表示が合致して成立する法律行為」である契約ではなく，「組合員が組合の設立を目的として共同で意思表示を行うことによって成立する法律行為」である合同行為であるとの見解もある。

2　組合財産の性質

　前述のように，組合の財産は各組合員の共有に属すると規定されているが，持分処分の自由，分割請求権という共有の本質的な要素がない。そこで，その性質について，「共有」ではなく「合有」であると解する学説がある。一方で判例は，共有であるとしている（最判昭33・7・22民集12巻12号1805頁）。最近の学説では，このような区別には意味がないとの指摘もある。

研　究

1　脱退の自由　　　　　　　　　　　　　　　　　　　　　　関係

　678条は各組合員の任意脱退権を認めているが，これを組合契約の定めによって排除することは可能だろうか。この点について判例は，678条は組合員はやむを得ない事由があるときは常に任意脱退できる旨を定めた規定であると解した上で，その旨を規定する部分は「強行法規であり，これに反する組合契約における約定は効力を有しない」とした（最判平11・2・23民集53巻2号193頁［百選Ⅰ【17】]）。その理由は，「やむを得ない事由があっても任意の脱退を許さない旨の組合契約は，組合員の自由を著しく制限するものであり，公の秩序に反する」からであるとした。この問題に関しては，《組合の団体性（拘束力）》と《組合員の個人としての自由》の対立する2つの要素をどのように考慮するかが重要である。さらには，法規の強行法規性が問題なの

か，それとも特約が公序良俗に反するかどうかが問題なのかを考えることも重要である。難しい問題であるが，考えてみてほしい。

② 社団との関係　　　　　　　　　　　　　　　　　　　　　　関係

　民法では，人の団体として法人（社団法人）を規定している（33条）。では，組合契約に基づいて成立する団体である「組合」と，「社団法人」とはどのような関係にあるのだろうか。この点については，①対外的関係（社団では対外的活動は社団の機関によって行われ法律効果も社団に帰属するが，組合では構成員全体または代理権を与えられた者によって行われ法律効果も全員に帰属する）と②財産の帰属と責任（社団では資産も債務も団体に帰属し構成員は有限責任を負うに過ぎないが，組合では資産は構成員全員が共有し債務も全員が負担する無限責任である）によって区別することができると考えるのが通説であった。しかし，組合と社団とを区別する基準が明確ではなく，そもそも両者を区別すべき理由がないとの批判もあり，さらには，「投資事業者有限責任組合に関する法律」という法律によれば，組合であっても有限責任が認められ，法人格の有無と有限責任か否かは論理必然的な関係にないとの批判もなされている。この問題を解決するには，商法・会社法も理解した上での検討が重要であろう。

```
┌─ 次のステップ ─────────────────────────────
│ ➡脱退の自由について
│ ・芦野訓和「組合からの任意脱退を認めない特約」椿寿夫編『強行法・任意法でみる
│ 民法』（日本評論社，2013年）236-238頁
│ ➡社団との関係について
│ ・野澤正充『契約法［第2版］』（日本評論社，2020年）278-280頁
└──────────────────────────────────
```

（芦野訓和）

第 **2** 節　終身定期金
689条-694条

本節では，終身定期金契約について学ぶ。

構　造

終身定期金の意義・機能

　終身定期金は，当事者の一方が，自己，相手方または第三者の死亡に至るまで，定期に金銭その他の物を相手方または第三者に給付することを約することによって効力を生ずる契約である（689条）。たとえば，A が，自己の財産を B に譲渡する代わりに，死ぬまで B から毎月一定額の金銭の支払を受けるような契約である。諾成契約であり，有償であれば双務契約となり，無償契約であれば片務契約となる。民法は，終身定期金について，その計算方法（690条）や解除（691条）などに関する若干の規定を置いている。

　終身定期金は，民法典の編纂時に，個人主義が進むにつれて老後の生活を家族に頼ることが難しい世の中になれば，高齢者の生涯保障のために多用されるであろうと考えられたことから，13種の典型契約の 1 つに位置づけられた。しかし，現代の日本では，社会保障制度としての公的年金制度が存在しており，また，私的年金や保険の内容は契約や約款で詳細に定められているため，民法の規定が適用されることはほとんどない。

次のステップ

➡終身定期金全般について
・中田裕康『契約法［新版］』（有斐閣，2021年）595-598頁

（大坂恵里）

第**3**節　和　解

695条-696条

　当事者の間で話し合って争いを解決することができれば，裁判を利用して時間や費用をかけるよりも，お互いに納得して決着をつけることができて，紛争の解決方法として理想的である。民法は，この手段として，和解契約について規定する。本節では，民法に規定された和解を扱う。【構造】においてその制度の基本を確認したうえで，【展開】において一般に示談と称される契約について言及し，【研究】において和解の効力が問題となる場面を取り上げる。

構　造　

1　意　義

　和解とは，当事者が互いに譲歩（互譲）をしてその間に存する争いをやめることを約する契約である。和解は，諾成契約であり，互譲して争いをやめる債務を当事者双方が負うので，有償・双務契約である。

　類似の制度として，裁判上の和解，調停，仲裁合意がある。いずれも裁判外紛争解決手続（ADR）として柔軟な解決を実現するのに利用される。

　裁判上の和解は，裁判所における和解であり，訴訟上の和解（民訴89条）と起訴前の和解（民訴275条。即決和解）とに分けられる。裁判上の和解を記載した調書の記載は，確定判決と同一の効力を有する（民訴267条）。調停は，第三者である調停委員が和解の仲介を行って，当事者間の合意の成立を目指す手続きである。合意が記載された調停調書の記載には，裁判上の和解（民調16条）または確定判決（家事268条1項）と同一の効力が認められる。

　これに対して，仲裁合意は，当事者が第三者である仲裁人に紛争の解決をゆだね，その仲裁判断に服することを合意するものである（仲裁2条1項）。仲裁人の判断に服する点で，当事者の互譲によって紛争を解決する和解とは異なっている。

2 成立要件

（1）争いの存在

和解の対象となる争いは，債権についてのものであるか，物権についてのものであるか，その種類を問わない。しかし，当事者が処分できる法律関係であることが必要である。したがって，親族関係の存否（たとえば認知請求権の放棄）は，和解の目的にならない。

（2）互いの譲歩（互譲）

互いに譲歩するとは，相互に不利益を負担しあうことを認めることをいう。この不利益は，広い意味に解されている。起訴前の和解についてであるが，当事者の一方が相手方の主張する実体上の請求権を全部認容してその履行をすることのみを定めて，互譲がない場合にも，和解を有効とする判例がある（大判昭15・6・8民集19巻13号975頁）。当事者が和解において譲歩の方法として係争物に関係ない物の給付を約することでもかまわない（最判昭27・2・8民集6巻2号63頁）。

（3）争いをやめることの合意

和解契約の内容によって法律関係を確定することである。ただし，行為能力や公序良俗に関する規定など，意思表示・法律行為の成立・有効要件に関する規定は，和解の意思表示にも適用される（5条，90条など）。

3 効 果

和解によって当事者間の法律関係は確定する。和解後に，合意とは反対の確証が得られたとしても，和解によって権利が移転し，あるいは消滅したものとされる（696条）。これを**和解の確定効**という。その限界については，【研究】において述べる。

展 開

示 談 解釈

交通事故による紛争を当事者間で話し合って解決する場合のように，民事上の紛争を裁判によらずに解決する契約を**示談**ということがある。示談は，法律用語ではなく，和解よりも広い内容を含んで用いられている。示談の内容に互譲が含まれていれば，その法律的性質は和解である。これに対して，

一方のみがその主張を放棄するような示談は，互譲を含まないので，和解類似の無名契約である。しかし，いずれにしても，和解に関する規定が適用されて，合意された事項について，争いを蒸し返すことができなくなると考えられている（後遺障害があった場合の問題については⇨第3部第4章第6節【研究】3）。

研　究

和解の錯誤 　　　　　　　　　　　　　　　　　　　　　　関連

　前述【構造】3のように，和解には確定効がある（696条）。しかし，理由を問わず和解の確定効が認められるとすれば妥当でない場合もあり，その範囲が問題となる。

　たとえば，和解契約が錯誤（95条）に基づく場合にその効力が問題になる。通説は，錯誤の対象が①争いの目的となっていた事項である場合，②争いの目的である事項の前提・基礎とされていた事項である場合，③①②以外の事項である場合と3つに分けて錯誤の規定が適用されるかどうかを検討する。①については，和解の確定効から錯誤の規定が適用されないが，②および③については，和解によってそれらの事項について争いをやめたわけではないので，錯誤の規定が適用されると考える。

　判例には，当事者間で代金等の支払義務の存否について争いがあったところ，この争いをやめるために，債権者による仮差押の目的となっているジャムが一定の品質を有することを前提として代物弁済として引き渡すことを内容とする和解契約をなしたところ，このジャムが粗悪品であったときは，この和解は要素に錯誤があるものとして無効（旧95条）であるとするものがある（最判昭33・6・14民集12巻9号1492頁［百選Ⅱ【76】]）。

　この事案では，争いの目的となっていた事項（代金等の支払義務の存否）とは異なる点（ジャムの品質）に錯誤が認められるので，前記の分類の③にあたって，錯誤の規定が適用されるものと整理される。

（深川裕佳）

第3部 事務管理・不当利得・不法行為

第**1**章　法定債権関係・概要

　本章では，契約以外の債権発生原因について，その全体像，各制度の概要について学習する。

1　全体像

　序でも学習したとおり，民法は，私人間の債権関係について，当事者の意思（合意）によって発生するものと，一定の事実に基づいて法律の規定により発生するものに分けて規定している。当事者の意思によらずに，一定の事実に基づいて法律の規定により発生する債権は**法定債権**とよばれ，民法は，法定債権が発生する原因を，「事務管理」，「不当利得」，「不法行為」の3つに分類して規定している。これらは，ある事実に基づいて，法政策的な観点から一定の債権関係を発生させるものである。したがって，どのような事実が問題となるのか，法はどのような意図からどのような場合に債権債務関係を発生させるのかを意識しながら学習することが重要である。

2　概　要

（1）事務管理（697条-702条）

　他人から頼まれたわけでもなく，また，法律上の義務がないにもかかわらず，その他人の事務を処理した場合，「他人の事務の処理」という事実に基づいて，一定の成立要件のもとで，事務を処理した者（管理者）と事務を処理された者（本人）との間に一定の債権・債務を発生させる制度である。

（2）不当利得（703条-708条）

　ある物を他人の所有物であるとは知らずに（法律上の原因がないのに）それを使用・処分して利得を得た者がいる場合や，売買契約が取り消されたあとになっても給付された物が買主であった者の手元に残っている場合のように，「法律上の原因がないにもかかわらず，一方には利得があり他方には損失がある」という利得が偏っている事実状態を是正するために，利得者と損失者との間に一定の債権・債務を発生させる制度である。

（3）不法行為（709条-724条の2）

　たとえば交通事故のように，他人（加害者）の行為によって権利や財産に損害を被った者（被害者）がいる場合に，「その行為について加害者に落ち度があり，それによって被害者に損害が生じている」という事実に基づいて，加害者と被害者との間にその損害に関し一定の債権債務関係を発生させる制度である。法定債権関係の中でもっとも問題となることが多い。条文数が必ずしも多くないにもかかわらず，さまざまな問題が生じることから，判例・学説の解釈によって理論が構築されている。

3　それぞれの制度の関係

　事務管理・不当利得・不法行為は独立した制度であるが，関連する場合もある。たとえば，他人が自分自身のために他人の権利を利用して莫大な利益を得た場合，「他人の事務の管理」という事実と「他人の権利を利用して利得を得た者がいる」という2つの事実が存在している。あるいは，他人のために良かれと思って行った管理行為が，実はその他人の意思にも利益にも反しており，損害を与えていた場合には，「他人の事務の管理行為」という事実と「他人に損害を与えた」という事実が存在している。さらに，他人の土地を権原なしに耕作をして利益を得ているような場合，「他人の土地を権原なしに耕作した」という事実と「それにより利益を得ている」という事実が存在している。

　このように，ある事実に着目した場合に，それが法定債権の発生原因のいずれの制度に関連するのか，あるいは複数の制度に関連するのかがそれだけでは不明確な場合もある。そのような場合には，問題となる事案を分析した上で，各制度の要件と照らし合わせて考える必要がある。

（芦野訓和）

第**2**章　　事務管理

697条-702条

　本章では，法定債権関係のうち，事務管理について学習する。【構造】では，制度の概要・全体像について，【展開】では，文言の解釈で重要な部分と，代理などの他の民法の制度との関係について，【研究】では，日本の民法には直接の規定がない問題について学ぶ。

構　造

1　意　義

　事務管理とは，他人の生活領域についての権利や義務がないにもかかわらず，他人のためにその事務を管理することをいう（697条）。本来，私人の法律関係の形成については，「人は自らの意思によらないで権利を取得し義務を負わされることはない」という**私的自治の原則**が妥当し，したがって，依頼や承諾がないにもかかわらず他人に干渉する行為は本来認められない（不法行為となる）はずである。しかし民法は，「他人のために」という利他的意思を尊重し，社会連帯・相互扶助の観点から，一定の要件のもとでこれを適法なものとみとめ，行為者（管理者）と事務を管理された他人（本人）との間に相応しい法律関係（債権債務関係）を規律している（697条-702条）。

2　成立要件

　事務管理の最初の規定（冒頭規定）である697条1項は，成立要件として，①「義務なく」，②「他人のために」，③「事務の管理を始めること」をあげているが，判例・通説は，さらに，④「本人の意思または利益に適合しないことが明らかではないこと」を成立要件として付加している。以下，順番を変えて，③①②④の順で説明することにする。

（1）事務の管理を始めること

　事務管理における「事務」とは，生活に必要な一切の仕事であって，法律

行為でも事実行為でも構わない。たとえば，第三者による弁済期前の債務の弁済も他の要件を満たすのであれば事務管理となる。さらには，事務の管理は，物質的・財産的な行為だけでなく，精神的な行為や人命救助のような生命・身体に対する行為も含まれる。

「管理」とは，前述の事務を処理する行為である。

事務管理は他人の事務の管理を「始める」ことによって成立するが，成立するのは事務の管理を始めた時ではなく，「他人のためにする意思」をもって事務の管理を始めた時である。

（2）義務なく（義務の不存在）

ここでの義務は，本人との間の私法上の義務である。たとえば，依頼により管理する場合には法律関係（権利・義務）はその依頼（契約）に基づいて形成され，親子関係という法律上の関係から子（他人）のために行為する場合には法律の規定に基づいて形成されるが，事務管理はそのような，私法上の権利や義務がない場合に成立する。

（3）他人のために

これについては，ⓐ「他人のためにする意思」とⓑ「他人の事務であること（事務の他人性）」とに分けて検討する必要がある。

ⓐについて，事務管理では他人の利益を図る意思が求められる。この意思は，代理のように「他人に法律効果を帰属させようとする意思」ではなく，「他人に事実上の利益を帰属させようとする意思」で足りる。管理にあたり，他人が特定されている必要はない。たとえば，首輪をした子犬を保護した場合に，飼い主が誰かわからなかった場合でも，「他人」のためにする意思が認められる。

ⓑについては，他人の債務の立替払や人命救助のように，その行為が他人の事務であることが明らかな場合は当然に事務の他人性が認められる。一方，ドッグフードを購入した場合，それが自分の飼っている犬のためなのか，保護した他人の飼い犬のためなのかは，その行為からだけでは客観的には明らかではない。この場合には，「他人のためにする意思」と相関的に検討する必要がある（【展開】参照）。

（4）本人の意思または利益に適合しないことが明らかではないこと

前述のとおり，この要件は判例・通説により解釈上必要とされる。判断にあたっては，事務管理開始時は，本人の意思や利益に適合しているかどうか

は明らかではないことから，不適合が客観的に明らかでない場合でなければ事務管理は成立する。ここで考慮されるべき本人の意思・利益は，強行法規・公序良俗に反しないものでなければならない。本人の意思・利益がそれらに反する場合には，管理行為が本人の意思・利益に適合しなかったとしても，事務管理の成立が認められる。

3 対内的効力

事務管理の効果は，本人と管理者との間の「対内的効果」と第三者との間の「対外的効力」の2つに分類することができる（対外的効力については【展開】参照）。

（1）違法性阻却

権利も義務のない者が他人の領域に干渉することは，正当防衛などの違法性阻却事由がない限り本来は不法行為となるが，事務管理が成立すれば違法性が阻却され干渉は適法なものとなる。さらに，干渉の結果本人に損害が生じても，その違法性は阻却される。

（2）管理者の義務

管理者は受任者と同様の管理義務を負う。すなわち，管理者は，①本人の意思を知っているとき，または，推知することができるときは，その意思に従って管理する義務を負い（697条2項），②それが不明な場合には，事務の性質に従いもっとも本人の利益に適合する方法で事務を管理する義務を負う（同1項）。管理の際には，受任者と同様に善良なる管理者の注意義務（**善管注意義務**）をもって管理しなければならない。ただし，管理が本人の身体・名誉・財産に対する急迫の危害を免れさせるためであるときは，管理者は，「悪意」（事務管理が本人の意思・利益に適合しないことを知っている）または「重過失」（前述の内容を知らないことについて重大な過失がある）の場合でなければ，その結果生じた損害を賠償する責任を負わない（698条）。

そして，管理を開始したならば，本人などが管理することができるまで管理を継続する義務（管理継続義務）を負う（700条本文）。ただし，管理の継続が本人の意思に反するか本人に不利なことが明らかな場合には，管理を継続する必要はない（同ただし書）。

さらに，701条が委任の規定を準用することにより，情報提供義務（645条），受領物の引渡し・移転義務（646条1項・2項），金銭を消費した場合の利

息支払・償還義務を負う（647条）（規定の詳細については⇨第2部第9章第1節参照）。

（3）本人の義務

　管理者が本人のために有益な費用を支出したときは，本人は管理者に対してそれを償還する義務を負う（702条1項）。有益費には，管理の目的物の価値を増加させる費用だけでなく，物の保存に必要な費用も含まれる。有益であるかどうかは，支出の時を基準として客観的に判断される。管理者が本人のために有益な債務を負担したときは，本人は一定の要件のもとに相当の担保の提供をすべき義務を負う（同2項による650条2項の準用）。

　管理者が本人の意思に反して管理をした場合には，本人は現に利益を受ける限度においてのみ，有益費用の償還等の義務を負う（同3項）。

展　開

1　事務の他人性　　　　　　　　　　　　　　　　　　　　解釈

　【構造】2（3）で示したドッグフードの購入のように，それだけでは誰の事務か定まらない場合（中性の事務とよばれる）には，「保護した他人の犬のため」という他人のためにする意思をもって事務を処理することにより，他人の事務としての性格を帯びることになる。このように，「事務の他人性」は，その事務の性質により，「他人ため」との相関関係で判断されることになる。なお，所得税の申告納付や自己の債務の弁済などは「客観的自己の事務」とよばれ，たとえ他人の事務と誤信して処理したとしてもその行為は事務管理とはならない（最判平22・1・19判時2070号51頁）。

2　事務管理の対外的効力　　　　　　　　　　　　　　　　関連

　事務管理は，本人と管理者との間の債権債務関係について規律するものであり，第三者に影響を及ぼすことはない。しかし，管理者が管理行為にあたり第三者との間で契約などの法律行為を行った場合には，その効力の帰属をめぐって問題が生じる。

　管理者が「自己の名」で法律行為を行った場合には，その効力は管理者と相手方との間で生ずるのであり，本人には及ばない。たとえば，保護した犬のためにドッグフードを購入したり，獣医との間で診療契約をした場合に

は，その費用の支払義務は管理者に帰属する。

　管理者が「本人の名」で行った場合には，それは事務管理ではなく，代理その他の法律関係をともなわない限りは，本人には効果が帰属しない（最判昭36・11・30民集15巻10号2629頁）。この場合，管理者の行為は無権代理となる。

研　究

準事務管理

関係

　たとえば，他人の小説を勝手にアニメ化して巨額の利益を得た場合のように，ある人が他人の財産・権利を管理（利用）して利益が生じた場合，その利益はどのように処理すべきだろうか。事務管理が成立する場合には，管理者は受けた利益すべてを本人に引き渡す義務を負うが（701条による646条1項・2項の準用），「利他的な意思に基づかない」，「本人の意思に適合しない」などの理由から事務管理が成立しないときは，通常は不当利得または不法行為で処理されることになる。その場合，侵害者は本人（本来の権利者）に対し「利得（損失）の返還」（703条）か「損害の賠償」（709条）の義務を負うが，どちらも本人の被った損害が限度となる。しかし，それでは違法に干渉された（事務管理が成立しない）ほうが本人は利益を受けることができないという奇妙な結果を生じることになってしまう。このような「他人のためでない」他人の事務の管理行為は一般に**準事務管理**とよばれ（日本が立法の際に参考にしたドイツ民法には準事務管理に関する規定がある），このような場合にも事務管理の規定を類推適用し侵害者があげた全利益を本人に引き渡させることができないかが議論されている。

　判例には，A・B2人で船舶を共有している船舶を，便宜上，AがBの同意なしに自己の持ち分とともにBの持ち分を処分したところ，Bが売却代金の半額を請求したという事案について，他の共有者の同意を得ることなく売却する行為は不法行為であるが，他の共有者が後日その売買行為を承認したときは，事務管理の法則により（701条による646条の準用），BはAに代金の引渡しを請求できるとしたものがある（大判大7・12・19民録24輯2367頁）。判決文中には，「準事務管理」という言葉はみられないが，多くの学説はこの判決について，理論上，準事務管理の法理を認めたものと考えている。

　学説では，肯定説・否定説の両者が存在している。肯定説は，他人の権利

を違法に侵害した者にその利益を帰属させることは不公平な結果を生じ不法を助長させるとして，行為者への制裁と本人保護の観点から，準事務管理の成立を認めている。一方，否定説は，事務管理は利他的な行為を奨励するための制度であって，「自分自身のため」という利己的な行為である違法な管理行為に事務管理制度を準用することは筋違いの議論であるとする。

　法律構成と妥当な結論（価値判断）のいずれを重視するかにより結論が異なることになるが，関連する他の制度を学習したあとに考えてみてほしい。

　なお，知的財産関係の諸法では，知的財産権の侵害者が侵害行為によって利益を受けているときは，その利益の額を損害額と推定するとの規定を置き，この問題を立法的に解決している（特許102条 2 項，著作114条 2 項など）。

次のステップ

➡事務管理制度全体について
・石崎泰雄＝渡辺達徳編『新民法講義 5 』（成文堂，2011年）1-28頁［芦野訓和］
➡準事務管理について
・近江幸治『民法講義Ⅵ［第 3 版］』（成文堂，2018年）20-23頁

（芦野訓和）

第**3**章　不当利得

　本章では，不当利得を扱う。不当利得は，契約・事務管理・不法行為と並ぶ債権発生原因の1つである。不当利得について，民法には，703条から708条のわずか6条しか規定がない。それにもかかわらず，さまざまな場面に適用され，こんにちでは，不当利得の統一的理解は困難なものと認識されている。そこで，本章では，まずは，不当利得を概観して類型化したうえで（第1節），つぎに，比較的理解の容易な，二当事者間で不当利得が問題になる場面を扱い（第2節から第4節），さらに，より複雑な問題として，3人以上がかかわる多数当事者間の不当利得を取り上げることにする（第5節）。

第**1**節　不当利得概観
703条-708条

　本節では，不当利得を概観して，その意義を説明し，基本的な要件と効果を確認しておくことにする。詳細な説明は次節以降で展開されることになるが，その基本になる類型は，本節において扱う。

構　造

1　意義・機能

　たとえば，①売買契約が履行された後になって詐欺を原因として取り消された場合，買主が売主から引渡しを受けた目的物も，売主が買主から支払を受けた代金も，それぞれ，相手方に返還しなければならない（例1）。また，②境界を誤って他人の土地に生えている樹木を伐採して木材として売却した場合にも，この樹木の有していた価値をその所有者に返還しなければならない（例2）。それ以外にも，③自分の土地と勘違いして他人の土地に石垣を築造した場合にも，この土地の所有者が得た利益は返還させるべきであろう（例3）。民法は，これらの場合に適用される一般条文として，703条におい

て，「法律上の原因なく他人の財産又は労務によって利益を受け，そのために他人に損失を及ほした者（以下この章において「受益者」という。）は，その利益の存する限度において，これを返還する義務を負う」と規定する。

2　類　型

（1）類型論──給付利得・非給付利得（侵害利得，支出利得）

　こんにちでは，不当利得制度を利得の「不当性」に着目して類型的に検討するのが一般的である（類型論）。その類型について，分類方法や名称が必ずしも見解の一致をみているという状況ではないものの，本書では，不当利得が給付によるものかどうかという観点から，①給付利得と②給付によらない利得（非給付利得）に分けたうえで，後者②をさらに2つ，ⓐ侵害利得とⓑ支出利得に分けて説明することにする。

　まず，①給付利得とは，前述1にあげた例1のように，一定の法律上の原因があることを前提に給付がなされたものの，実際にはその前提が存在しなかった場合に，その給付を返還させる場合である。

　つぎに，②非給付利得のうち，ⓐ侵害利得とは，前述1にあげた例2のように，他人に帰属する財貨が無権利者によって使用・収益・処分された場合に，その者の得た利益を本来の権利者に返還させる場合である。また，ⓑ支出利得とは，前述1にあげた例3のように，本来は他人が支出すべきものを負担した場合に，その立て替えた支出を返還させる場合である。

（2）本章における説明の順序

　本章では，この分類に従って，第2節において，②非給付利得として，ⓐ侵害利得とⓑ支出利得をまとめて説明し，第3節において，①給付利得を説明する。本章において給付利得よりも非給付利得を先に説明するのは，給付利得については，一般不当利得の規定（703条，704条）をそのまま適用することが適切ではないと考えられており（⇨第3節【構造】3（1）），学習のしやすさからは，本節において一般不当利得の規定を概観して，その応用として非給付利得を学び，そのうえで，給付利得について学習する方が理解しやすいと考えられるからである。また，民法には，法政策上の判断から，本来ならば成立するはずの給付利得返還請求権が成立しないとされる場合があり，これらの場合の特則（非債弁済に関する705条から707条，および，不法原因給付に関する708条）については，第4節において特殊な不当利得として説明する。

　ここまでに想定されているのは，二者関係において生じる不当利得であるが，より複雑な問題は，3人以上の多数当事者がかかわる場合に生じる。これは，利得の「不当性」に着目すれば前記の類型のいずれかに分類することも可能ではあるが，考察の便宜上，第5節において独立に説明することにする。

③ 成立要件・効果

　前述2のとおり，類型論に立って，本章では，第2節および第3節において類型ごとに詳述するが，不当利得の一般的な成立要件と効果の概要を述べれば，以下のとおりである。

（1）成立要件

　不当利得の一般的な成立要件は，①他人の財産または労務によって利益を受けたこと（受益），②他人（損失者）に損失を及ぼしたこと，③受益と損失の間に因果関係があること，④法律上の原因がないこと，である（703条）。

（2）効　果

　受益者は，損失者に対して，利得を返還しなければならない（703条）。返還の範囲は，受益者が法律上の原因のないことを知らなかった場合には，現に利益を受ける限度で返還すればよい（同条）が，知っていた場合には，利得の全部とその利息の返還に加えて，他に損害があればそれも賠償しなければならない（704条）。

　なお，非債弁済と不法原因給付については，特殊な不当利得として，第4節を参照のこと。

展　開　　

公平（衡平）説から箱庭説・類型論へ　　関係

　学説は，不当利得について，かつては，「形式的・一般的には正当視される財産的価値の移転が，実質的・相対的には正当視されない場合に，公平の理念に従ってその矛盾の調整を試みようとする制度」として理解してきた（公平（衡平）説）。判例も，「不当利得の制度は，ある人の財産的利得が法律上の原因ないし正当な理由を欠く場合に，法律が，公平の観念に基づいて，利得者にその利得の返還義務を負担させるもの」（最判昭49・9・26民集28巻6

号1243頁［百選Ⅱ【80】］。⇨第5節【展開】1（2））であるとする。そして，このような公平（衡平）説に基づいて，学説では，民法に規定されたほかの法制度によって解決できる場合にはそれを適用すべきであり，不当利得の法理を適用すべきではないという考え方（不当利得の補充性）も主張されてきた。

　しかし，こんにちの学説は，公平（衡平）説のような一般的・抽象的な理念に基づく統一的理解には批判的である。学説では，たとえば，不当利得制度は，「法律上の原因」の有無の判断において，財貨の移転と関連する他の実定法上の諸制度が反映された「箱庭」であるとする考え方を主張するものがある（箱庭説。詳細は，**次のステップ**の文献を参照）。この立場のように，学説は，一般に，不当利得制度を他の実定法制度と同一平面で機能する制度として捉えた上で，本章において採用する類型論のように，財産法の体系に沿って，類型ごとに要件や効果を考察する。

次のステップ
➡不当利得の全体・箱庭説について
・加藤雅信『事務管理・不法利得・不法行為（新民法大系）［第2版］』（有斐閣，2005年）29-129頁（箱庭説については，48-50頁および89-92頁を参照）

（深川裕佳）

第2節　非給付利得
703条-704条

　本節では，非給付利得として，①侵害利得と②支出利得を扱う。いずれも前節において説明した一般的な不当利得の要件（703条）および効果（同条および704条）を確認したうえで，本節において紹介する前記2つの類型の典型例を念頭に学習するとよい。【構造】において，2つの類型の基礎的な構造を説明したうえで，【展開】において，効果に関して解釈上問題となる点を扱う。

構　造

1　非給付利得の意義——侵害利得と支出利得

　すでに述べたように（⇨第 1 節），①**侵害利得**とは，特定人に帰属する財産（物権，債権，知的財産権など）を他人が無権原で使用・収益・処分した場合に，その者の得た利益を本来の権利者に返還させる類型である。また，②**支出利得**とは，本来は他人が支出すべきものを負担した場合にその立て替えた支出を返還させる類型である。

　①侵害利得も②支出利得も，不当利得が給付によらないもの（非給付利得）である点において共通するが，②支出利得は，受益者にとっては，いわば押し付けられた利得であり，費用支出者（損失者）よりも受益者への配慮が必要である。そこで，以下では，この 2 つの類型を分けて説明することにする。

2　侵害利得

（1）成立要件

　前節において述べたように（⇨第 1 節【構造】3），不当利得の一般的な成立要件は，①受益，②損失，③受益と損失の因果関係，④法律上の原因がないことの 4 つである（703条）。これを侵害利得について確認すれば，以下のとおりである。

　他人の土地を権原なしに使用したり，他人の土地で権原なしに樹木を伐採して第三者に売却処分したりした場合のように，無権原者が他人の財産の使用・収益・処分によって受けた利益が要件①の受益に当たる。受益を生じさせた原因は，このような受益者の行為だけでなく，第三者の行為（たとえば，第三者が損失者の飼料で受益者の家畜を飼育した場合）や事件（たとえば，損失者の生けすから台風で逃げ出した養殖魚が受益者の生け簀に混入した場合）であってもかまわない。

　受益をその財産の権利者の側からみれば，要件②の「損失」である。まったく利用されておらず，利用の予定もない他人の土地を権原なく勝手に利用した場合には，その所有者に損失がないようにもみえるが，このように権利者が実際には利用していない物を無権原者が無断で使用した場合でも，その権利者には，受益に対応する損失があると考えられている。

　前記のように，受益と損失とは1つの現象を受益者と損失者のいずれの側からみるかというだけであるから，要件③の因果関係も当然にみたされる。

　④法律上の原因がないこととは，他人の財産の使用・収益・処分による受益が利益を割り当てている帰属法秩序（物権，債権，知的財産権等）に反することを意味する。成立要件としては，受益者が自己の無権原について善意か悪意かを問わない（効果の面では異なることについては，つぎに述べる）。

（2）効　果

　以下では，効果の概要を述べることとして，後述【展開】において判例を踏まえてさらに説明する。

　受益者は，損失者に対して，不当利得を返還する義務を負う（703条）。侵害利得の場合には，受益者によって使用・収益・処分されているので，原物返還ではなく，価額返還が原則である（後述【展開】も参照）。

　不当利得返還義務の範囲は，法律上の原因がないことについて，①善意か，②悪意かによって異なる。なお，善意でも，過失があれば，②悪意と同様に扱われる。

　703条を704条と合わせて読めば，①善意・無過失の受益者は，「利益の存する限度」（現存利益）の範囲において返還義務を負う。

　これに対して，②悪意の受益者は，「受けた利益に利息を付して」（704条前段）返還しなければならない。すなわち，たとえ利益が現存しなくても，受けた利益の全額を返還しなければならない。価額を返還すべき場合には，利息を付す必要がある（法定利率について404条を参照）。利益の全額と利息を返還しても損失者になお損害が残るときは，悪意の受益者は，損害賠償義務を負う（704条後段）。

3　支出利得

　支出利得として問題になるのは，①他人の物に費用を投じてその価値を高めた場合に，費用支出者がその本来の負担義務者（受益者）に対する**費用利得**や，②他人の債務を弁済した場合に，弁済者が債務の免除という利益を受けたその債務者（受益者）に対する**求償利得**である。ただし，いずれについても，事務管理が成立する場合には，事務管理の法理のみが適用される。

　要件と効果については，前述の侵害不当利得において述べたことと同様に考えればよいので，以下では，支出利得に特徴的な点を述べる。

（1）費用利得

物の占有者が所有者からの返還請求に応じてその物を返還する際に，占有者が費やした費用（必要費・有益費）の償還が認められている（196条）。また，賃借人が賃貸人に賃借物を返還する際に，賃借人の負担した費用（必要費・有益費）についても，償還を請求することができる（608条）。一般不当利得としての費用利得は，このような特別の規定がない場合に，適用される。たとえば，他人の飼い猫を飼養した場合である。

利得の押付防止のためには，受益者が自ら負担したであろうと考えられるような費用の支出でなければならない。

（2）求償利得

連帯債務者間の求償権（442条）や，委託を受けた保証人の求償権（459条）は，法律上の原因に基づくものである。求償権に関する特別の規定がない場合が，一般不当利得としての求償利得の問題になる。第三者の弁済（474条）については，求償に関する規定がない。そこで，事務管理が成立しないかぎりは，不当利得に基づく求償権の発生が問題になる。

第三者の弁済においては，弁済をした損失者と債務者である受益者に加えて，債権者がかかわるために多数当事者間の不当利得の問題も生じる。このように多数当事者間において不当利得が生じる場面については後に述べることとして（⇨第5節），本節では，因果関係に問題が生じない場面として，委託を受けずに第三者の弁済がなされた場合であって，債権者と債務者の間の法律関係が有効に存在しているときを例としてあげることができる。この場合に，利得の押付防止は，第三者の弁済について定められた要件（474条）によって考慮されている。

展　開

1　侵害利得における原物返還と物権的請求権 　解釈

不当利得返還義務の履行として，原物返還が可能であれば，原物を返還すべきであり，原物が特定物であってこれが処分されたような場合には，処分された原物そのものの返還が不可能であることから，受益者は，損失者に対して価額返還をするしかないと考えられている。

このことは，とくに，給付利得にあてはまるものの，侵害利得において

は，前述【構造】2（2）のとおり，価額返還が原則である。侵害利得において，たとえば，伐採された樹木が受益者のもとで燃料として消費されたり，受益者から第三者に売却処分されたりした場合には価額返還によることになる。伐採された樹木がそのまま受益者の手元にある場合には，原物である樹木の返還は，不当利得返還請求権ではなく，所有権に基づく返還請求権などの物権的請求権によって実現される。

2　代替性のある物を第三者に売却処分した場合の返還義務　解釈

　代替性のある物を第三者に売却処分した場合には，原則として，受益者は，損失者に対して売却代金相当額の金員の不当利得返還義務を負う（最判平19・3・8民集61巻2号479頁［判例30！④【15】，百選Ⅱ【78】]）のであって，損失者は，価額返還と代替物による返還を選択的に請求できるわけではない。代替物の価額が変動する場合に，受益者の返還すべき利益を事実審口頭弁論終結時における同種・同等・同量の物の価額相当額であるとすると，その時点の価額次第で受益者の返還が過大であったり，過少であったりすることが起こりうるので「公平の見地」に照らして相当ではなく，「受けた利益を返還するという不当利得制度の本質に適合しない」と考えられるからである。

3　善意の受益者の負う不当利得返還義務の範囲　解釈

　前述【構造】2（2）のとおり，703条に基づいて，善意・無過失の受益者は，現存利益の範囲において返還義務を負う（191条と対応している）。たとえば伐木を燃料として使用しても，燃料代を節約したという形で利益は現存する（これを出費の節約ということもある）。他方で，金銭の不当利得において，予定外の豪遊やギャンブルに使ったというような場合には，利益は消滅したことになる。判例によれば，利益の存在しないこと（利得消滅の抗弁）の主張・立証責任は，不当利得返還請求権の消滅を主張する受益者が負い，また受益者が法律上の原因がないことを認識した後の利益の消滅は，返還義務の範囲を減少させる理由とはならないとされる（最判平3・11・19民集45巻8号1209頁）。

　なお，善意の占有者は，果実を収取することができるので（189条1項），それによる利益は不当利得にならない。そこで，他人の土地を善意で自己のものと誤信して使用していた場合には，当該土地を明け渡すだけでよく，使用利益の返還をしなくてもよいと考えられている。

4　悪意の受益者が負う損害賠償義務の法的性質　解釈

　前述【構造】2（2）のとおり，悪意の受益者は，①「受けた利益に利息を付して」（704条前段）返還しなければならないし（190条1項と対応している），それでも損失者になお損害が残るときは，②損害賠償義務を負う（704条後段）。①法定利率による利息支払義務は，受益者による受益の時から生じる。②損害賠償義務の法的性質については，学説に議論があったものの，判例は，同後段の法的性質について，「悪意の受益者が不法行為の要件を充足する限りにおいて，不法行為責任を負うことを注意的に規定したものにすぎ」ないと判示した（最判平21・11・9民集63巻9号1987頁）。

（深川裕佳）

第 **3** 節　　給付利得

703条，704条

　本節では，不当利得のうち，給付利得とよばれる類型について学ぶ。【構造】では，給付利得の意義・成立要件・効果について確認する。給付利得は，契約の清算としての性格をもつことから，第1節で述べたように，不当利得の一般的な枠組みがそのまま当てはまらない点が多い。【展開】では，そのような給付利得の特徴をみる。また，給付利得において，不当利得返還請求権との競合が問題となる物権的返還請求権との関係についても【展開】で扱う。

構　造　

1　給付利得の意義

　給付利得とは，一度は前提となる法律関係が生じ，それに基づいてある人からある人に対して給付がされたが，その後に給付の基礎となった法律関係が何らかの理由で消滅したことによって，給付を受けた者（受益者）の給付の保持が「法律上の原因」を欠くものとなった場合を指す。給付の基礎となった法律関係が消滅する理由としては，契約の不成立や無効，契約の取消しといった場合が典型的なものとしてあげられる。また，契約解除の効果に

ついて，遡及的に契約が消滅すると考える立場（直接効果説）からは，解除の場合の原状回復義務も給付利得の特則として位置づけられる（解除の法的構成について⇒第1部第5章第4節【展開】）。

　給付利得の類型に含まれるもののうち，債務が存在していないにもかかわらず弁済をした場合（これを**非債弁済**という）については，705条から707条が規定している。さらに，不法な原因によって債務が無効となった場合（これを**不法原因給付**という）についても，708条に特別な定めがあり，これらは特殊な給付利得として異なる扱いがされるため，後に述べる（⇒第4節）。

　給付利得は，給付の基礎となった法律関係の清算ないし巻き戻しの場面であることから，不当利得の要件および効果を考える際にも，一度は存在していた法律関係（この法律関係を表見的法律関係ないし前提的法律関係とよぶことが多い）と切り離して捉えることはできない。また，法律関係の解消による給付の巻き戻しについては，民法上，個別の規定が置かれている場面もある（後述の121条の2第1項，545条）。したがって，給付利得においては，不当利得一般の規定である703条・704条がそのままの形では適用されていない点に注意する必要がある。

2　成立要件

　第1節・第2節で確認したように，703条から，不当利得の要件は，①受益，②損失，③受益と損失の因果関係，④法律上の原因がないことである。給付利得における「利得」は，給付それ自体を指す。売買契約が取り消された場合を例にとると，売主から買主に引き渡された目的物は，売主にとっては要件②の損失であり，買主にとっては要件①の受益である。受益と損失は1つの給付を当事者のいずれの側からみるかの違いであり（裏表の関係），給付が二当事者の間で行われるかぎりでは，③因果関係の要件も独立に検討する必要はない（因果関係が問題となる場面は，主に多数当事者間での不当利得である。⇒第5節）。したがって，売主から買主に目的物の給付がされたという事実が認められると，これらの要件をすべてみたすことになる。

　給付利得の中心的な要件となるのは，④法律上の原因がないことであるが，前述のように，法律上の原因を欠くに至る理由には，契約の不成立，無効および取消しなど複数のものがあり，これらについては民法の各箇所の規定に従うことになる。

3　効　果

（1）給付利得の特徴

　給付利得では，給付の基礎となった法律関係が，その清算としての利得返還の場面にも影響する点に特徴がある。不当利得の一般規定である703条・704条は，受益者の善意・悪意によって利得返還の範囲を区別するとしているが（⇨第1節【構造】3），給付利得においては，このような取り扱いはされておらず，受領した給付はすべて返還するのが原則となる。

　民法は，121条の2第1項で無効な法律行為に基づいて受領した給付の返還について規定している。そこでは，**原状回復を原則**として定め，その例外については，121条の2第2項・第3項が個別に規定している（この点は後述する）。また，契約が解除された場合の効果についても，545条が原状回復義務を定めている（⇨第1部第5章第4節）。

　なお，121条の2は，改正によって新設された規定である。改正前，学説では，給付利得に703条・704条の適用があるかをめぐってさまざまな見解が示されていた。かつての伝統的見解（衡平説⇨第1節【展開】）は，給付利得を含むすべての不当利得に703条・704条を適用すべきであると主張したのに対し，不当利得の類型論を支持する見解はこれを否定し，原状回復を基礎とすべきとしていた。このような議論が展開される中，121条の2の新設により，一定の具体化が行われたところである。もっとも，121条の2は，給付利得について問題となる場面全体を定めるものではない。したがって，給付利得における703条・704条の適用の問題が解消されたわけではないが，いずれにせよ改正後の規定のもとでは，給付利得について不当利得一般に関する判断枠組みが果たす役割はそれほど大きくないといえる。

（2）原状回復義務と利得消滅の抗弁

　前述のように，給付利得における受領者は，原則としてすべての給付を返還すべき義務を負う。このとき，給付された目的物の原物を返還するのが原則である（原物返還の原則）。原物を消費・譲渡するなどして返還不能となった場合は，**価額による返還**が義務づけられ，その物の客観的な価値に基づいて算定した価額を金銭で返還することになる。

　給付利得では，一度は存在した法律関係を基礎に，両当事者の意思に基づいて給付が行われているということから，法律関係の清算の場面においても，利得消滅の抗弁は容易には認められず，現存利益への返還義務の縮減は

限定的なものとして捉えられる。

　なお，121条の2は，原状回復の例外を個別に定めている。それによると，無効な無償行為（たとえば，贈与契約）での善意の給付受領者（同2項），意思無能力者・制限行為能力者（同3項）については，現存利益の返還で足りる（それぞれの規定の趣旨については，民法総則の教科書などを参照してほしい）。また，民法ではないが，消費者契約法に基づく取消しの場合についても消費者保護を目的として返還義務の範囲を現存利益とする規定が置かれている（消契6条の2参照）。

展　開

1 双務有償契約の清算 `関連`

（1）双務有償契約の特徴

　給付の基礎となった法律関係が双務有償契約である場合には，その前提となる法律関係上の双務性が給付利得の返還債務にどの程度反映されるのかが問題となる。この点，清算の場面においても，双務契約に基づく債務の対価的牽連関係といった相互の関連性を前提に処理すべきとの理解が一般的である。

　（a）同時履行の抗弁　　当事者の給付の返還請求権が同時履行の関係（533条。⇨第1部第4章第2節）に立つかについて，解除における原状回復に関しては，546条が533条を準用することを明らかにしている。また，判例は，無効や取消しの場合の給付返還につき，533条を類推適用し，同時履行の関係にあることを認めている（未成年者であることを理由とする取消しの場合について，最判昭28・6・16民集7巻6号629頁）。しかし，詐欺・強迫を理由として取消しがされた場合には，詐欺・強迫をした者からの同時履行の抗弁は認めるべきではないとされており，契約の取消原因による当事者の関係性を考慮した取り扱いがされている点には注意が必要である。

　（b）給付目的物の滅失・損傷による返還不能　　返還すべき目的物が滅失・損傷し，返還不能となったときの問題は，いくつかのケースが考えられる。無効となった売買を例に確認すると，引き渡された売買目的物が滅失・損傷した場合には，①買主に帰責事由があるとき，②売主に帰責事由があるとき，③両当事者のいずれの帰責事由にもよらないときがあげられる。これ

らの場合に，両当事者の法律関係がどうなるのかについては，学説上複数の考え方が示されている（解除について同様の問題が議論されている。⇨第1部第5章第4節【展開】2（3）参照）。もっとも，①の場合については，前述したように受領者が価額による返還義務を負うとする見解が有力である。とくに問題となるのは，買主に帰責事由がない②③の場合である。この点について，解除の箇所で述べたように，危険負担の考え方から，③の場合には，返還不能となった目的物の客観的価値の範囲で，売主は，買主に対して売買代金の返還を拒むことができるとし（536条1項），②売主に帰責事由があるときは，買主は，売買代金の返還請求権を失わない（536条2項）とする見解がある（危険負担について⇨第1部第4章第3節）。これに対して，買主は，原則として価額による返還義務を負うとしたうえで，例外的に，②売主に帰責事由がある場合には，価額返還義務を免れると構成する見解も有力となっている。

（2）利得返還の範囲

（a）果実，使用利益，利息の返還　　解除における原状回復義務に関しては，利息と果実の返還について明文の規定があるが（545条2項・3項。⇨第1部第5章第4節），無効・取消しに関しては定めがない。そこで，給付を受けた物が金銭であるときの利息や，給付目的物に果実や使用利益が生じていたとき，これらが返還すべき範囲に含まれるかが問題となる。この点，双務契約の清算では，受益者の善意・悪意にかかわらず，金銭についての利息，目的物について生じた果実および使用利益をいずれも返還すべきとの理解が一般的である。この考え方によると，無効・取消しと解除による清算の取り扱いは共通することになる。

（b）必要費・有益費　　果実等とは反対に，給付された目的物について受領者が何らかの必要費ないし有益費を支出した場合には，その費用の償還請求に関して，占有者による費用償還請求を定める196条が類推適用されると解される。

２　物権的返還請求権との関係　　関係

契約の無効ないし取消しの場合に，すでに当事者間で目的物が引き渡されていたとしても，所有権は遡及的に譲渡人に復帰する。したがって，譲渡人は，自己の所有権に基づいて譲受人に対して物権的返還請求権を行使することができるため，不当利得返還請求を認める必要はないとの考え方も可能で

ある。これに対して，学説では，譲受人が目的物を占有し，譲渡人が占有を失っていることについて，不当利得の成立を肯定する見解が多数である。なお，占有の不当利得を認めた場合，所有権に基づく物権的返還請求権との関係も問題となるが，これらの請求権の要件をいずれもみたす場合は，いずれの手段によるかは当事者の選択に委ねられると解される。

次のステップ

➡契約の無効・取消しと不当利得規定との関係について

・潮見佳男「講座・学びなおし民法総則〔第5回〕売買契約の無効・取消しと不当利得（その1）（その2）」法学教室455号（2018年）94-100頁，456号（2018年）92-99頁

（永岩慧子）

第4節 特殊な不当利得

705条-708条

　本来は不当利得であるが，ある理由・事象から受益者が弁済をする必要がない特殊な不当利得として，民法は非債弁済と不法原因給付を規定している。本節では【構造】において非債弁済と不法原因給付の意義や成立要件，効果を扱う。そして【展開】では不法原因給付に関連して，当事者双方に不法の原因がある場合と，不法原因給付によって返還の必要のなくなった不動産に関する権利の帰属の問題を扱う。最後に【研究】では，不法原因給付の考え方が民法の他の条文，とくに不法行為の場面でも反映されるのかという問題を扱う。

構 造

1 概説（非債弁済・不法原因給付）

　法律上の原因なく他人の利益を取得した者は，利得を返還する義務を負うことはすでに述べた（⇨第1節–第3節）。債務を負っていない者が債務を負っていると誤信して弁済をしたような場合も，給付利得として受益者に返還を請求することができる。他方で受益者が本来であれば給付利得として利

益を返還するべきであるはずが，その返還をする必要がないとされる特殊な不当利得の場面が民法にはいくつか規定されている。それらを大別すると非債弁済（705条-707条）と不法原因給付（708条）である。

　まず**非債弁済**とは，債務が存在していないにもかかわらず弁済がなされることである。すでに支払った金銭債務を再び支払った場合や，実は他人の債務であるにもかかわらず，自分の債務であると思い込んで弁済したといった場合である。債務が存在しないということはそれに対応する債権も存在しないので，弁済を受けたが債権を有していない者は，法律上の原因なく利得を受けたことになる。そのため，こうした非債弁済の場合にも，弁済者はその受益者に対して返還を請求できることになる。

　一方で民法は，①債務の存在しないことを知って弁済をしたとき（705条），または②他人の債務を錯誤によって自分の債務と思い込んで弁済をした場合で債権者が善意で証書を滅失させるなどしたとき（707条）は，弁済者は不当利得返還請求ができない旨を規定する。この①②の場面において，弁済者は存在しない自分の債務の弁済をしている。そのため①②を合わせて**狭義の非債弁済**とよぶ。さらに，706条は③期限前の債務の弁済についても返還請求ができない場合を規定するが，①・②と比べて③はまだ弁済期が到来していないというだけで，弁済者の債務それ自体は存在しているという違いがある。前記の①，②と③を合わせて**広義の非債弁済**とよぶ。

　不法原因給付とは，不法な原因に基づいてなされた給付をいう。契約が無効である場合には本来は不当利得に基づく利益の返還が問題となるところ，無効原因が不法であるときは返還は認められない（708条。⇨【構造】5を参照）。

2　債務の不存在を知ってした弁済
（1）意　義
　弁済をした者が債務の不存在について悪意で弁済したとしても，受益者は法律上の原因なく利得をしている。そうすると，これも不当利得として返還する必要があるはずである。しかし，本来はする必要のない行為をあえてするような者を法が救済する必要はないため，この場合において不当利得返還請求を認めないという点に705条の意義がある。また，この場合における不当利得返還請求権の否定は，信義則上求められる**自己矛盾行為の禁止**（禁反言）の一例であるともされている。

（2）成立要件

　705条の成立要件は，①債務が存在しないこと，②弁済として給付をしたこと，③債務の不存在について弁済者が悪意であることである。

　①については契約が無効であったり，取消しによって遡及的に無効であったりしたために債務が存在しない場合や，債務は存在したものの，弁済や相殺，混同や免除など債務の消滅原因の発生によって債務が消滅している場合がこれに当たる。②について，705条の適用のためには弁済として任意に給付がなされる必要があるとされる。判例では，強制執行を避けるなどの理由でやむを得ず給付をした場合には，任意の給付とはいえないので705条の適用はないとした例がある（大判大6・12・11民録23輯2075頁）。③については，条文上，債務の不存在について「悪意」とされており，不存在を知らないことに過失があったとしても，705条は適用されない。

（3）効　果

　705条の成立要件が備わると，債務の不存在を知りながら弁済をした者は給付の返還を求めることができない。

3　他人の債務の弁済

（1）意　義

　債務は第三者によっても弁済できる（474条）。そのため弁済者が他人の債務を他人の債務と認識して弁済する場合には，第三者による弁済の問題として処理される。707条の規定する非債弁済としての他人の債務の弁済が問題となるのは，他人の債務を錯誤によって自分の債務であると思い込んで弁済をしたという場合である。弁済を受領した（他人の債務の）債権者は弁済者に対しては債権をもたず法律上の原因なく利得をしているため，弁済者は債権者に対して利得の返還を請求できる。しかし，債権者が有効な弁済を受けたと誤信し，債務の証書を滅失しあるいは損傷させる，担保を放棄するなどして，本来の債務者から債務を回収するための補助手段を失うこともありうる。また，本来の債務者に対する請求などを怠ってしまい，債権が時効で消滅してしまうということも考えられる。弁済を受けた債権者が有効な弁済であると誤信したために不利益を被る事態を防ぐため，他人の債務を自己の債務と思い込んで弁済をした場合に，債権者が善意で証書を滅失させ，もしくは損傷し，担保を放棄し，または時効によって債権を失うとき，弁済者は返

還請求権を失うこととした（707条1項）。これによって債権者を保護している。

　なお，不当利得に多数の当事者が関係する場面については第5節を参照してほしい。

（2）成立要件

　①他人の債務が存在すること，②他人の債務を自己の債務と錯誤して弁済すること，③債権者が善意で証書を滅失させ，もしくは損傷し，担保を放棄し，または時効によって債権を失うこと，である。

　②について，自己の債務が存在すると誤信して弁済をした場合はどうであろうか。たとえば保証人でない者が保証人であると誤信して，存在しないはずの自己の保証債務の弁済として金銭を支払ったとする。このとき債権者が善意で証書を滅失させるなどした場合，はたして債権者は保護されるのであろうか。この場合，弁済者は存在しない自己の債務が存在すると考えて弁済しているため707条の適用はない。さらに自己の債務の不存在について善意であるため705条の適用もない。そうすると弁済者は本来どおり利得の返還を請求できそうである。しかし，債権者が善意であるときには，自己の債務が存在すると誤信して弁済がなされた場合にも，保護の必要があるとして，707条の類推適用を認める学説もある。

（3）効　果

　707条1項の成立要件がみたされると，弁済者は不当利得返還請求権を失う。受益者は結果として受け取った弁済を保持することができ，そのかぎりで本来の債務者に対する債権を失う。本来の債務者はその債務の弁済をせずに済むことになるが，この場合，弁済者は債務者に対して求償をすることができる（同2項）。

４　期限前の弁済

（1）意　義

　すでに述べたように，期限前の弁済は広義の非債弁済とよばれ，狭義の非債弁済とは区別されている。この場合においては単に弁済期が到来していないというだけで，弁済者自身の債務が存在していないわけではないからである。したがって，厳密には非債弁済に該当しないが，広義の非債弁済とよぶことにする。

　債務の弁済期が指定されている場合，債務は弁済期に弁済される必要があるが，反対に弁済期が到来しない間は弁済の必要はなく，また債権者も弁済期到来まで履行の請求はできない。これを**期限の利益**（136条）というが，債務者が期限前に弁済をした場合，この利益を放棄したと理解してよい。そのため弁済期前の弁済も有効な弁済となり，結果として債務者はその返還を求めることはできないし，またその必要もない（706条本文）。

（2）成立要件

　①債務が存在すること，②弁済期にない債務の弁済をすることである。

（3）効　果

　弁済期前の弁済も有効な弁済となり債務も弁済によって消滅し，債務者は返還を請求することができない。しかし，この場合，債務者は弁済期までに得られたであろう利息などの利益を得られなかったことになる。債務者が弁済期にないことを知りながら弁済をした場合には，この不利益を認識できたといえるからこれを受け入れるべきである。他方で，債務者が錯誤によって弁済期にない債務を弁済したという場合には，債権者は債務者にこの利益を返還する必要がある（706条ただし書）。この利益の返還は中間利息の返還とされている（中間利息については⇨第3部第4章第6節）。

5　不法原因給付

（1）意　義

　法律行為が公序良俗（90条）に反して無効であるにもかかわらず給付がなされた場合，法律上の原因のない給付となるので給付者は不当利得に基づく返還請求が可能である。しかし，公序良俗に反する法律行為に基づいて給付をしておきながら給付したものの返還を求める給付者に対して，裁判所がその請求を認めてしまうと，その違法性や反社会性のために法律行為を無効としたにもかかわらず，間接的にそのような行為をした者を保護していることにもなりかねない。そこで民法は，不法な原因のために給付（不法原因給付）をした者は給付をしたものの返還を請求することができないと規定する（708条）。

　不法原因給付の返還請求権を否定する根拠は，自ら不法な行為をした者は法に救済を求めることはできないという**クリーン・ハンズの原則**である。他方でこの原則によると，不法の原因が給付者側ではなく，受益者側にのみ存

在する場合には返還請求権を認めてもよいことになる。そこで民法も，不法の原因が受益者にのみある場合には，給付者から返還請求をすることができる旨を規定する（708条ただし書）。そうすると給付者と受益者双方に不法の原因がある場合の扱いが問題となるが，これについては【展開】を参照してほしい。

(2) 成立要件

　不法原因給付の成立要件は，①不法な原因があること，②給付がなされることである。なお708条ただし書にあるように，不法な原因が受益者のみにある場合には，①と②の成立要件が備わっていても返還請求権は否定されない。

　①の不法な原因について，判例は公序良俗に反することと理解している（最判昭27・3・18民集6巻3号325頁）。また，麻薬売買や殺人契約などその取引自体が不法である場合のみならず，愛人関係を継続するために財産を贈与した場合（最大判昭45・10・21民集24巻11号1560頁［30！④【16】，百選Ⅱ【82】]）のように，その目的（動機）に不法がある場合も含まれる。強行法規に反する法律行為も無効であるが，この無効の場合にはただちに不法な原因があるとされるのではなく，さらにその社会において要求される倫理や道徳を無視した醜悪なものであることが要求される（最判昭37・3・8民集16巻3号500頁）。判例では，強制執行を免れる目的で財産を仮装譲渡した行為が刑法による処罰の対象となるとしても，これによってその行為が当然に708条の不法原因給付に当たるものとなるのではないとした事例がある（最判昭41・7・28民集20巻6号1265頁）。

(3) 効　果

　708条の成立要件がみたされ，かつただし書が適用されない場合，給付者は給付の返還を求めることができない。そのため受益者は不法な原因による給付の返還する必要はない。そうすると受益者はその不法ゆえに本来は受領してはならないものを，不法原因給付という法律規定に基づいていわば反射的に取得してよいこととなってしまう。民法のレベルでは不法な受益がまさにその不法性ゆえに放置されてしまうが，この点については場合によっては他の法律規定（とりわけ刑法などの刑罰法規）によって対応可能となることもある。麻薬売買など刑罰法規に反する取引に基づいて金銭を受領した者は，708条の成立要件がみたされるかぎりで金銭を返還する必要はないが，刑罰法規によるサンクションとして罰金等の刑罰が科されることにより，不法に

受領した金銭が結果として回収される。

展　開

1　当事者双方の不法性　解釈

　不法原因給付は，法律上の原因はないが不法な理由に基づいてなされた給付の返還を否定することを目的とするため，不法な原因があることが必要となることはすでに述べた。不法な原因の有無については，給付者側の主観的認識の問題と，受益者との関係という問題がある。

　給付者側の主観的認識の問題は，不法な原因の認識である。ただしこれについては行為の具体的不法性まで認識している必要はなく，不法な事実を認識していれば足りるとされている。またすでに述べたように，不法な原因が受益者にのみある場合には不法原因給付であっても返還請求権は否定されない。たとえば，売主が実際には何の価値もない商品を買主に高額で売り付けるという詐欺的商法によって代金を得たところ，売買が90条によって無効となったとする。この場合，詐欺的取引という不法性は売主側にのみあるため，買主は代金の返還を請求できる。

　不法の原因が給付者と受益者双方に存在する場合には，708条ただし書が適用されず給付者は返還請求権を行使できない。しかし，両者に不法な原因があっても，給付者側の不法の程度が微弱であり，受益者側の不法と比較すれば問題とならない程度であるという場合には708条ただし書の適用を認めてよいとされている。判例では，契約成立の過程で給付者に多少の不法があったとしても，相手方にも不法があり，さらに給付者の不法が相手方の不法と比べて微弱である場合には，返還請求に関して90条と708条の適用はなく，給付者は返還請求ができるとしたものがある（最判昭29・8・31民集8巻8号1557頁［百選Ⅱ［第5補正版］【73】］）。

2　所有権帰属と移転登記請求　関係

　不動産の所有権移転を目的とする契約が結ばれ，不動産の引渡しが済んだが，この契約が90条に反して無効であり，かつ708条のいう不法原因給付に当たる場合，契約は無効であるため所有権はそもそも移転しておらず，当初から売主（給付者）にあるはずである。しかし，不法原因給付に当たること

から，不当利得に基づく不動産の返還請求は認められないときに，売主は，不動産の所有権に基づく返還請求をすることはできるのだろうか。否定されるとすると，はたして所有権は売主と買主（受益者）のいずれに帰属するのであろうか。さらに，所有権が買主に帰属するならば，買主は売主に対して所有権移転の登記を請求することは可能なのであろうか。

　これらの問題につき，判例は以下のように述べた（いずれも前掲・最大判昭45・10・21）。

　まず，不動産の契約が無効であるが，不法原因給付に該当して売主が返還請求できないという場合，708条の趣旨から売主の所有権に基づく返還請求も否定される。不動産の所有権は売主と買主のいずれに帰属するのかについては，不法原因給付に当たるために所有権に基づく返還請求も否定される場合，その反射的効果として所有権は買主に移転したものと解するべきとする。さらには，このようにして不法原因給付の反射的効果として所有権を得るに至った買主は，所有権の移転登記を請求することもできるとしている。

研　究

適用範囲（不法行為損害賠償請求への類推）　　関連

　708条の不法原因給付は，自ら不法な行為をした者に対して救済を認めないための規定である。そうするとこのような考え方を別の制度において反映させることもできそうである。

　最高裁では以下のような事例が問題となったことがある（最判昭44・9・26民集23巻9号1727頁）。当時19歳であった女性Aが，男性Bに妻子があると知りつつBと情交関係を結んだ。その後AはBの子どもを妊娠し出産するに至るが，BはAを避けるようになり，また別の女性と関係を結ぶに至った。そこでAがBに対し，貞操権侵害を理由にして慰謝料を請求した。

　この事案に対して最高裁は，Aが情交関係を結んだBに妻がいることを知っていても，その一事によってAのBに対する貞操等の侵害を理由とする慰謝料請求が708条の法の精神に反して許されないものと画一的に解すべきではないとした。そして情交関係惹起の原因が主としてBにあり，Aの動機に内在する不法の程度に比し，Bの違法性が著しく大きいと評価できるならば，慰謝料請求は許容されるべきであるとした。

　この判例は，理論構成においては709条に708条の考え方を用いることを否定するものではない。実際に709条に基づく損害賠償請求に際し，708条（の考え方）を用いた判例もある。ヤミ金業者による著しく高額な利息の取立による被害者が，業者に対して不法行為に基づく損害賠償を請求した事案があった（最判平20・6・10民集62巻6号1488頁）。この事案において最高裁は，著しく高利の貸付けというかたちで被害者から元利金等の名目で違法に金員を取得して多大の利益を得るという反倫理的行為に該当する不法行為の手段として，被害者に対して貸付けとしての金員が交付されたとした。そして金員の交付によって被害者が得た利益は不法原因給付によって生じたものであり，この利益を被害者の損害額から損益相殺（損益相殺については⇨第4章第6節）として控除することは許されないとした。

┌─ 次のステップ ─────────────────────────────
│ ➡不法原因給付の適用範囲について
│ ・久須本かおり「不法原因給付と損益相殺」名古屋大学法政論集227巻（2008年）
│ 　647-673頁
└──────────────────────────────────────

（萩原基裕）

第5節　多数当事者間の不当利得

703条

　不当利得が問題となるのは二当事者間だけとは限らない。実社会においては，複数の者が関与するさまざまな不当利得（多数当事者間の不当利得）が存在し，法的問題も複雑となることが多い。本節ではそのような多数当事者間の不当利得について，【構造】において概要と問題点，【展開】において問題点をめぐる解釈，【研究】でさらなる発展的問題について学習する。

構　造

1　概　要

多数の当事者が登場し，その中で不当利得が問題となる場合には，さまざ

まな態様がある。大別すると，多数当事者間の不当利得は，①財貨の移動が連続する場合（「連続給付型」とよばれる）と，②当事者は多数存在するが，財貨の移動は一回である場合（「一回給付型」とよばれる）に分けることができる。たとえば，①AがBに金銭をだまし取られ（騙取され），Bがその金銭をCに弁済した場合に，AはCに不当利得返還請求できるか（事例①），②AがBの委託を受け，BがCに対して有する債務をBに代わって弁済したが，AB間の支払委託契約が無効であった場合に，誰が誰に対して不当利得請求できるか（事例②），という場合である。事例①は財貨の移転がA→B，B→Cと連続して行われるのに対し（図1），事例②は財貨の移転がA→Cと一回だけの点で異なっている（図2）。

2　問題の所在

多数当事者間の不当利得では，不当利得の成立要件について，複数の当事者およびその関係に関して検討する必要がある。事例①では，Aに損失はあるが，Cは自己の債務の弁済を受けただけであって，少なくともBC間では不当利得は成立していない（BC間では法律上の原因があるといえる）。このような場合に，AはCに対して不当利得返還請求ができるか（AC間に因果関係があるといえるか）。事例②では，Aに損失があるが，Aは誰に不当利得請求できるか（誰に利得があるのか）が問題となる。

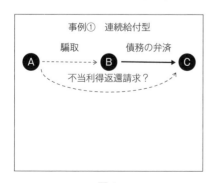

図1

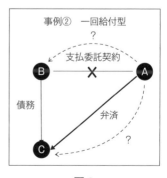

図2

展 開

1 騙取金による弁済（連続給付型の問題1） 解釈

(1) 問題点

事例①では，AはBに対して不法行為に基づく損害賠償を請求できる。しかし，Bが無資力の場合，Aが法的救済を受けるためには，Cに対して不当利得請求をせざるを得ない。果たしてこれは認められるだろうか。

(2) 因果関係

このような関係でまず問題となるのは，Aの損失とCの利得との間に因果関係があるかである。この問題について判例は，直接因果関係の存在が必要であると解してきた。その上で，BがAから騙取した金銭が，Bの他の金銭と混和（245条）することなく，そのまま債務の弁済としてCに交付された場合には，特段の事情がない限り金銭の所有権はいぜんとしてAにあるので，Aの損失とCの受益との間に因果関係が認められるが，騙取された金銭がBの他の金銭と混和しいったんBの所有に帰したときは，直接の因果関係は認められないとした（大判昭2・7・4新聞2734号15頁）。

しかし，このような判例の考え方については，金銭は価値が具現化しているだけであり，それ自体としては個性のないものであるから，その所有権は占有とともに移転する（金銭所有権は占有者にある）という金銭の特質を無視するものであるという批判が学説から投げかけられた。その後，最高裁は，因果関係については金銭の所有権を問題とせずに，社会通念上Aの金銭でCの利益を図ったと認められるだけの連結がある場合には，不当利得の成立要件である因果関係が認められるとした（最判昭49・9・26民集28巻6号1243頁［百選II【80】]）。

(3) 法律上の原因

因果関係が認められたとしても，前述のとおりCはBの債務の弁済として金銭を受け絶ったのであるから，Cの受領は法律上の原因があるとも考えられる。この点について，当初判例は，Cが金銭を債務の弁済として善意で受領した場合には，法律上の原因があると判断した（最判昭42・3・31民集21巻2号475頁）。そしてその後，Cが債務の弁済としてBから金銭を受領するについて悪意または重大な過失がある場合には，Cの金銭取得には，Aとの関係では法律上の原因がなく，不当利得になると判断した（前掲・最判昭49・

9・26)。

この判例の見解については，学説からさまざまな見解が示されている。不当利得全体を学習した上で，**次のステップ**の文献をもとに，学説の指摘とその分析についてさらに考えてみてほしい。

2　第三者の弁済（一回給付型の問題 1）

(1) 問題点

事例②では，A は無効である支払委託契約に基づいて B の債務を C に弁済している。この場合，A は B，C のいずれに不当利得返還請求ができるだろうか。金銭の授受についてみれば，A が損失者であり C が受益者であるようにもみえる。しかし，A から C への弁済によって B の債務が消滅しているのであるから，B が受益者のようにも思える。どのように考えればいいだろうか。

(2) 法律上の原因

事例②の場合には，C は債務の弁済を受けているのであり，C が金銭を受領したことについては法律上の原因が存在する。一方で，AB 間の委託契約が無効であるにもかかわらず，B は A の損失によって債務の消滅という利益を得ているのであるから，不当利得は AB 間で生じていると考えられている。

では，AB 間の委託契約は有効であるが，B の C に対する債務を生じさせている BC 間の契約が無効な場合にはどうであろうか。この場合には，A は有効な契約に基づいて支払っている以上，A の支払には法律上の原因があることから，不当利得は BC 間で生じていると解されている。

このように，法律上の原因が存在しない当事者間で不当利得関係が生じることになる。

3　第三者への弁済（一回給付型の問題 2）

(1) 問題点

たとえば，買主 A と売主 B との間で売買契約が締結されたが，代金は C に支払うことになっており，C が金銭を受け取ったあとに，AB 間の売買契約が無効であることが判明した場合，A は B，C のいずれに対して不当利得返還請求ができるだろうか。

この事案については，Cに受領権限がある場合とCに受領権原がない場合に分けて検討する必要がある。

(2) 受領権限がある第三者への弁済

この場合は，さらに，BのCに対する受領権限の付与が，Bの利益のために行われた場合（たとえば，Bが債権回収をCに委託した場合）と，Cの利益のために行われた場合（たとえば，CのBに対する債権を担保するためにCが代理受領権を与えられた場合）に分けて検討する必要がある。

Bの利益のためにCに受領権限が付与された場合には，実質的な受領権者はBであるから，AがCに弁済した金員をすでにBがCから受け取っているときは，AはBに対して不当利得返還請求をすることができる。これに対して，いまだ代金がCにとどまっている場合には，AはBとCのいずれに対しても不当利得返還請求をすることができると解されている。

一方，Cの利益のために受領権限が付与された場合には，CがAの弁済を保持する者であるため，AはCに対してのみ不当利得に基づく返還請求をすることができ，CはBのAに対する抗弁を主張することができると解されている。

(3) 受領権限のない第三者への弁済

Cに対して受領権限を付与するBC間の契約が無効であったり，Cが預金者Bになりすまして，金融機関Aから払戻を受けたような場合のように，受領権限のない第三者Cに対して弁済がされた場合には，Aは原則としてCに対して不当利得返還請求をすることができる。この場合，AのBに対する債務は消滅せず，AはBに対してはなお弁済する義務を負う。

ただし，Cが取引上の社会通念に照らして受領権限者としての外観を有しており，そのことについてAが善意・無過失である場合には，その弁済は有効なものとなるため（478条），AのCに対する不当利得返還請求を認める必要はない。この場合，BがCに対して侵害利得の返還を請求することができる（侵害利得については⇒第3章第4節を参照）。

これに対して，478条の要件を満たさない場合には，AはCへの弁済によって損失を被っていることは明らかであるから，Cに対して給付した利得の返還を請求することができる（最判平17・7・11判時1911号97頁）。

研　究

1　転用物訴権（連続給付型の問題２）

解釈

（1）概　要

連続型給付については，契約に基づいて給付をしたがその対価を受け取ることができなかった場合で，契約上の給付が契約の相手方だけでなく第三者の利益にもなったときに，給付をした契約当事者は，契約相手方の無資力を理由に，その第三者に対する利得返還請求（一般的に「転用物訴権」とよばれる）が認められるかという問題がある。この問題については，判例・学説で議論されるきっかけとなった次のような有名な判決（最判昭45・7・16民集24巻7号909頁［百選Ⅱ［7版］【76】]）がある。

その事案は，BはCからブルドーザーを賃借していたが，故障したためAに依頼し修理してもらったのちにCに返還し，その修理代金が未払である間にBは倒産し無資力となってしまい，そこで，AがCに対してC所有のブルドーザーは修理代金相当の価値が増大したとして，不当利得の返還を求めた，というものである（図3。以下，昭45年判決とよぶ）。

（2）問題点

この事案では，そもそもAに損失が，Cに利得はあるといえるか，あるとした場合に，契約関係にない両者の損失と受益との間に因果関係があるといえるか，Cの受益はBC間の契約に基づくものであり法律上の原因がないといえるかが問題となった。

（3）最高裁の見解

この問題について最高裁は次のように判断を下した。

まず，因果関係については，ブルドーザーの修理は，一面においてAに損失をもたらし，他面においてCに利得をもたらしており，そして，その両者の間には直接の因果関係があり，Aの行った修理（給付）の受領者がCではなくBであることは，Aの損失とCの利得との間に直接の因果関係を認めることの妨げにはならないとした。

つぎに，法律上の原因については，Bの無資

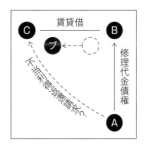

図3

力のため A の B に対する代金債権が全部または一部が無価値であるとき
は，その限度で C の得た利得は A の財産および労務に由来したものという
ことができるとして，たとえ，BC 間で修理費は賃借人の負担とするという
特約があったとしても影響はなく，A の B 対する代金債権が無価値である
限度で不当利得返還請求権を認めた。

（4）学説の見解

この判決については，**直接の因果関係を広く解することにより**，賃借人が
無資力の場合に，広く転用物訴権を承認する立場をとったと学説では理解さ
れた。その上で，この見解は，さまざまな観点から批判された。

たとえば，賃貸人（C）・賃借人（B）の間で修理費用は賃借人が負担する
という特約がある場合には，通常はそれに見合った低い賃料が設定されてい
るはずであり，その場合には，賃貸人（C）には利得はないから，不当利得
は問題にならないとする批判がある。あるいは，修理会社（A）から賃貸人
（C）に財産上の利益が移転するとしても，それは，修理を依頼した賃借人
（B）と修理会社（A）の間の契約，賃貸人（C）と賃借人（B）の間の契約に基
づくものであり，法律上の原因がないとはいえないという批判もある。さら
には，賃貸借契約において修理費等について特約がない場合，賃借人（B）
が必要費・有益費を支出したときには賃貸人（C）は賃借人（B）に対して費
用償還義務を負うが（608条。⇨第2部第6章第2節），修理による価値の増加は
その対価であり法律上の原因があるとする批判もある。

（5）判例の展開

このような学説の批判を考慮してか，法律上の原因の有無の観点から，昭
45年判決を修正する判決が現れた。賃借人（B）が賃貸借契約時に権利金を
支払わない代わりに建物の改修・改築工事費用等を負担し，建物返還時には
改修・改築工事費用等を賃貸人（C）には一切請求しないとの特約が付され
た営業用建物賃貸借契約において，B が A との間で改修・改築工事請負契
約を締結し，A はそれを完成させたが，代金の半分以上が未払のままで B
が所在不明になったため，A が C に不当利得を根拠に残代金相当額の支払
を求めたという事案である（最判平7・9・19民集49巻8号2805頁［30！【17】，百
選Ⅱ【79】]）。

この事案について最高裁は，C が法律上の原因なくして利益を受けたとい
うことができるのは，賃貸借契約全体としてみて，C が対価関係なしに利益

を受けたときに限られると判示し，不当利得の成立する場面を限定した。そして，問題となった事案では，ＣがＢに権利金支払を免除した代償として，Ｂに修繕義務を負担させているから，法律上の原因なくして受けたとはいえないとして，不当利得返還請求権を否定した。

２ 第三者から第三者への弁済（一回給付型の問題３）

一回給付型の事例で，ＡＢ間の契約が無効であり，さらには，ＢＣ間の契約も無効である（あるいは存在しない）場合にはどうであろうか。この問題に関しては次のような最高裁判決がある（最判平10・5・26民集52巻4号985頁［百選Ⅱ【81】]）。

ＢがＤの強迫により，Ａとの間で借主として金銭消費貸借契約を締結し，貸付金については，Ｄから指図されたＢの指示によりＢとは法律上も事実上も何ら関係のないＣの口座に振り込ませたあとに，強迫を理由にＡＢ間の契約が取り消され（96条），Ａが，Ｂは本件消費貸借契約によってＣに給付された金員につき悪意の受益者に当たるとして，Ｂに対し704条に基づき不当利得返還請求をしたという事案である（図4）。

最高裁は，このような場合には，一般論としては，借主は，特段の事情がない限り，貸主から第三者への給付により，その価額に相当する利益を受けたとみることができるとしたが，本件では，ＢとＣとの間には事前に何らの法律上または事実上の関係がないから，「特段の事情」があり，ＢはＡからＣへの給付に相当する利益を得ていないとして，ＡのＢに対する不当利得返還請求を否定した。

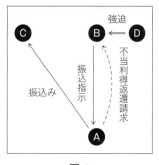

図4

3　誤振込みの問題　　　　　　　　　　　　　　　　　　関係

　騙取金による弁済（【展開】1）で問題となったような，金銭に対する物権
的な権利の問題については，誤って行われた銀行振込（誤振込み）をめぐる
問題がある。リーディング・ケースである最判平8・4・26民集50巻5号
1267頁［百選Ⅱ【72】］では，銀行に振込みを依頼する際に，A社ではな
く，同じ読みではあるが漢字名が異なるB社の口座に振込みを依頼し，そ
の結果Bの預金口座に入金記帳が行われた場合，振込み依頼人はどのよう
な主張ができるかということが争われた。この問題は，いわゆる振り込め詐
欺をめぐる民法上の問題にも関連する。預金・振込みなどの銀行取引の仕組
みを学習した上で，次のステップの文献などを参考に，ぜひ勉強してほし
い。

次のステップ

➡多数当事者間の不当利得全般について
・藤原正則『不当利得法』（信山社，2002年）311-395頁
➡騙取金の弁済について
・平田健治「「騙取金銭による弁済と不当利得」覚え書き」阪大法学58巻6号（2009年）1-25頁
➡転用物訴権について
・窪田充見編『新注釈民法（15）』（有斐閣，2017年）158-166頁［藤原正則］
➡誤振り込みについて
・内田貴『民法Ⅱ［第3版］』（東京大学出版会，2011年）586-589頁

　　　　　　　　　　　　　　　　　　　　　　　　　　　　　（芦野訓和）

第**4**章　一般不法行為

　加害者に被害者に対する損害賠償責任を発生させる行為を「不法行為」といい，不法行為に関する法制度を「不法行為法」という。不法行為制度の適用範囲は，1対1で殴る蹴るといった単純事例から，交通事故，医療過誤，大規模な被害を生じさせる製品事故や公害，名誉棄損やプライバシー侵害に至るまで拡大され続けているため，不法行為の一般規定である709条を中心に，不法行為責任の成立要件・効果をどのように解釈するか，学説は錯綜している。それは，不法行為制度の目的・機能をどう捉えるかにも関係している。

　本章は，通説的見解にのっとり，709条とその内容を補充する諸規定について説明する。

第**1**節　不法行為の意義と構造・要件概要
709条

　本節では，不法行為の導入的事項を学ぶ。【構造】では，不法行為法の構造と，709条を構成する要素を確認する。【展開】では，不法行為制度の責任原理である過失責任主義とその修正について学習する。【研究】では，不法行為制度は何のために存在するのかについて学習する。

構　造

1　不法行為法の構造

（1）一般不法行為と特殊な不法行為

　不法行為法の中核となる条文は，709条である。709条が**一般不法行為**を定めたものとされるのは，適用される不法行為類型を限定することなく，人は自らの過失ある行為についてのみ責任を負うという不法行為法の一般原則の下に，統一的な成立要件と効果を定めているからである。

　民法第3編第5章には，709条を補充する規定として，損害賠償の内容に関する710条，損害賠償請求権の主体に関する711条・721条，不法行為の成立を阻却する事由に関する712条・713条・720条，損害賠償の方法に関する721条-724条の2が置かれている。一方，714条-719条は，**特殊な不法行為**とよばれ，個別の不法行為類型に合わせた内容となっている。特殊な不法行為は，不法行為法の一般原則を何らかの形で修正している（⇨第5章第1節－第6節参照）。

（2）特別法上の不法行為

　民法以外にも，不法行為責任に関する規定を置く法律は複数存在する。詳細は第5章第7節で説明する。

❷　条文から導き出される成立要件

　民法709条の文章を分解すると，一般不法行為の成立要件は，①**故意**または**過失**ある行為によること（故意をも含む広義の過失），②他人の権利または法律上保護される利益を侵害したこと（**権利侵害・違法性**），③**損害**の発生，④行為と損害との間に**因果関係**があること，の4つである。④については，行為と侵害との因果関係，侵害と損害との因果関係に分ける考え方もある。①〜④を証明する責任は，損害賠償を請求する側，すなわち不法行為の被害者にある。

　たとえば，Aがサイクリング中に景色に気をとられてBに衝突したために，Bが怪我を負ったという事案では，①についてAが自転車のわき見運転をしたこと，②についてBが身体を侵害されたこと，③についてBが怪我の治療費を要したり，精神的苦痛を受けたりしたこと，④についてBの損害がAのわき見運転によるものであること，の4点が立証されれば，AはBに対して不法行為に基づく損害賠償責任を負うことになる（⇨第2節－第4節参照。ただし，Aの不法行為の成立が阻却される場合があることについて⇨第5節参照）。

展　開

不法行為法の責任原理

（1）過失責任主義

　一般不法行為は，不法行為の成立要件として，加害者に過失があることを必要とする（過失責任主義）。もし，過失の有無にかかわらず自分の行為から生じたあらゆる損害を賠償しなければならないとしたら，人は自由に行動することをためらってしまう。他人に損害を与えないよう注意して行動する義務を果たしてさえいれば，たとえ損害が生じても責任を負わなくてよいとする過失責任主義は，私的自治の原則とともに，社会において対等な個人の自由意思に基づく活動を保障する（過失がなければ責任なし）。一方，加害者に過失があるということは，なすべき注意を怠ったという非難につながり，加害者に不法行為責任を負わせる根拠となる（過失があるから責任あり）。

　過失責任主義は，行為と損害との間に原因結果の関係があれば，それだけでその行為者に責任を負わせる原因主義・結果責任主義に比べると，たまたま過失のない加害者にあたってしまった被害者には不利に働く。それでも，ある場面では被害者になった者が，別の場面では加害者になるかもしれない。過失責任主義は，加害者と被害者の対等関係，立場の交換可能性を前提にしている。

（2）過失責任主義の限界

　しかし，公害や製造物の欠陥による被害などは，加害者と被害者は対等ではなく，両者の立場が交換することもない。原子力発電や宇宙開発のように危険が内在する活動において危険が顕在化した場合には，広範囲に深刻な被害を生じさせる。人がいかに注意深く行動しようとも事故はなくならないし，人為的ミスが原因なのかどうかを立証することすら困難な場合もある。

　これら一定の類型の現代型事故については，被害者の損害填補・原状回復という目的のために，過失責任主義に代わる帰責原理として**無過失責任**を導入したり，加害者に自らの過失がないことを立証させる**中間責任**を採用したりしている。

（3）危険責任・報償責任

　「無過失責任」には，過失がなくても責任を負うという意味（過失不要論）と，過失の立証を不要とする意味がありうる（過失立証不要論）。後者につい

ては加害者に過失がある場合も想定されるが，前者については，過失責任主義とは別の帰責原理が必要となる。

　代表的な帰責原理の1つは，自ら危険を創り出し管理する者は，その危険の結果についての責任を負うべきとする**危険責任**の考え方である。もう1つは，利益のあるところに損失も帰するべきという**報償責任**の考え方である。これらの帰責原理は併存しうる。たとえば，過失を責任成立要件としない製造物責任法は，事業者が危険責任・報償責任を負っていることに加え，消費者は事業者を信頼する以外に自らの安全を確保する手段を持たないという信頼責任も責任根拠としている（⇨第5章第7節【展開】3（1）参照）。

研　究

不法行為制度の目的・機能

（1）損害填補・原状回復

　通説は，不法行為制度の目的を，被害者に生じた損害を填補することにより，被害者を不法行為がなければ本来あったであろう状態に回復させることであると考えてきた（広義の原状回復。狭義の原状回復について⇨第7節【構造】1参照）。判例も同旨である（最大判平5・3・24民集47巻4号3039頁）。被害者に生じた損害を，その損害の発生原因となる行為をした加害者に填補させることは，損害の公平な分担という理念に基づくものである。

　もっとも，加害者の不法行為責任が成立しても，加害者に被害者の損害を填補するのに十分な資力がなければ，賠償義務は履行されないままである。**責任保険**は，一定の事故を想定し，潜在的加害者にあらかじめ保険料を支払わせておくことで，実際に事故が発生したときに，被害者に生じた損害の全部または一部を保険金で填補する。自動車損害賠償責任保険はこの代表例である（⇨第5章第7節【展開】2参照）。

　さらに，加害者の賠償義務を前提としない被害救済制度も複数存在する。たとえば労働者災害補償保険（労災保険）は，業務上の事由や通勤による労働者の疾病等に対して必要な保険給付を行うことで労働者に生じた損害の一部を填補するものであるし（労災1条），公害健康被害補償制度は，公害による健康被害を受けた者に対し，その損害を填補するための補償給付を行うものである（公健1条）。労災保険給付の支給に要する費用は労働者を使用する

全事業主から徴収されるが，公健法の補償給付の支給に要する費用は大気汚染・水質汚濁の原因物質の排出者のみから徴収される。その点で，後者は，基本的には民事責任を踏まえた制度ということができる。

（2）権利保護

前述のとおり，損害填補・原状回復のみを目的とする制度を求めるならば，不法行為制度が格段に優れているとは言えない。そこで，近時の有力説は，不法行為制度が，個人の権利や法律上保護される利益が侵害された場合に救済を与える点で，権利保護の実現を目的としていると考える。

（3）抑止・制裁

故意または過失ある行為によって他人に損害を生じさせた者に損害賠償責任を負わせる制度のもとでは，人は，他人に損害を負わせるような行為を踏みとどまったり，他人に損害を与えることのないよう注意深く行動するようになったりと，将来の不法行為の発生が抑止される。また，加害者に損害賠償金を支払わせることが，制裁として受け止められて，被害者側や社会の応報感情を和らげる場合もある。

そうはいっても，日本法が民事責任と刑事責任を区別する以上，不法行為制度の抑止的機能・制裁的機能については副次的効果ととらえるのが一般的である。判例は，アメリカの裁判所の判決のうち，悪性の強い行為をした加害者に対し，実際に生じた損害の賠償のほかに，加害者に制裁を加え，かつ，将来における同様の行為を抑止しようとする**懲罰的損害賠償**の支払を命じた部分について，日本での執行を否定している（最判平9・7・11民集51巻6号2573頁）。

次のステップ
➡不法行為の導入的事項全般について
・大村敦志『新基本民法6　不法行為編［第2版］』（有斐閣，2020年）7-29頁
・吉村良一『不法行為法［第5版］』（有斐閣，2017年）1-23頁

（大坂恵里）

第 **2** 節 **故意・過失**

709条

本節では，一般不法行為の成立要件の１つである故意・過失について学ぶ。過失の意義をめぐっては，不法行為責任が問題となる場面の拡大にともない，さまざまな議論が交わされているところであるが，【構造】では，判例および学説の議論の大きな流れを確認する。【展開】では，過失の具体的判断について判例を中心にみていく。【研究】では，学説の対立点についてより詳しく取り上げる。

構 造

1 過失責任原則・自己責任原則の意義

709条は，不法行為を理由とする損害賠償責任の成立には，加害者に故意または過失が必要であると定める。ここでは，人は「自己の行為」についてのみ責任を負うという，**自己責任の原則**が前提として存在し，その自己の行為によって他人に損害が発生したとき，その者は，自らに故意または過失という責任原因がある場合にのみ責任を負うとされている。このような考え方を，**過失責任の原則**という。別の言い方をすれば，人が合理的な行動をしたにもかかわらず，それによって損害が生じた場合には，損害賠償責任を負わなくてよいとされているのである。

なお，前節で述べたように，709条が採用する過失責任の考え方は，すべての場面について妥当するものではなく，過失責任原則はいくつかの類型で修正されている。たとえば，自己責任の例外として他人の行為についての責任を問う類型として，責任無能力者の監督義務者の責任（714条）や使用者責任（715条）がある。また，物から生じた権利侵害が問題となる類型として，工作物責任（717条），動物占有者の責任（718条）に関して特別な定めが置かれている。

さらに，製造物責任法，自動車損害賠償保障法，原子力損害の賠償に関する法律などの特別法は，過失とは別の原因から導かれる責任を定めている。709条の一般不法行為に対し，特殊な不法行為とよばれるこれらの類型は，

過失責任原則を何らかの形で修正したものである（特殊な不法行為について⇨第5章）。

2　故意・過失の意義と立証責任　　　解釈

（1）故意の意義

故意とは，他人の権利ないし法益侵害という結果の発生を意欲し，または損害が発生するであろうことを認識しながらも行為した（認容した）ことをいう。

なお，709条は，故意による不法行為か過失による不法行為かによって効果の面で区別を設けていない（この点，刑法が原則として故意犯の責任を問うのとは異なる）。しかし，被侵害利益の種類によっては，不法行為の成立要件として，過失では足りず，故意が必要とされると解されているものがある。たとえば，一定の場合の債権侵害がこれに当たる。また，故意か過失かによって損害賠償の範囲に関して異なる取り扱いをすべきとの考え方が支配的であり，これらの点で故意による不法行為と過失による不法行為を区別する意味が存在する。

（2）過失の意義

過失をどのように理解するかについては，不法行為の成立要件の捉え方をめぐる議論と関連して学説が対立しているところであるが（不法行為の要件における過失の位置づけについて⇨第3節【展開】2），ここでは2つの考え方を確認しておこう。

（a）伝統的通説における主観的過失　　伝統的な不法行為理論は，故意・過失を主観的な帰責の要件であると捉え，過失とは，行為者が意思の緊張を欠いていたという**不注意な心理状態**を指すとした。このように過失を主観的なものとする考え方は，不法行為の成立要件について，権利・法益侵害（違法性）を客観的要件，故意・過失を主観的要件として捉える見解とともに支持された。

（b）客観的な行為義務違反としての過失　　一方，実際の裁判において過失を判断する際に問題となっていたのは，行為者の客観的な行為の態様であった。古い判例であるが，過失の意義を明確に示したとされる，大阪アルカリ事件とよばれる判決（大判大5・12・22民録22輯2474頁［30！④【18】，百選Ⅱ【83】]）は，化学工場から排出された有害物質により農作物に被害が生じたと

いう事案において，行為者（ここでは化学工業に従事する会社）が損害発生の予防のために事業の性質に従い「相当な設備」を施したかどうかによって過失が判断されるとした。これは，損害を回避するために必要な義務に違反したことを過失として捉えたものとされている。

伝統的通説に対しては，その後の学説の展開の中で批判が加えられ，現在では，過失とは，結果の発生の**予見可能性**がありながら，結果を回避すべき行為義務に違反したこと（**結果回避義務違反**）をいうとの理解が多数となっている（このような考え方の変化を指して，「**過失の客観化**」とよぶ）。このように過失を解した場合，行為者は結果発生を予見することができたのか（あるいはすべきであったのか），そして，結果を回避するために何をしなければならなかったのかということが過失判断において重要な問題となる。これらの点については，【展開】で具体的に確認する。

(3) 故意・過失の立証責任

一般不法行為に基づき損害の賠償を求める場合，加害者に過失があったことについては，被害者が主張・立証責任を負う。このことは条文上明示されているわけではないが，権利を主張する者がその権利発生を基礎づける要件事実を証明しなければならないという一般的な証明責任分配の方法から導かれる。なお，「過失」は規範的な要件であり，被害者は，「過失があったとの評価を根拠づける具体的な事実」の存在を主張・立証しなければならない。

しかし，公害や医療過誤，交通事故などの場面では，被害者による過失の証明が非常に困難なものとなることが多い。そこで，一定の場合について，立証責任を被告である加害者側に転換することで被害者救済を図るという対応がなされている。その方法は2つあり，1つは，立法によって立証責任の転換を定めることである（詳しくは⇨第5章第1節）。民法の規定では，714条，715条，717条，718条がこれに該当する。たとえば，714条の責任無能力者の監督義務者等の責任では，監督義務を果たしたことを被告である監督義務者等が証明することができた場合には免責されると規定されている。同様の対応は，自動車損害賠償保障法といった特別法にもみられる。2つ目に，立法によらず被害者の立証責任を緩和するものとして，「過失の推定」とよばれる裁判上の取り扱いがあるが，これについては【展開】で述べる。

展　開

1　過失の判断 　解釈

（1）抽象的過失と具体的過失

　過失の判断において，誰の注意能力を基準にするのかという問題がある。民法上の過失には，当該具体的な行為者の注意能力を基準とする「具体的過失」と，合理人の能力において払うことが期待されている注意を基準とする「抽象的過失」があり，不法行為の要件としての過失は，**抽象的過失である**。

　なお，この抽象的過失は，常に一般的な合理人を基準とするわけではなく，問題となる行為の類型に照らして判断されることになる。たとえば，自動車事故であれば，自動車を運転する者に求められる注意が基準となり，医師や弁護士などの専門家の行為が問題となる場合には，当該専門家としての標準的な注意が基準となる。このように，過失の判断において，そこでの注意義務は，職業・地位・経験・地域性等を考慮して類型化されている。

（2）過失の構成要素——予見可能性と結果回避義務の違反

　過失を行為義務違反と捉えた場合，①予見可能性と②結果回避義務違反が過失を構成する要素となる。

（a）予見可能性　　　予見可能性は，結果の発生が予見できた場合にはじめて結果回避に対する期待が生じることから，行為義務の前提として必要とされる。予見可能性があったといえるためには，**結果発生の具体的危険**について予見していたことが必要であるとの見方が有力である。

　ここで，予見可能性については，しばしば，「当該結果の発生を予見すべきであったか」ということが問題とされる。この点，判例・学説は，公害や薬害，医療過誤事件のように他人の生命・身体に重大な被害を生じさせる危険をともなう活動を行う者には，極めて高度な予見義務が課されるとする。すなわち，科学技術を用いた工場の操業や新薬の開発のように想定できない危険が生じるおそれのある活動をする場合，行為者には，危険の発生に関して可能なかぎりの調査研究を行うことが求められるとし，そのような調査研究を尽くしていれば具体的危険の発生を予見できたといえるときには，予見可能性があったことを認めている（たとえば，東京スモン訴訟の第一審判決である東京地判昭53・8・3判時899号48頁）。このように，調査義務ないし予見義務から予見可能性を導くという構成のもとでは，予見可能性の要素は，それ自体

規範的に判断されているといえる（この点から，予見可能性の問題は結果回避義務に包含されるとの見方がある）。

　（b）結果回避義務　　予見可能性が肯定される場合であっても，結果回避義務違反がないとされたときは，行為者の過失は否定されることになる。結果回避義務を果たしたといえるためには，結果発生を防止するための措置をとったうえで行為するということになるが，その義務の存在や程度については，規範的な評価として裁判所の判断に委ねられる。

　過失の判断において，具体的に何をすべきであったのか（反対に，何をすべきでなかったのか）は当該行為の状況に応じて決せられることになり，基準となる注意能力に関して述べたように，問題となる場面ごとに一定程度類型化・定式化されてきている。ここでは，とくに高度な行為義務が認められている問題類型における過失の判断をいくつかみてみよう。

　（ア）医師の注意義務　　医師の注意義務に関する初期の判例は，医師には「危険防止のために実験上必要とされる最善の注意を要求される」とし（最判昭36・2・16民集15巻2号244頁〔梅毒輸血事件〕），その後，注意義務の内容は詳細に論じられ，診療当時の臨床医学の実践における医療水準を基準とすることが明らかにされている（最判昭57・3・30判時1039号66頁〔日赤高山病院未熟児網膜症事件〕）。また，この医療水準は，当該医療機関の性格，所在地域の医療環境の特性等の諸般の事情を考慮して決せられるべきであることが示されている（最判平7・6・9民集49巻6号1499頁［30！④【19】，百選Ⅱ【84】]〔姫路日赤未熟児網膜症事件〕）。

　（イ）危険をともなう企業活動における注意義務　　公害・薬害事件において，行為者に結果発生の予見義務が課せられることについては前述したが，そこで求められる回避措置についても，これを厳格に解するものがみられる。たとえば，新潟水俣病判決（新潟地判昭46・9・29判時642号96頁）や熊本水俣病判決（熊本地判昭48・3・20判時696号15頁）では，最高の知識・技術を用いて調査研究を尽くし，人の生命・健康に危害が及ぶ疑念が生じた場合には，企業には操業停止を含む結果防止のための措置を講ずる義務が課せられるとする判断が示されている。これは，結果回避義務の内容として操業停止までを企業に求めることによって，実際上，予見可能性があれば具体的な防止措置にかかわらず過失を肯定したのと同じ結果を導いているともいえ，予見義務違反それ自体を過失であると判断したものとみることもできる。

（3）結果回避義務違反の判断基準

　結果回避義務違反に関して有力に主張されている判断枠組みとして，ハンドの定式とよばれるものがある（アメリカのハンドという名前の裁判官に由来する）。これは，①当該行為による損害発生の蓋然性，②被侵害利益の重大性，③損害発生の回避措置をとることによって犠牲となる利益（必要となる負担）という因子について，①と②をかけ合わせたものと③を比較衡量して過失の有無を判断するというものである。①×②の方が大きければ，過失が肯定される（「①損害発生の蓋然性×②被侵害利益の重大性＞③回避コスト」であれば過失あり）。反対に，③の因子である損害の発生回避に必要なコストが上回る場合には過失なしとされることになる。

　このような判断基準に対しては，その有用性が指摘される一方で，いくつかの問題点も指摘されている。まず，①②③それぞれの因子の正確な数値の算定は容易でないという点である。つぎに，たとえば，工場の操業によって周辺住民の健康に被害が生じたような場面について，企業側に発生する回避コストと，第三者である被害者個人の権利や法益を比較衡量することになる点に対して批判が寄せられている。したがって，この定式があらゆる場面で常に妥当するとはいい難い点には注意が必要である。

2　過失の推定　　　関係

　【構造】では，立法によって過失の立証責任を転換するものについて説明したが，裁判上で被害者の立証責任の緩和を図るものとして，「過失の推定」がある。これは，ある事実の存在から過失を肯定することが経験則上認められるような場合について，原告である被害者がその事実を証明すれば，裁判官の自由な心証に基づいて過失を「推定」し，被告である加害者の方から過失がないことについての反証がなければ，過失を認定するというものである。たとえば，医師が医薬品を使用するにあたり，添付の文書に記載された使用上の注意事項に従わず，それによって医療事故が発生した場合には，医師の過失が推定されるとしたものがある（最判平8・1・23民集50巻1号1頁）。

研　究

① 過失の客観化をめぐる学説の展開　解釈
（1）客観的過失における帰責根拠

　過失を行為者の主観的な心理状態における問題として捉える伝統的通説は，行為者が意思の緊張を欠いていたということに非難性を認め，そこに不法行為における帰責の根拠を求めたが，過失を客観的な行為義務違反と理解した場合，帰責根拠をどのように説明するかは難しい問題となる。この点について学説は一致していないが，有力なものとして「信頼の原則」とよばれる考え方がある。この見解は，社会共同生活において，各人は社会の構成員としてあらかじめ行為義務が設定されており，互いに他人が行為義務を果たすことを信頼していると説明する。すなわち，行為義務の違反は，社会生活上の信頼を裏切るものであるとして，そこに帰責の根拠を認めるものである。

（2）過失判断における主観的要素の位置づけ

　過失の客観化という考え方の変化に対し，伝統的通説が主張していた行為者の主観的な心理状態という要素をどのように位置づけるかという点についても議論がある。この点，伝統的通説の考え方を完全に否定するのではなく，意思の緊張を欠いた心理状態と行為義務違反は，過失の2つの側面を表現したものにほかならないとして，これらを総合的に判断すべきとする見方が近年有力となっている（二重構造論とよばれる）。

② 予見可能性と結果回避義務違反の関係　解釈

　過失を構成する予見可能性と結果回避義務違反という2つの要素に関し，これらの関係をどのように捉えるかについて，学説はいくつかの考え方に分かれている。前述のように，多数説は，予見可能性の存在を前提に結果回避義務違反があることを過失とするが，これに対して，予見可能性を過失判断の中心に置き，結果回避義務を問題とすることなく過失を肯定しうるとする見解と，反対に，予見可能性を必要とせず結果回避義務の違反に過失判断を一元化しようとする見解がそれぞれ示される。これらの考え方はさらに複数の考え方に分かれて展開されているが，不法行為の一般理論として採用できるかといった問題点も指摘されているところである。

```
┌─ 次のステップ ─────────────────────────────┐
│ ➡客観的過失論に関する代表的なものとして                    │
│ ・前田達明『不法行為帰責論』（創文社，1978年）34-39頁         │
│ ➡過失をめぐる学説の状況を把握するためのものとして             │
│ ・近江幸治『民法講義Ⅵ事務管理・不当利得・不法行為［第3版］』（成文堂，2018 │
│ 年）112-130頁                                    │
└────────────────────────────────────┘
```

（永岩慧子）

第 3 節　権利侵害・違法性
709条

　本節は，「他人の権利又は法律上保護される利益」（709条）について，伝統的な議論を紹介しながら，その意義を説明する。【構造】において述べるように，古くは，権利という名の付いたものに対する侵害でなければ不法行為が成立しないというような態度を示したもののように見受けられる判例もあったが，学説によって提唱された違法性という概念を媒介として，こんにちでは，【研究】において紹介するように，「法律上保護される利益」も含めて，不法行為において保護される法益（保護法益）は広くなっている。なお，【展開】において述べるように，違法性という概念は，過失要件との関係において理論的な問題を抱えている。

構　造　

権利侵害から違法性へ

　1896（明29）年に成立した民法において，709条は，一般不法行為が成立するのに，単に被害者に損害が生じたというだけではなく，被害者の「権利」が侵害されることが必要であると規定していた。これによって，不法行為が成立する場面を限定して，個人の活動の自由を確保しようとしたのである。そこで，不法行為の成立には，民法その他の具体的な法律が権利として規定するもの，すなわち具体的権利が侵害されることが要件の1つになっていると考えられていた（大判大3・7・4刑録20輯1360頁〔桃中軒雲右衛門事件〕）。

　しかし，その後，判例は，不法行為上において保護される利益を拡大して

解釈し，具体的権利だけでなく，法律上その侵害に対して不法行為に基づく救済を与えることが必要であると考えられる利益であればよいとし（大判大14・11・28民集4巻670頁［30！④【20】]〔大学湯事件〕），被害者救済の範囲を広げた。

　学説は，この判例を支持して，709条の要件について，「権利侵害」というのは，行為が違法であることを示すにすぎず，真の要件は「**違法性**」であるとする考え方が通説になった（「**権利侵害から違法性へ**」）。このような考え方を，以下では，「違法性理論」という。

　このような流れを受けて，今日では，709条において「他人の権利又は法律上保護される利益」と規定されるに至っている（2004（平16）年民法の現代語化による）。以下では，「権利」と「法律上保護される利益」を併せて「**保護法益**」という。もっとも，どのような場合に，保護法益が認められるかについては，さらなる検討が必要であり，【研究】において詳述することにする。

展　開

1　違法性の判断　　　　解釈

　学説では，違法性の判断が恣意的になることを防ぐために，違法性理論を発展させて，「被侵害利益の種類と侵害行為の態様との相関関係」において，違法性の有無が判断されるべきとする考え方が通説になった。この考え方を「**相関関係説**」という。

　この考えによれば，たとえば，所有権のような絶対権の侵害は，強い違法性があるが，これに対して，排他性のない債権では侵害行為の悪性が大きければ違法性があると考えられることになる。

2　違法性と過失の関係　　　　解釈

　違法性理論は，違法性を不法行為の客観的要件と解し，これとの関係において，過失要件は主観的に理解すべきもの（＝意思の緊張を欠いた非難されるべき心理状態）として，この2つの要件を整理する（違法性と故意・過失の二元論）。ところが，過失要件が結果回避のための客観的な義務違反と解されるようになると（⇨第2節【構造】2⑵），違法性と過失とをどのように峻別することができるかということが問題になる。この問題については，こんにち

でも種々の考え方が主張されており，見解の一致をみない状況にある。考え方の方向性としては，違法性と故意・過失とをいずれかに統合するという立場がありうる。その中にも，一方で，違法性という概念は，歴史的には意味があったものの，こんにちでは不要であって，過失概念によって統一的に理解されるべきであるとする考え方や，他方で，違法性に重点を置く議論を展開する考え方がある。さらには，違法性と故意・過失の二元論に立って，違法性の意味を位置づけ直す立場もあり，この中には，たとえば，結果回避義務を違法性に，予見可能性を過失に配分するという見解もある。

研　究

1　不作為不法行為　　解釈

　他人の損害発生に積極的に関与（作為）しなくても，消極的な態度をとったこと（不作為）自体が，不法行為になる場面がある。

　たとえば，有名な隣人訴訟（津地判昭58・2・25判時1083号125頁）では，近所のよしみで預った幼児が溜池に落ちて水死した事故につき，この幼児を預った近所の夫婦には，水際付近へ子供らだけで立至らないように適宜の措置をとるべき注意義務があったにもかかわらず，これを怠ったという過失があったとして，損害賠償責任が認められた。また，電車の脱線転覆事故において，自らが置き石をしたわけではないが，仲間の関係にある実行行為者と共に事前に話合いをしたのみでなく，これに引き続いてなされた置石を現認して事故の発生についても予見可能であったときには，この者は，実行行為と関連する自己の先行行為に基づく義務として，当該置石の存否を点検確認し，これがあるときにはその除去等事故回避のための措置を講ずることが可能であるかぎり，その措置を講じて事故の発生を未然に防止すべき義務を負うとして，これを怠って事故が発生したときは，同事故により生じた損害を賠償すべき責任を負うとする判例もある（最判昭62・1・22民集41巻1号17頁〔京阪電鉄置石事件〕）。

　不作為による不法行為は，侵害行為の消極的な態様として捉えられ，作為義務があると認められる場合には，積極的な態様（作為による不法行為）と同様の法的評価に服することになる。このように不作為の不法行為が違法性の問題とされることは，「違法性＝客観的要件，過失要件＝主観的要件」とい

う理解のもとではわかりやすい。そうであっても，【展開】2に述べたように，過失が結果回避のための客観的な義務違反と解されている状況においては，不作為による不法行為は，過失の問題に接近していくことになる。このことは，先にあげた2つの裁判例（隣人訴訟，京阪電鉄置石事件）にも見受けられる。

　なお，不作為による不法行為において，不作為と損害の間の因果関係を想定することは本来的には不可能であるが，想定される作為義務にかなう行為があれば結果が生じなかったであろうと判断できる場合には，因果関係が認められるものと考えられている。

2　個人の自由と作為義務　　　　　　　　　　　　　関係

　個人は，その行為の選択において自由が保障されていることを考えると，不作為によっても不法行為が成立することは，帰責の根拠になる作為義務がどのような原因から生じるのかという問題を提起する。

　親権者の監護義務（820条）のように，法令に根拠がある場合には当然である。そのほか，契約から生じることもありうる。たとえば，医療契約において，適切な治療をしなかったというような場合である。また，前掲の隣人訴訟判決のように，契約には至らないまでも（同判決では，準委任契約の成立が否定されている），それに類似した社会的接触関係が認められる場合に，作為義務が認められることがある。さらには，前掲の京阪電鉄置石事件のように，自己の先行行為を根拠とすることも考えられる。

3　保護法益　　　　　　　　　　　　　　　　　　　解釈

　保護法益にはさまざまなものが含まれる。ここでは，学習の一助として，不法行為上保護に値すると考えられる利益のうちのいくつかをあげて，類型ごとに紹介しておくことにする。ここにあげた判例を手掛かりにして，発展的に学習してみるとよい（事前の救済が必要と考えられるものには，差止めが認められることについて⇨第7節）。

　なお，保護法益は，ここにあげるものにかぎられず，新しいタイプの利益が保護されるべきと考えられたり，かつては当然に保護されるべきものと考えられてきた法益がそうではなくなったりするというように，私たちの法観念の変遷によって変化していることに注意する必要がある。

（1）財産的利益——物権・債権

　相関関係説について【展開】1に前述したとおり，保護法益として典型的に考えられてきたのは，財産的権利（物権と債権）である。一般に，絶対権である物権は，相対権である債権よりも，より強い保護に値すると考えられている。そうであるとはいえ，債権にも不可侵性があるために，債権の目的の実現が妨げられる場合（これを「**債権侵害**」という），不法行為が成立しうる（大判大4・3・10刑録21輯279頁［百選Ⅱ【19】］を参照）。伝統的な相関関係説においては，①債権の帰属を侵害した場合（たとえば，478条に規定される受領権者としての外観を有する者に対する弁済），②債権の目的物を第三者が損傷した場合，③給付に対する侵害であっても債権が消滅しない場合（たとえば，物権や債権の二重譲渡）というように類型ごとに検討して，①および②については過失を，③については故意を要件とするというように，不法行為者の主観的態様において差があるものと考えられている。

（2）人格的利益（人格権）——生命・身体・プライバシー・名誉

　人の生命・身体・自由・名誉・氏名・貞操・信用など人格的な利益（これを総称して「**人格権**」という）は，財産的利益と共に，他人の侵害から保護されなければならない。

　生命・身体は，極めて重大な保護法益である。医療過誤において，判例は，「いやしくも人の生命および健康を管理すべき業務（医業）に従事する者は，その業務の性質に照し，危険防止のために実験上必要とされる最善の注意義務を要求される」と述べている（最判昭36・2・16民集15巻2号244頁［梅毒輸血事件］。診療契約に基づき医療機関に要求される医療水準の判断要素および判断枠組みを明らかにした判例として，最判平7・6・9民集49巻6号1499頁［30！④【19】，百選Ⅱ【84】］〔姫路日赤未熟児網膜症事件］。⇨第2節【展開】1も参照）。なお，生命・身体の要保護性から，民法は，消滅時効期間を合理的な範囲で長期化して，権利行使の機会を確保している（⇨第8節）。

　名誉については，710条，723条が言及しており，保護法益であることは明らかである。**名誉**とは，「人の品性，徳行，名声，信用等の人格的価値について社会から受ける客観的評価」（最大判昭61・6・11民集40巻4号872頁［百選Ⅰ【4】］〔北方ジャーナル事件］）のことであり，名誉毀損とは，「この客観的な社会的評価を低下させる行為」（最判平9・5・27民集51巻5号2024頁［百選Ⅱ【91】］）である。名誉毀損には，事実の摘示によるものと意見ないし論評によ

るものとの2つの類型がある（最判平9・9・9民集51巻8号3804頁［百選Ⅱ【90】］〔ロス疑惑訴訟夕刊フジ事件］）。

　プライバシーについては，さまざまな問題がある。プライバシー権を初めて論じた裁判例は，「私生活をみだりに公開されないという法的保障ないし権利」と定式化する（東京地判昭39・9・28下民集15巻9号2317頁）。表現の自由との関係において，最高裁は，「プライバシーの侵害については，その事実を公表されない法的利益とこれを公表する理由とを比較衡量し，前者が後者に優越する場合に不法行為が成立する」とする（最判平15・3・14民集57巻3号229頁）。また，「前科等にかかわる事実については，これを公表されない利益が法的保護に値する場合があると同時に，その公表が許されるべき場合もある」ことから，個別具体的な利益衡量をする必要があるとするものがある（最判平6・2・8民集48巻2号149頁を参照）。さらに，プライバシー権には，自己に関する情報をコントロールする権利も含まれると考える見解が有力になっており，たとえば最高裁判決には，大学が主催した講演会に出席した者の名簿に記載された学籍番号，氏名，住所および電話番号は，大学が個人識別等を行うための単純な情報であるが，プライバシーに係る情報として法的保護の対象となるとするものがある（最判平15・9・12民集57巻8号973頁）。

　なお，名誉毀損・プライバシー侵害を理由とする差止めに関する問題については，第7節【展開】3を参照。

（3）生活利益・環境（公害）

　ばい煙・汚水・騒音・振動などによって他人の土地の快適，利便な利用を侵害する行為（生活妨害，ニューサンス）は，不法行為を構成する。このような侵害行為が，主として事業活動によってなされ，広範囲に及ぶ場合には，公害とよばれる。公害・生活妨害の差止めに関する問題については，第7節【展開】4を参照。

次のステップ

➡過失と違法性の関係について
・瀬川信久「民法709条」広中俊雄，星野英一編『民法典の百年Ⅲ』（有斐閣，1998年）559-629頁

（深川裕佳）

第4節　損害の発生と因果関係

　本節では，不法行為における損害とは何か，加害者はどこまで賠償責任を負うかという点に関する成立要件について学習する。【構造】では，成立要件の1つである損害の発生と因果関係の意義について，【展開】では，相当因果関係という概念および事実的因果関係の判断基準について，【研究】では，損害をめぐる学説，事実的因果関係の証明をめぐる学説の議論について学ぶ。

構　造

1　成立要件としての損害の発生と因果関係

　不法行為は被害者に生じた損害の賠償責任を加害者に負わせる制度であるから，不法行為が成立するためには被害者に**損害**が発生したことが必要である。さらに，賠償請求が認められるためには，その損害が加害者の行為によって生じたものでなければならない。この加害行為と損害の発生との間の関係を**因果関係**といい，不法行為の成立要件の1つである。

2　損害の意義と分類

（1）損害の意義

　賠償すべき**損害**は現実に発生したものでなければならない。外国の法制度では実質的に損害の発生が認められない場合でも不法行為責任を認めるものもあるが，日本では現実の損害の発生を必要とするのが通説である。

　損害をどのようなものと定義するかについては学説上争いがあるが，判例・通説は損害を不利益と考え，不法行為がなかったとした場合の利益状態から不法行為により現実に生じた被害者の利益状態を引いた差額（不法行為によって被った不利益）が損害であるとか考えている。これは**差額説**とよばれている。以下では差額説に基づいて説明する。（なお，損害をめぐる学説上の争いについては【研究】を参照。さらに，効果との関係について⇨第6節を参照）。

（2）損害の分類

　損害は，①財産的損害と②非財産的損害とに分類される。

　①財産的損害とは，被害者に生じた財産上の不利益であり，たとえば不法行為により生じた損害の修理費や不法行為による負傷の治療費，収入の減少がこれに当たる。財産的損害は，さらに積極的損害と消極的損害とに分類される。**積極的損害**とは，不法行為があったことにより被害者が支出しなければならなくなった損失であり，たとえば修理費や治療費は積極的損害である。**消極的損害**とは，不法行為がなければ得られていたであろうが，不法行為によって得られなくなってしまった利益（得べかりし利益または逸失利益）をいう。たとえば，不法行為で負傷し働くことができなったために減少した収入がこれに当たる。

　②非財産的損害とは，財産的損害以外の損害であるが，これは精神的損害とその他の非財産的損害に分けることができる。**精神的損害**とは，財産以外に被害者に生じた精神的な損害であり，たとえば不法行為により負傷した場合に感じた精神的・肉体的苦痛がこれに当たる。**その他の非財産的損害**については，企業の名誉や評判が毀損された場合に問題となる。

3　因果関係の意義

（1）因果関係をめぐる問題

　すでに説明したとおり，不法行為が成立するためには加害行為と損害との間に因果関係が存在することが必要であるが，この因果関係をめぐっては判例・学説上争いがある。不法行為における損害賠償を考えるにあたっては，①加害行為が損害発生の原因となっているか（**事実的因果関係**とよばれる），②加害行為が損害発生の原因となっている場合に，生じた損害のどの範囲まで賠償させるべきか（**損害賠償の範囲**），という2つの関係が問題となる。そもそもこのような区別が適切なのかについても学説上争いがあるが，こんにちの通説は，不法行為の成立要件としての因果関係は事実的因果関係の問題であると考えている。【構造】では，事実的因果関係について説明する。

（2）事実的因果関係の判断基準

　事実的因果関係が認められるためには，加害行為と損害との間に，「**あれなければこれなし**」，すなわち「**原因と結果**」という条件関係がなければならない。この条件関係を判断するにあたっては，事実の経過を客観的に観察

してその関係の有無を判断することになる。ただし，これは損害賠償責任という法的効果を発生させるための要件であり，自然法則的な因果関係とは異なるものである。

(3) 事実的因果関係の証明

　因果関係は損害賠償請求権を発生させるための要件であるから，その存在は請求権者である被害者が立証しなければならない。では，どの程度の因果関係までを証明しなければならないだろうか。この点について判例は，「経験則に照らして全証拠を総合検討し，特定の事実が特定の結果発生を招来した関係を是認し得る**高度の蓋然性**を証明することであり，その判定は，通常人が疑いを差し挟まない程度に真実の確信を持ち得るものであることを必要とし，かつ，それで足りる」（最判昭50・10・24民集29巻 9 号1417頁［30！④【22】，百選Ⅱ【87】〔ルンバールショック事件]]）と解している。

展　開　

1　相当因果関係 ｜解釈｜

(1) 相当因果関係の分析

　不法行為に関する判例では，**相当因果関係**という言葉が用いられることが多い。その際には，賠償すべき損害とは「加害行為と相当因果関係にある損害」であるとの理解のもとに，加害行為による損害の発生の問題と，賠償すべき損害の範囲の画定の問題という 2 つを 1 つのものとして判断している。これは，加害行為と原因結果の関係にある損害すべての賠償責任を加害者に負わせるのは妥当ではなく，その判断にあたっては「相当性」という法的判断によるべきであるというドイツ法の理論を参考にしたものである。

　しかし，この「相当因果関係」には，3 つの異なる問題が含まれていることが有力説により明らかにされている。すなわち，相当因果関係とよばれているものには，まず，①加害行為と損害発生との間に原因と結果という因果関係があるか，つぎに，②その因果関係の存在が認められる場合に，それにより生じた損害のうち加害者に賠償責任を負わせるべき損害はどこまでなのか（この 2 つについては【構造】 3 で説明した），さいごに，③前記①②によって画定された損害の賠償をどのように金銭で評価するか，という 3 つの問題が含まれていると指摘している。③の金銭評価の問題をどのように位置づける

かについては学説により議論があるが，①の事実的因果関係の問題と②③の損害賠償の範囲の問題を区別し，不法行為の成立要件としては事実的因果関係に限定すべきとの見解は，こんにちでは多くの学説によって支持されている。

(2) 区別の実益

このように区別することにより，不法行為の成立要件としての事実的因果関係は客観的な事実により判断される問題であり，損害賠償の範囲を確定し金銭で評価することは法的な評価の問題であると考えることができる。

2　事実的因果関係の判断をめぐる問題 解釈

(1) 問題点

事実的因果関係の存否については，通常は「あれなければこれなし」の基準によって判断することができる。しかし，その基準では判断することができず，別の価値判断によって決めなければならない場合もある。それは，いくつかの原因が競合する場合である。

(2) 同時的な競合の場合

たとえば，川上にあるA工場とB工場のそれぞれが致死量の有毒物質を故意に川に排出し，川下で生活していたCがその川の魚を食べ，死亡した場合を考えてみよう。

この場合，CはAが川に有害物資を排出しなくとも，Bの排出によって死亡したはずであり，「Aの行為なければCの死亡なし」といえない，Bについても同様な結果となってしまう。しかし，このように考えることが妥当でないことは明らかであろう。そこで，このような場合であっても，事実的因果関係が肯定されると解されている。その理由としては，単独であれば事実的因果関係が認められるのに，たまたま競合した場合には事実的因果関係が否定され責任を負わないとするのはバランスを失することが指摘されている。この点では，事実的因果関係を判断するにあたっては，純粋に事実的なレベルだけで判断するのではなく，損害の発生に関与していると考えられる者に不法行為責任を負わせることが妥当かという法的な評価も含まれることになる。

なお，Aの有毒物質とBの有毒物質の双方があわさって致死量に達した場合には，「あれなければこれなし」の基準により因果関係ありとされる。

この問題は加害者が複数存在する共同不法行為の問題でもある（⇨第3部第5章第6節参照）。

（3）異時的な競合の場合

では，このような場合はどうであろうか。CはAの運転する自動車にひかれ意識不明の重体で病院に運ばれた。Cは事故により数時間後には死亡することが確実であったが，なんとか助けようとした医師Bがそれだけで死亡が確実である誤った医療行為を行い，それによりCは治療中に息を引き取った。

医師Bの行為によりCが死亡したのであるから，Bの行為がなくともAの事故によりCは死亡していたであろうということで，Bの行為とCの死亡という損害発生との間に事実的因果関係が否定されることは妥当でないだろう。では，Aの行為とCの死亡との間の因果関係はどうだろうか。この場合には，一般的には因果関係が否定されると考えられている。ただし，BによるCに対する行為が行われるまでの被害についてはAの行為との間に事実的因果関係が認められるとされている。この見解に対しては，同時的競合の場合とのバランスから，異時的競合の場合にも事実的因果関係を肯定すべきであるとの見解も有力に主張されている。

研　究

1　損害をめぐる学説の展開　　　　　　　　　　　　　解釈

（1）差額説への批判

損害を差額説のように考えた場合，たとえば，交通事故により大けがを負い身体に障害が残り労働能力が減少したが，事故後もそれまでの勤務先に勤務することができ収入は減少しなかった場合には，労働能力減少による損害は発生しないことになる。このような事案について判例は，「損害賠償制度は，被害者に生じた現実の損害を塡補することを目的とするものであるから，労働能力の喪失・減退にもかかわらず損害が発生しなかつた場合には，それを理由とする賠償請求ができない」（最判昭42・11・10民集21巻9号2352頁）と判断している。しかし，被害者の勤務先の状況で損害が認められたり否定されたりすることは適切ではないようにも思える。

（2）新たな学説の展開

このような差額説の考え方に対しては，逸失利益については労働能力の喪失を損害とみるべきではないかという見解（**労働能力喪失説**）や生命・身体への侵害を損害と捉えるべきであるという見解（**死傷損害説**）が主張されるようになってきた。さらには，身体侵害に限定せずに，損害一般についての不利益を構成する事実自体を損害と考えるべきであるとの見解（**損害事実説**）が主張され，有力になってきた。

このような学説の影響を受けてか，最高裁にも，「かりに交通事故の被害者が事故に起因する後遺症のために身体的機能の一部を喪失したこと自体を損害と観念することができるとしても，その後遺症の程度が比較的軽微であつて，しかも被害者が従事する職業の性質からみて現在又は将来における収入の減少も認められないという場合においては，特段の事情のない限り，労働能力の一部喪失を理由とする財産上の損害を認める余地はないというべきである」（最判昭56・12・22民集35巻9号1350頁［30！④【23】，百選Ⅱ【100】]）として，差額説に立ちながらも，特段の事情があれば損害を認めることができる余地があることを示すものもある。

2　事実的因果関係の証明をめぐる学説の展開　　　　　　　解釈

（1）立証の困難性

現代社会で発生するさまざまな不法行為のうち，公害，医療過誤，製造物責任などは，高度に専門的などの理由から，被害者が事実的因果関係を立証することが難しい場合も少なくない。このような場合にも，被害者に事実的因果関係の立証を求めたならば，損害賠償請求ができないことになってしまう。そこで，被害者救済のために立証の負担を軽減すべきとの見解が主張されている。

（2）蓋然性説

この見解は，公害事件に関しては，因果関係の証明は「かなりの程度の蓋然性」でよいとする。しかし，この蓋然性説に対しては，「かなりの程度の蓋然性」とはどの程度なのかが明らかではないことや，公害事件についてだけ証明の困難性を緩和することの正当性に批判がある。しかし，因果関係の証明において厳格な科学的な証明は必要ないことを明らかにしたという点で評価されている。

（3）事実上の推定

被害者（原告）が，立証すべき事実的因果関係の存在を直接の証拠によって証明できない場合でも，経験則からその事実的因果関係の存在を推認させるような事実を証明することによって，加害者（被告）がその推定をくつがえすだけの特段の事情の存在について反証しない限り，事実的因果関係を認定するという考え方である。

判例では，注射した部位が化膿し障害が起きた場合，通常は，注射器具，施術者の手指，患者の注射部位などの消毒の不完全という医師の過失がなければ化膿という自体は考えられないという経験則を利用し，消毒の不完全がどこにあったかを特定することなく因果関係を推認したものがある（最判昭39・7・28民集18巻6号1241頁）。

（4）疫学的因果関係

公害事件や薬害事件では，原因と結果との間に時間的・空間的隔たりがあることが一般的であり，被害者の疾病と原因との因果関係の証明は困難を極める。また，発病のメカニズムを解明することも被害者にとって簡単ではない。そこで，特定個人の疾病罹患についての因果関係が明らかにできない場合でも，社会で多発している病気や異常について，その発生や分布の状況を観察し，どのような原因によってそれが発生したのかを考察して，その発生を予防する科学（疫学）の知見により因果関係が推認できるとする見解がある。

損害および因果関係については，損害賠償の範囲とも関連させながらさまざまな議論が展開されている。不法行為を全体的に学習したあとに，さらに深く学習するとよいだろう。

┌ 次のステップ ─
➡損害をめぐる学説の展開について
・吉村良一『不法行為法〔第5版〕』（有斐閣，2017年）95-99頁
➡因果関係について
・野澤正充『事務管理・不当利得・不法行為〔第3版〕』（日本評論社，2020年）173-181頁

（芦野訓和）

第5節　不法行為成立を阻却する事由

712条・713条，720条

　本節では，不法行為の成立を阻却する事由について学ぶ。【構造】では，民法典に規定されている責任無能力，正当防衛，緊急避難について学習する。後の2つは，通説では違法性阻却事由として扱われている。【展開】では，その他の違法性阻却事由について学習する。

構　造

1　責任無能力

（1）責任能力

　責任能力とは，加害行為が法律上の責任を発生させるものであることを弁識するに足りる能力をいう。民法712条・713条によれば，加害者が責任能力を欠く場合には，不法行為責任が成立しない。責任能力を欠くことの主張・立証責任は，加害者側にある。

（2）責任能力のない未成年

　自己の行為の責任を弁識するに足りる知能を備えていない未成年者が他人に損害を加えた場合，その賠償の責任を負わない（712条）。

　判例によれば，責任能力が認められる年齢は，12歳程度が目安となる。12歳2か月の少年が空気銃で友人の目を撃ち失明させた事案では，当該少年の責任能力は否定され，監督者責任（714条）が認められた（大判大6・4・30民録23輯715頁。⇨第5章第2節参照）。他方，11歳11か月の少年が配達中に自転車で他人を負傷させた事案において，当該少年の責任能力を肯定することで，使用者責任（715条）を認めた判例がある（大判大4・5・12民録21輯692頁）。

（3）精神上の障害により責任能力を欠く者

　精神上の障害により，自己の行為の責任を弁識する能力を欠く状態にある間に他人に損害を加えた者は，その賠償の責任を負わない（713条本文）。精神的な疾患・障害だけでなく，飲酒や薬物の影響など，そのような状態になった原因を問わない。

　ただし，故意または過失によって一時的にその状態を招いたときは，賠償

責任を負う（同ただし書）。刑法における「原因において自由な行為」の考え方と共通する。

2　民法に規定された違法性阻却事由

（1）正当防衛

他人の不法行為に対し，自己または第三者の権利・法律上保護される利益を防衛するため，やむを得ず加害行為をした者は，損害賠償の責任を負わない（正当防衛，720条1項本文）。刑法上の正当防衛（刑36条1項）とは異なり，防衛行為が第三者に対してなされた場合であってもよい。すなわち，Aから攻撃されたBが，やむを得ずに反撃してAを負傷させただけでなく，Aの攻撃から逃げている最中にCにぶつかって負傷させた場合にも，民法上は正当防衛の事例として扱うことができる。

正当防衛の成立要件は以下のとおりである。第1に，防衛としての加害行為がなされる原因として，他人の不法行為が存在しなければならない。第2に，防衛としての加害行為が，自己または第三者の権利または法律上保護される利益を防衛するために行われたものでなければならない。第3に，防衛としての加害行為がやむを得ずに行われたことが必要である。判例は，防衛としての加害行為が必要な程度を超えた場合には，正当防衛に該当しないとしている。

なお，720条1項ただし書は，被害者から不法行為をした者に対する損害賠償の請求を妨げないとしており，前述の例の場合，Cは，Aに対して損害賠償を請求することができる。

（2）緊急避難

他人の物から生じた急迫の危難を避けるためその物を損傷した者も，損害賠償の責任を負わない（緊急避難，720条2項）。たとえば，Aの飼い犬に噛みつかれたBが，その犬を振り払って犬に怪我をさせたような場合である。刑法では第三者またはその物を侵害する場合も緊急避難となりうるが（刑37条1項本文），民法上の緊急避難は物の損傷に限定されている。

緊急避難の成立要件は以下のとおりである。第1に，緊急避難としての加害行為がなされる原因として，他人の物から生じた急迫の危難が存在しなければならない。第2に，危難を生じさせている物を毀損する以外に，危難を回避する適当な手段がないことが必要である。第3に，避難行為が当該物の

毀損にとどまることが必要である。

展　開

1　民法に規定されていない違法性阻却事由

（1）被害者の承諾

　加害者の加害行為に先立って被害者の承諾がある場合には，加害者は不法行為責任を免れると解されている。ただし，生命侵害の場合は，被害者の承諾があっても加害者は免責されない。承諾があろうとも，生命を奪う行為が適法であるとはいえないからである。刑法202条も自殺ほう助を処罰の対象としている。

　承諾は，正常な判断能力を持った状態において，十分な情報を与えられたうえで自由な判断に基づくものでなければならない。

（2）正当（業務）行為

　刑法35条は，法令または正当な業務による行為は罰しないとしている。民法においても，他人の法益を侵害する行為が，法令で認められた権限の行使である場合には，不法行為は成立しない。また，法令に明文の規定がない場合でも，社会的に相当な行為として不法行為責任が否定されることがある。

　法令により違法性が阻却されるものとしては，被疑者の逮捕（刑訴199条・213条），消防対象物の使用・処分（消防29条），労働組合の争議行為（労働組合8条）などがある。

　スポーツ中の事故については，そのスポーツのルールに従っているかぎり，違法性が阻却される。手術のような医的侵襲をともなう医療行為は，原則として患者の同意が必要である。患者の同意を得るにあたっては，患者に対して，診療行為の内容などについて十分に説明しなければならない（インフォームド・コンセント）。

（3）自力救済

　私人が司法手続によらずに自己の権利を実現することを**自力救済**という。

　近代法においては，自己の権利を侵害された者がそれを回復するには，法律に定められた手続によって，裁判所その他の国家機関を通じて行わなければならない。社会秩序の維持の観点から自力救済は禁止される。

　しかし，自力救済を一律に禁止すると不公正な結果が生じることもある。

最高裁は，傍論ではあるが，「法律に定める手続によったのでは，権利に対する違法な侵害に対抗して現状を維持することが不可能又は著しく困難であると認められる緊急やむを得ない特別の事情が存する場合においてのみ，その必要の限度を超えない範囲内で」自力救済を認めている（最判昭40・12・7民集19巻9号2101頁）。

2　責任能力と過失の関係　関連

　過失について，故意と同様に不法行為の主観的要件であると考えていた時代には，行為者に責任能力があることが，当該行為者に故意責任・過失責任を負わせることの論理的前提であった。しかし，過失の客観化において，本人の能力を基準とした具体的過失ではなく，合理人を基準とした抽象的過失として考えられるようになると，責任能力を過失責任主義の前提としてとらえる必要もなくなる。現在の学説では，責任能力を，判断能力の著しく劣る者を保護するという政策的な配慮から考える制度であるとの理解が大勢を占めている。

次のステップ
- ➡責任能力について
- ・潮見佳男『不法行為法Ⅰ［第2版］』（信山社，2009年）396-407頁
- ➡違法性阻却事由について
- ・吉村良一『不法行為法［第5版］』（有斐閣，2017年）62-65頁

（大坂恵里）

第 6 節　不法行為の効果 1（金銭賠償）
709条

　不法行為の効果は金銭による損害賠償である。このとき損害をどのように金銭で評価するのかが問題となる。【構造】では不法行為の効果である損害賠償の概要や請求権者の問題，賠償額の具体的な算定方法などを扱う。【展開】では損害賠償額の範囲の問題や，過失相殺や損益相殺などの損害賠償額の調整の問題を扱う。【研究】では被害者の素因が損害の発生や拡大に寄与

していた場合に関する問題や，損害賠償請求権の性質や代位に関する問題，
そして示談の問題を扱う。

構　造

1　効　果

　不法行為の効果は加害者が被害者に与えた損害の賠償である（709条）。損
害の賠償は被害者に生じている不利益の除去であるが，日本では**金銭賠償**が
原則である（722条1項による417条の準用）。原状回復は名誉毀損などの場合に
例外的に認められる（723条。名誉毀損については⇨第7節）。また，不法行為に
よる損害の発生が継続的に生じる場合，損害の発生そのものをやめるように
請求することが認められることもある（差止請求。詳しくは⇨第7節）。

2　賠償額の算定（金銭賠償，損害の種類）

（1）金銭賠償の原則と差額説

　不法行為の効果は，すでに述べたように金銭による損害賠償を原則とす
る。金銭によって賠償されるべき損害とは，不法行為がなければ被害者がお
かれていたであろう財産状態と，不法行為があったために被害者が現在おか
れている財産状態の差額とされる（差額説。詳しくは⇨第4節）。

（2）損害の種類

　第4節でも説明したとおり，損害はまず，**財産的損害**と**非財産的損害**（精
神的損害）に区別される。被害者の身体やその所有する財産に生じた損害が
財産的損害であり，不法行為によって被害者が受けた精神的苦痛が非財産的
損害である。財産的損害についてはさらに**積極的損害**と**消極的損害**に分類さ
れる。積極的損害とは，不法行為があったために被害者の財産が減少したと
いう損害である。加害行為による傷害の治療に要した費用などがその典型例
である。消極的損害とは，被害者が得られるはずであった利益が不法行為の
ために得られなかったという損害である。不法行為によって被害者が死亡し
てしまったので，死亡しなければ労働によって得られていたであろう給与所
得が得られなかったという損害（逸失利益）が典型例である。

3　請求権者

（1）被害者

（a）原　則　　不法行為によって損害を被った被害者は，財産的損害および非財産的損害の賠償を加害者に請求することができる（709条・710条）。それでは，不法行為によって被害者が死亡してしまった場合はどうなるのであろうか。

（b）損害賠償請求権の相続

（ア）財産的損害の相続　　不法行為によって被害者が死亡した場合，被害者の有する損害賠償請求権は相続の対象となるので，相続人が加害者に対して賠償請求権を行使できる。

　逸失利益については，場合によってはこれを相続の対象とすると不合理になることもある。死亡した被害者の逸失利益分の損害賠償請求権をその父母が相続した場合，被害者が仮に生きたままでいれば通常は父母の方が先に亡くなるにもかかわらず，父母が死亡したあとの被害者の逸失利益分まで請求できてしまうからである。これを問題視する意見もあるが，判例は逸失利益の相続性を一般に認めている（大判大15・2・16民集 5 巻150頁［百選Ⅱ［第 5 補正版］【95】]）。

（イ）非財産的損害の相続　　被害者自身が感じた精神的苦痛に対する慰謝料請求権は相続されるのだろうか。この点について，最高裁は慰謝料請求権の一身専属性を否定し，被害者が慰謝料請求権を放棄したと解される特別の事情がないかぎり，相続の対象となると判断した（最大判昭42・11・1 民集21巻 9 号2249頁［百選Ⅱ［第 6 版］【96】]）。

（2）近親者の慰謝料請求権

　不法行為によって被害者が命を落としたり，生命の危機に瀕するような大きな傷害を負ったりした場合，その近親者も慰謝料を請求できる（711条）。

　711条には損害賠償請求の責任主体（賠償義務者）として被害者の父母，配偶者および子が列挙されているが，判例は個々の事例ごとに被害者の近親者に該当するかどうかで711条に基づく損害賠償請求ができる責任主体であるかどうかを判断する。711条に列挙されていない者であっても，被害者との間に711条所定の者と実質的に同視できる身分関係が存在し，被害者の死亡により甚大な精神的苦痛を受けた者には711条の類推適用が認められる（最判昭49・12・17民集28巻10号2040頁）。

（3）胎児の損害賠償請求権

　権利能力は出生によって備わるため（3条1項），不法行為によって胎児が損害を受けたとしても加害者に対する損害賠償請求権は生じないはずである。しかし民法は，損害賠償の請求権に関して胎児はすでに生まれたものとみなしている（721条）。そのため，胎児である子が加害者の不法行為によって損害を受ける場合には権利能力があることになるので，損害賠償請求権が認められる。

（4）間接損害

　被害者が不法行為により負傷しあるいは死亡したことで，その近親者が治療費や葬儀費用などを負担することがある。また，被害者がある企業に勤めていたところ，被害者が不法行為を受けたことで労働に支障が生じ，結果として企業の売上が減少するといったような場合もある。これらを**間接損害**といい，近親者に生じた損害については賠償が一般に認められている。

　他方で，不法行為による従業員の欠員によって企業の受けた損害については，そのようなリスクは経営者の責任でもって対策を講じるべきであり，たとえ加害行為によって従業員に欠員が生じて企業の利益が減少したとしても，これを加害者に転嫁するべきではないとされている。企業損害の賠償を認めた判例もあるが，法人とは名ばかりの個人企業であり，被害者が当該企業の機関として代替性がなく，経済的に一体をなす関係にあるという事情の下で，企業の売上減少という逸失利益の賠償を認めたものである（最判昭43・11・15民集22巻12号2614頁［百選II【99】］）。

▎4　中間利息の控除（722条1項）

　損害賠償の目的は，不法行為のために被害者に生じたマイナスをゼロに戻すことであり，プラスに転じさせることではない。損害賠償に際しては被害者に利益が出ないように調整する必要が生じることもある。

　その1つが**中間利息の控除**（722条1項による417条の2の準用）である。逸失利益の賠償を受ける場合のように，被害者が将来受け取るはずの利益を現時点で損害賠償として受け取ると，将来には利息が発生しており，結果的に損害以上の利益を受け取ることができてしまう。そのため法定利率による利息相当額の控除によってこの利益を打ち消そうとしている。

展　開

1 損害賠償の範囲（相当因果関係説と批判説）　関連

　709条以下には，416条のような損害賠償の範囲を画定するための条文が存在しない。不法行為と因果関係のある損害が賠償の対象となると，加害者が賠償するべき損害がどこまでも拡大する可能性もある。では，不法行為による損害賠償の範囲はどこまで及ぶべきであろうか。

　判例や従来の通説は，いわゆる**相当因果関係説**という立場から416条を類推適用するべきとしてきた（大連判大15・5・22民集5巻386頁〔富貴丸事件〕［30！④【24】]。最高裁の判例として最判昭48・6・7民集27巻6号681頁［百選Ⅱ【98】]がある。なお相当因果関係については⇨第4節も参照してほしい）。不法行為によって賠償されるべき損害は，当該不法行為と因果関係にあるというべき損害に限定されるため，この原理をあらわしている416条を不法行為において類推適用すべきとする。

　このような考え方に対しては学説から批判が強い。416条は当事者間に契約関係が存在する場合の債務不履行の場面を想定しており，不法行為の場面にはとくに特別損害の予見可能性という面で適さないことや，相当因果関係という考え方自体が416条とは関係しないものであることなどが指摘されている。こうした批判説からは，独自の損害賠償範囲確定のためのルールが提示されてもいるが，議論は錯綜している。

2 損害の金銭的評価　解釈

（1）人身損害

　賠償額を算定するに当たっては，被害者に生じた損害を金銭で評価することになる。具体的には損害を積極的損害，消極的損害，そして非財産的損害に分け，それぞれに分類される損害項目を算定して合計する方法がとられている。この算定方式を**個別算定方式**（あるいは**個別損害積上方式**）という。

（a）積極的損害　　傷害の治療のために被害者が支払った治療費や入院費，病院までの交通費，被害者が死亡した場合に家族が支出した葬儀費用などがここに含まれる。また，不法行為の結果被害者に後遺障害が残ったことで将来支出が必要となった費用（装具費用や介護費用など）も積極的損害として算定される。

（b）**消極的損害** 不法行為によって被害者が死亡した場合，被害者が生存していれば得られたであろう給与所得に当たる逸失利益が消極的損害として算定されることになる。逸失利益の算定に当たっては，算定の基礎となる収入額と就労可能年数から被害者が得られていたであろう利益を確定し，そこから生活費と中間利息を控除する。生活費は被害者が死亡した場合，その支出が不要となったというかたちで被害者側に利益が生じるため，中間利息と同様に控除の対象となる。

逸失利益算定の基礎となる収入は被害者の死亡当時の年収となるのが一般的であるが，逸失利益の算定に当たっては，収入額の決定のために**賃金センサス**（厚労省が作成する統計資料で，主要産業に雇用される労働者の賃金実態を雇用形態や就業形態などに分けて明らかにしたもの）が用いられる例も多いが問題もある。判例では，14歳の女子中学生が交通事故で死亡した際の逸失利益の算定につき，賃金センサス女子労働者の平均給与額を基準として算定することは女子の得べかりし利益の算定として不合理でなく，これにさらに家事労働分の賃金も加えることは，将来労働によって取得しうる利益を二重に評価計算することになるから相当ではないとしたものがある（最判昭62・1・19民集41巻1号1頁［30！④【25】，百選Ⅱ【102】]）。この判例に対しては，男女間の賃金格差が不法行為による逸失利益の賠償額算定にも反映されてしまっているとの批判もある。一方でこの格差を是正しようと試みる下級審判決もある（東京高判平13・8・20判時1757号38頁）。

被害者が死亡しなかった場合でも，不法行為による傷害の治療期間中に労働ができなかったことで減収が生じ（休業損害とよぶ），あるいは後遺障害のために以前のようには働くことができなくなったなどの理由で減収が生じることがある。傷害や後遺障害が生じていても不法行為後に被害者に減収がなければそもそも損害が発生していないことになるので，賠償も特段の事情がある場合は別として認められない（最判昭56・12・22民集35巻9号1350頁［判例30！④【23】，百選Ⅱ【100】]）。

また，不法行為ののちに被害者が不法行為とは別の原因で死亡するに至った場合，死亡以降の期間については逸失利益の算定に含めるべきであろうか。これは逸失利益算定の要素の1つである就労期間の認定に関係する。判例は，逸失利益の算定に当たってはその後被害者が死亡したとしても，死亡の原因となる具体的事由が存在し，近い将来における死亡が客観的に予測さ

れていたなどの特段の事情がないかぎり，死亡の事実は就労期間の認定上考慮すべきではないとした（最判平8・4・25民集50巻5号1221頁［百選Ⅱ【101】]）。被害者が不法行為ののちにたまたま別の原因で死亡したことで加害者が賠償義務を免れ，被害者やその遺族が賠償を受けられないことは不公平であるからとしている。

　中間利息の控除は法定利率による（最判平17・6・14民集59巻5号983頁）。具体的な算定方式としては単利計算によるホフマン方式と複利計算によるライプニッツ方式があるところ，最高裁はその選択について下級審の選択によるものとしている（最判昭53・10・20民集32巻7号1500頁）。

　（c）非財産的損害　　慰謝料は裁判所がその裁量によって算定することができるとされている（大判明43・4・5民録16輯273頁）。そのため，賠償額の調整のために慰謝料が増減されるということが行われることもある。これを慰謝料の調整機能や補完機能とよぶ。

　（2）一括算定方式

　被害者が複数いるような大規模な公害に関する訴訟において，立証の簡易化や被害者間の不平等の防止といった目的で，被害者を類型化して損害を慰謝料として一括して請求するという例もみられる。こうした方式を**一括算定方式**（あるいは包括算定方式）といい，判例ではこのような請求方法も適法とされている（最大判昭56・12・16民集35巻10号1369頁〔大阪国際空港公害訴訟〕）。

　（3）物的損害（物損）

　物的損害については，修理が不可能な場合には，その物の交換価値で算定される。算定基準時については争いがある。

3　損害賠償額の調整（損益相殺・過失相殺）　　関係

　（1）過失相殺

　不法行為による損害の発生や拡大について被害者にも過失があった場合，裁判所は賠償額の算定に当たって被害者の過失を考慮することができる（過失相殺。722条2項）。被害者の過失については，被害者本人のみならず，被害者と身分上あるいは生活上一体をなすとみられるような関係にある者の過失を含むとされている（最判昭42・6・27民集21巻6号1507頁）。たとえば被害者の監督義務者などの過失も含む（最判昭34・11・26民集13巻12号1573頁）。また被害者に責任能力（712条）がない場合でも，事理弁識能力が備わっていれば過失

を考慮することができるとされている（最大判昭39・6・24民集18巻5号854頁［30！④【26】，百選Ⅱ【105】]）。過失相殺の考え方は，【研究】で扱う素因減額とも関連する。

（2）損益相殺

損益相殺とは，被害者が不法行為によってかえって利益を受けたという場合に，その利益を賠償額から差し引くという調整である。死亡による逸失利益の賠償の場合における生活費の控除がその例である。

従来から，不法行為によって被害者に生じた利益のうち，どのような利益を損益相殺で処理するべきかが争われてきた。判例において損益相殺が肯定された例としては遺族年金があげられる。不法行為によって死亡した被害者の遺族が遺族年金を受給した場合，請求権者である遺族は遺族年金というかたちで利益を受けているともいえる。判例はどのような理由で遺族年金を損益相殺の対象とするべきとしたのであろうか。

判例は遺族年金について，同年金は被害者遺族らの被扶養利益の喪失を補填するものであり，遺族年金の支給があるとこの利益が填補されることになるとした。そのため被害者の逸失利益等の消極的損害は現実にはないものと評価できるとして，遺族年金の支給を受け，または支給を受けることが確実である場合には，損益相殺的調整をするべきとした（最大判平27・3・4民集69巻2号178頁［百選Ⅱ【103】]）。

否定例としては保険金の受領や養育費の支払免除があげられる。まず保険金について，生命保険や火災保険のような損害保険によって受領した保険金は，保険の対象となる事故が発生した場合において，被保険者から支払われていた保険料の対価として給付されるものとされている。そのため保険金分を賠償額から控除することは否定されている（生命保険について最判昭39・9・25民集18巻7号1528頁，火災保険について最判昭50・1・31民集29巻1号68頁）。ただし，損害保険については保険法において保険代位の制度が設けられていることに注意を要する（保険25条）。不法行為よる損害の発生につき，保険者が被保険者（被害者）に損害保険に基づく保険金を支払った場合，被保険者が第三者（加害者）に対して有する損害賠償債権を保険者が保険金を限度として取得する。そうすると，損害保険に基づいて保険金を受領した被害者は，そのかぎりで加害者に対する損害賠償請求権を失うことになるので，実質的には被害者側の受ける賠償額について損益相殺が行われたのと同様の結果とな

る。

　養育費について，幼い子どもが不法行為によって死亡した場合，父母は養育費の支出を免れる。その意味では父母は利益を受けているといえるが，養育費については被害者である子どもではなく父母が免れたものであるという理由（最判昭39・6・24民集18巻5号874頁）や，損失と利益の間に同質性がないといった理由（最判昭53・10・20民集32巻7号1500頁）で損益相殺の対象にならないとされている。

研　究

1　被害者の素因　　　　　　　　　　　　　　　　　　　　関連

　不法行為による損害の発生や拡大について，被害者がもともと有していた素質が寄与していた場合，これを考慮して損害賠償額の減額を認めるべきかという問題が**素因減額**の問題である。被害者の**素因**は心因的素因と体質的素因に分かれ，体質的素因については身体的特徴にとどまるものと疾患に区別される。

　被害者の心因的素因により損害が加害行為のみによって通常生じる範囲や程度を超える場合には，722条2項（過失相殺）を類推適用して損害賠償の減額が認められている（最判昭63・4・21民集42巻4号243頁）。体質的素因については，損害の発生や拡大に寄与した体質的素因が疾患といえる場合には素因減額を肯定し（最判平4・6・25民集46巻4号400頁），単なる身体的特徴にとどまる場合には，特段の事情のないかぎり素因減額をすべきでないとされている（最判平8・10・29民集50巻9号2474頁［百選Ⅱ【106】]）。素因減額がなされるべきという場合には，過失相殺の規定を類推することが一般的である。

2　損害賠償請求権の性質と代位　　　　　　　　　　　　　関連

（1）損害賠償請求権の性質

　（a）請求権の譲渡と相続　　損害賠償請求権も債権ではあるが，いくつかの特徴がある。被害者死亡の場合，被害者の慰謝料請求権は相続の対象となるが，本来は被害者本人のみが行使できるものとして譲渡や差押えができない（**行使上の一身専属権**）。ただし判例では，具体的な慰謝料請求権が当事者間で客観的に確定した場合には，被害者の債権者による差押えが可能とな

り，債権者代位権による代位行使もできるとされる（最判昭58・10・6民集37巻
8号1041頁）。

　（b）**履行遅滞の発生時期**　　不法行為に基づく損害賠償債務について，
大審院は不法行為の時から遅滞に陥るとした（大判明43・10・20民録16輯719
頁）。最高裁においても同様に判断されている（最判昭37・9・4民集16巻9号
1834頁）。

　（c）**相殺の禁止**　　不法行為に基づく損害賠償債権については，悪意に
よる不法行為によって生じた損害賠償債権である場合や生命や身体の侵害に
よる損害賠償債権である場合，これらの債権を受働債権とする相殺が禁止さ
れている（509条）。なお，悪意による不法行為というためには単に故意によ
る不法行為では足りず，積極的な加害の意欲が必要とされている。ただし相
殺の相手方がこれらの債権を他人から譲り受けたという場合には，受働債権
として相殺することができる（同柱書ただし書）。なお，禁止されているのは
これらの債権を受働債権として相殺することであるため，自働債権として相
殺することは認められる（最判昭42・11・30民集21巻9号2477頁）。

（2）損害賠償債権の代位

　債務不履行に基づく損害賠償には債務者が損害賠償をした場合の代位に関
する規定があるところ（422条），不法行為にはこうした規定が存在しない。
判例では，第三者の不法行為によって労働者が業務上死亡した場合に，使用
者が遺族に対して労基法79条に基づいて補償をしたときに，422条を類推適
用して使用者が遺族に代位して第三者に対して求償をすることを認めたもの
がある（最判昭36・1・24民集15巻1号35頁）。

③ 示談と後遺障害　　　　　　　　　　　　　　　　　　　　　　関連

　加害者と被害者の間で示談がまとまって賠償金が支払われたのちに，その
時点では発生していなかった後遺障害などが示談後に明らかになることもあ
る。示談は民法上和解（695条）であるため確定効があるが（和解については⇨
第2部第11章第3節），示談の時点では認識し得なかったような損害がのちに
発生したり明らかになったりしたような場合にも追加の賠償等は認められな
いのであろうか。

　この点判例は，一般的に示談があった場合には被害者は一定額の支払を受
けることで満足し，それ以外の賠償請求権を放棄しているので，示談当時に

実はそれ以上の損害が存在していたり，事後にそれ以上の損害が生じたりしても示談以降は賠償請求できないとする。しかし，全損害を正確に把握することが困難な状況のもとで，被害者が早急に少額の賠償で満足する旨の示談がされた場合には，示談による賠償金は示談当時予想していた損害にかぎられているというべきであり，その当時予想できなかった不測の再手術や後遺障害の発生による損害についてまで賠償請求権を放棄した趣旨とは認められないとして，示談後の損害賠償請求を認めている（最判昭43・3・15民集22巻3号587頁［判例30！④【14】，百選Ⅱ【104】]）。

次のステップ

➡不法行為の効果について
・潮見佳男『基本講義債権各論Ⅱ［第 4 版］』（新世社，2021年）59-89頁，91-104頁

（萩原基裕）

第 7 節　不法行為の効果 2 （原状回復・差止め）

723条

　本節では，金銭賠償以外の不法行為の救済方法を学ぶ。【構造】では，事後的な救済方法である原状回復と，現在および将来の不法行為に対する差止めの基本的な論点を扱う。【展開】では，原状回復請求や差止請求がなされることの多い名誉毀損・プライバシー侵害と公害・生活妨害を取り上げ，請求の可否がどのように判断されているのかについて学習する。【研究】では，差止めにおける発展的テーマとして，近年問題になっているインターネット上の誹謗中傷の差止めを扱うほか，差止訴訟を通じた新しい権利の展開についても学習する。

構　造

1　原状回復

　損害賠償の方法には，金銭賠償と**原状回復**がある。ここでいう「原状回復」とは，物の損壊であれば，その物を修理したり同種同価値の物を給付し

たりすることで，被害者に生じた損害の填補を行うことである（狭義の原状回復）。不法行為の目的・機能としての原状回復（広義の原状回復。⇨第1節【研究】(1) 参照）よりも狭い内容であることに注意してほしい。

　第6節【構造】1で説明したとおり，日本の民法は，不法行為による損害賠償の方法として，金銭賠償を原則としている（722条1項による417条の準用）。その例外として原状回復が認められるのは，当事者間に特約がある場合と，法律に特別の規定がある場合に限られる。たとえば，名誉毀損に対する名誉回復処分（723条），著作権法115条に基づく名誉回復措置，不正競争防止法14条に基づく信用回復措置のほか，鉱業法111条2項ただし書・3項に基づく原状回復などがある。

2　差止め

　金銭賠償も狭義の原状回復も過去に生じた損害を回復する措置であるが，**差止め**は，現在の侵害または将来の侵害のおそれを除去することで，損害の発生を予防する措置である。

　差止請求権は，知的財産法や競争法の分野では明文化されている（著作権112条，特許100条，商12条2項，会社8条2項，不正競争防止3条，独占禁止24条など）。また，消費者契約法は，事業者の不当な行為による消費者被害の発生・拡大防止のために，適格消費者団体に差止請求権を付与している（消費者契約1条・12条）。

　しかし，民法自体には差止請求権に関する規定は存在しない。それでも，判例・学説は，主に名誉・プライバシー侵害と公害・生活妨害について，実効的な救済の必要性から，差止めによる救済を認めてきた。

展　開

1　名誉毀損に対する名誉回復処分

　名誉毀損の場合，裁判所は，被害者の請求により，金銭賠償に代えて，または金銭賠償とともに，名誉を回復するのに適当な処分を命ずることができる（723条）。名誉回復処分が認められるのは，金銭による損害賠償のみでは填補することができない，毀損された被害者の人格的価値に対する社会的・客観的な評価自体を回復することを可能にするためである（最判昭45・12・18

民集24巻13号2151頁)。

名誉回復処分として**謝罪広告**を掲載させることについて，判例上，「単に事態の真相を告白し陳謝の意を表明するに止まる程度のもの」であれば，憲法19条の保障する良心の自由の侵害とはならないとして，代替執行による強制が認められている（最大判昭31・7・4民集10巻7号785頁)。これに対して，裁判所が被告に対してその意に反して謝罪を命ずることを違憲とする説が有力である。

2　差止めの法的根拠　　　　　　　　　　　　　　　　　　関連

民法に明文の規定がない差止請求をどのように根拠づけるかについて，判例は，権利が侵害された場合または権利侵害のおそれがある場合に，権利保護の要請に基づいて差止めを認めてきた（**権利説**)。

物権が侵害された場合に，**物権的請求権**に基づく差止め（妨害排除・妨害予防）が認められることに異論はない。しかし，物権的請求権を行使できるのは物権者のみに限られている。また，公害・生活妨害において，不動産への汚染の流入などについては物権的請求権で排除・予防できるとしても，人の健康や生活環境を物権的請求権で間接的に保護することが適切なのかという問題があるし，名誉・プライバシー侵害に対する差止めの根拠とはなり難い。そこで，**人格権**（⇨第3節【研究】3（2）参照）に基づく差止めが主張されるようになった。

これを受けて，最高裁は，名誉権の侵害の予防を理由とする出版物の頒布等の事前差止めに関する**北方ジャーナル事件**において，「名誉は生命，身体とともに極めて重大な保護法益であり，人格権としての名誉権は，物権の場合と同様に排他性を有する権利」であるという理由から人格権としての名誉権に基づく差止めを認めた（最大判昭61・6・11民集40巻4号872頁［百選I【4】])。

また，航空機の騒音・振動等による被害を受けた周辺住民が夜間の飛行差止めを求めた大阪国際空港公害訴訟では，控訴審において，個人の生命，身体，精神および生活に関する利益の総体としての人格権に基づく差止請求が認容された（大阪高判昭50・11・27民集35巻10号1881頁〔**大阪国際空港公害訴訟**])。上告審において，民事上の請求として不適法であるとの理由で破棄され，訴え自体が却下されたものの（最大判昭56・12・16民集35巻10号1369頁)，この控訴審判決は，その後の公害・環境裁判における人格権に基づく差止請求の道筋

をつけたものとして評価されている。

　さらに，人格権の一種としての**平穏生活権**に基づく差止請求が認容されている（暴力団事務所の使用差止めについて静岡地浜松支決昭62・10・9 判時1254号45頁など，産業廃棄物最終処分場の使用・操業差止めについて仙台地決平4・2・28判時1429号109頁など）。

　学説では，権利説のほかにも，不法行為の効果として差止めを認めるべきとの説（不法行為説），法益の違法な侵害があり，差止めの必要があれば，被侵害者に差止請求権が付与されるとする説（違法侵害説），権利構成と他の構成による二元説など，さまざまな考え方がある。

③　名誉毀損・プライバシー侵害の差止めが問題となった事例

（1）はじめに

　裁判所は，名誉毀損・プライバシー侵害またはそのおそれがあるのみで差止請求を認容するわけではない。以下では，差止めが認容された判例を紹介する。

（2）名誉毀損の差止め

　前記の北方ジャーナル事件において，最高裁は，公務員または公職選挙の候補者に対する評価，批判等は公共の利害に関する事項であり，当該表現行為に対する事前差止めは原則として許されないが，①公共性がある場合でも，②その表現内容が真実でなく，またはそれが専ら公益を図る目的のものでないことが明白であって，かつ，③被害者が重大にして著しく回復困難な損害を被るおそれがあるときは，例外的に事前差止めが許されるとした（前掲・最大判昭61・6・11）。

（3）プライバシー侵害の差止め

　最高裁は，石に泳ぐ魚事件において，重大で回復困難な損害を被るおそれがあることを理由に，プライバシー侵害の差止めを初めて認めた（最判平14・9・24判時1802号60頁）。

　その後，最高裁は，「検索事業者が，ある者に関する条件による検索の求めに応じ，その者のプライバシーに属する事実を含む記事等が掲載されたウェブサイトの URL 等情報を検索結果の一部として提供する行為が違法となるか否かは」，「当該事実を公表されない法的利益と当該 URL 等情報を検索結果として提供する理由に関する諸事情を比較衡量して判断すべきもの

で，その結果，当該事実を公表されない法的利益が優越することが明らかな場合には，検索事業者に対し，当該 URL 等情報を検索結果から削除することを求めることができるものと解するのが相当である」と判示した（最決平29・1・31民集71巻1号63頁）。

4　公害・生活妨害の差止め

　公害・生活妨害においても，権利侵害またはそのおそれがあることのみで差止請求を認容するわけではなく，加害者側と被害者側の種々の事情を総合的に考慮して，被害が一般社会生活上受忍すべき限度（受忍限度）を超えるものかどうかで判断している。種々の事情は公害・生活妨害の種類によって異なるが，侵害行為の態様と侵害の程度，被侵害利益の性質と内容，侵害行為のもつ公共性ないし公益上の必要性の内容と程度は，ほぼ共通の考慮要素である。

　受忍限度は，損害賠償の違法性判断においても用いられるが，差止めの場合はより高度な違法性が要求される傾向にある。

　国道43号線公害訴訟において，最高裁は，「道路等の施設の周辺住民からその供用の差止めが求められた場合に差止請求を認容すべき違法性があるかどうかを判断するにつき考慮すべき要素は，周辺住民から損害の賠償が求められた場合に賠償請求を認容すべき違法性があるかどうかを判断するにつき考慮すべき要素とほぼ共通するのであるが，施設の供用の差止めと金銭による賠償という請求内容の相違に対応して，違法性の判断において各要素の重要性をどの程度のものとして考慮するかにはおのずから相違があるから，右両場合の違法性の有無の判断に差異が生じることがあっても不合理とはいえない」と判示した（最判平7・7・7民集49巻7号2599頁［百選Ⅱ【110】]）。

研　究

差止めをめぐる発展的問題

（1）インターネット上の誹謗中傷の差止め

　近年，電子掲示板や SNS での誹謗中傷が大きな問題となっている。これらのほとんどが匿名で行われるため，被害者は，差止請求（および損害賠償請求）を行う前に，加害者を特定しなければならない。

　被害者は，プロバイダに対して，①侵害情報の流通によって当該開示の請求をする者の権利が侵害されたことが明らかであるとき，かつ，②当該発信者情報が当該開示の請求をする者の損害賠償請求権の行使のために必要である場合その他発信者情報の開示を受けるべき正当な理由があるときに，発信者情報の開示を請求することができる（プロバイダ4条1項）。しかし，プロバイダは，特別の事情がある場合を除き，開示するかどうかについて当該発信者の意見を聴かなければならず（同2項），当該発信者情報をみだりに用いて，不当に当該発信者の名誉又は生活の平穏を害する行為をしてはならないため（同3項），裁判外で開示請求に応じることはこれまでほとんどなかった。したがって，多くの場合，被害者は，①コンテンツプロバイダに対するIPアドレス情報の開示仮処分命令申立，②アクセスプロバイダに対する発信者情報消去禁止仮処分申立，③アクセスプロバイダに対するIPアドレス使用者の住所氏名の開示請求訴訟を経なければならなかった。2021（令和3）年の法改正により，発信者情報開示命令の制度が導入され，裁判所の非訟手続によって発信者情報の開示ができるようになった（プロバイダ新8条）。

　このような過程を経て加害者が特定された後で，被害者は，誹謗中傷の内容が名誉毀損またはプライバシー侵害であるとして，人格権に基づく差止請求を行うことになる。なお，損害賠償請求について，プロバイダの責任は制限されている（プロバイダ3条）。

（2）差止訴訟を通じた新しい権利の展開

　公害・生活妨害の差止めの根拠として，人格権とともに**環境権**が主張されることもある。

　大阪国際空港公害訴訟において，原告側弁護団は，「環境を破壊から守るために，環境を支配し，良き環境を享受しうる権利」としての環境権を主張したが，一審ではその権利性について疑問が呈され，控訴審ではその当否について判断されなかった（前掲・大阪高判昭50・11・27）。

　その後も，環境権に基づく差止めを認めた判例はない。根拠とされる憲法13条・25条が綱領規定に留まること，環境権の主体・客体・内容が不明瞭であることなどが，私法上の権利としての環境権を否定する理由として挙げられている。

　それでも，環境上の素材である日照については，裁判を通じて権利性が認められるようになり（日照権），また，景観を損なう建物の一部の撤去を請求

した**国立マンション事件**において，最高裁は，損害賠償に関する判断の中でではあるが，「良好な景観に近接する地域内に居住し，その恵沢を日常的に享受している者は，良好な景観が有する客観的な価値の侵害に対して密接な利害関係を有するものというべきであり，これらの者が有する良好な景観の恵沢を享受する利益（以下「**景観利益**」という。）は，法律上保護に値するものと解するのが相当である」と判示した（最判平18・3・30民集60巻3号948頁［30！④【21】，百選Ⅱ【89】]）。

次のステップ

➡差止め全般について

・橋本佳幸ほか『民法Ⅴ　事務管理・不当利得・不法行為［第2版］』（有斐閣，2020年）327-334頁

・澤井裕『テキストブック事務管理・不当利得・不法行為［第3版］』（有斐閣，2001年）118-133頁

（大坂恵里）

第 **8** 節　損害賠償請求権の消滅時効

724条，724条の2

本節では，不法行為による損害賠償請求権の行使期間制限について，【構造】において規定の概要を，【展開】において一般の消滅時効との関係および規定の解釈を学び，さらに【研究】では改正前の規定をめぐる議論と改正法の関係について学習する。

構　造

概　要

不法行為に基づく損害賠償請求権は，原則として，①被害者またはその法定代理人が「損害および加害者（その両方）を知った時」から「3年間」（724条1号），②「不法行為の時」から「20年間」（同2号），行使しないときは時効によって消滅する。そして，人の生命または身体を害する不法行為による損害賠償請求権については，前述①の期間について，3年間から「5年間」

に変更される（724条の2）。これらの規定は，2017（平29）年の改正の際に，改正（724条），新設（724条の2）されたものである。

　これらの期間の性質は消滅時効であるから，時効の完成猶予や更新が認められ（147条以下），当事者は援用（145条）しなければならない。

展　開

1　一般の消滅時効との関係

　前述の権利行使期間の制限は，一般債権の消滅時効について定める民法総則の規定（166条1項）とは，起算点および期間の点で異なっており，これは，以下のような不法行為の特殊性から定められた特則であるとされている。①不法行為という偶発的な事故においては，3年も経過すると，証拠を探すのが難しく立証も困難になること，②時間の経過とともに被害者の感情も薄らいでくること，③3年も経過すると加害者も損害賠償請求をされないとの期待を抱くことなどである。ただし，人の生命・身体に対する不法行為については，3年で被害者感情がやわらぐことはなく，被害者にとっても酷であることから5年間とされた。

　一般債権の消滅時効についても，債務不履行による人の生命・身体の侵害による損害賠償請求権については，20年となっている（167条）。

2　損害および加害者を知った時（短期の消滅時効の起算点）　解釈

（1）損害を知った時

　「損害を知った時」について判例は，「加害者に対する賠償請求が事実上可能な状況の下に，その可能な程度にこれらを知った時」（最判昭48・11・16民集27巻10号1374頁［百選Ⅱ【108】]）であり，「被害者が損害の発生を現実に認識した時」（最判平14・1・29民集56巻1号218頁）であるとしている。3年の消滅時効は，被害者が損害の発生および加害者を現実に認識しながら3年も放置していた場合に加害者の法的地位の安定を図ろうとするものではあるが，不法行為の被害者が損害の発生を現実に認識していない場合にまで，被害者が損害の発生を容易に認識しうることを理由に消滅時効の進行を認め，加害者を保護するという趣旨ではないからである。

　交通事故の被害者が怪我をして入院している場合のように，1回の加害行

為による損害が継続している場合には,「損害」が全体として把握できるようになった時から時効が進行する。後遺障害については, 不法行為時に予測できた場合には, 症状固定の診断を受けた時（症状固定時）（最判平16・12・24判時1887号52頁）に時効は進行するが, 不法行為時には予測できなかった後遺障害が相当期間経過後に現れた場合には,「後日その治療を受けるまで」（最判昭42・7・18民集21巻6号1559頁）は, 時効は進行しない。

　不法占拠や生活妨害のように, 不法行為が継続し, それにともなって損害の発生も継続する場合には, 日々新たな損害が発生し, それを知った時からそれぞれについて消滅時効が進行する（大連判昭15・12・14民集19巻2325頁）。

（2）加害者を知った時

　「加害者を知った時」には, 前述の最判昭48・11・16が「これらを知った時」としていることから, 加害者についても,「その可能な程度に」加害者を知った時であり, 社会通念上, 調査すれば加害者の住所・氏名を容易に知ることができた時であると解されている。

3　不法行為の時（長期の消滅時効の起算点）　　解釈

　長期の消滅時効の起算点である「不法行為の時」とは, ①加害行為が行われたときに損害が発生する場合には,「加害行為の時」, ②「身体に蓄積した場合に人の健康を害することとなる物質による損害や, 一定の潜伏期間が経過した後に症状が現れる損害のように, 当該不法行為により発生する損害の性質上, 加害行為が終了してから相当の期間が経過した後に損害が発生する場合には, 当該損害の全部又は一部が発生した時」（最判平16・4・27民集58巻4号1032頁［百選Ⅱ【109】]）であると解されている。その理由としては, 損害の発生を待たずに進行を認めることは被害者にとっていちじるしく酷であり, 加害者としても自分自身の行為から生じる損害の性質からみて, 相当期間経過後でも損害賠償の請求を受けることを予期すべきだからである（最判平16・10・15民集58巻7号1802頁）。

研　究

改正法と従来の理論

　すでに説明したとおり, 724条の改正および724条の2の新設は, 今回の民

法改正にともなって行われたものである。これは，債権法改正にともなう民法総則の時効規定の改正と 平 仄を整えたものである。改正前の724条をめぐる解釈では，20年の長期期間の法的性質は消滅時効ではなく**除斥期間**であると解されており，その結果，原則として完成猶予・更新（改正前は中断・停止）が認められず，被害者保護には十分でないことから，除斥期間の性質を修正する解釈が判例・学説上展開され，さらには，そもそも除斥期間ではなく消滅時効と解すべきであると主張する有力説もあった。民法改正により，判例の期間の性質そのものをめぐる解釈については意味が失われたが，条文の趣旨を踏まえた起算点の解釈については，なお意味があるものと考えられる。問題となった判例およびそこで述べられている理由もぜひ勉強してほしい。

┌─ 次のステップ ─────────────────────────────

➡改正前の判例・学説について

・野澤正充『事務管理・不当利得・不法行為［第3版］』（日本評論社，2020年）220-226頁

➡債権法改正との関係について

・大村敦志『新基本民法6［第2版］』（有斐閣，2020年）92-94頁

└──────────────────────────────────

（芦野訓和）

第**5**章　特殊な不法行為

　民法は，709条で不法行為の一般原則について定めているが，人々の社会活動は多様であり，損害発生の可能性もさまざまであることから，損害が発生した場合に一般原則だけではカバーできない領域であっても，不法行為責任を問題とすることが必要な場合もある。そこで，民法では，いくつかの特殊な不法行為責任規定が設けられており，さらには，特別法でも，不法行為責任が規定されている。本章では，これらについて学習する。

第**1**節　概　要
714条-719条

　本節では，不法行為の一般原則では必ずしもカバーできない領域に関する「特殊な不法行為」についてその概要を学ぶ。それぞれの具体的な内容については各節でさらに詳しく学習するが，その前段階として，それらはどのような点で「特殊」なのか，民法の特別規定や特別法の規定は一般原則をどのように修正しているのかについて，概要を学習する。

1　意義と類型
（1）意　義
　民法は，714条以下に，帰責原理や成立要件に関し，一般の不法行為とは異なる特殊な不法行為について規定している。これらは，**特殊な不法行為**，または，**特殊の不法行為**とよばれる。
（2）類　型
　民法典に規定される特殊な不法行為は，つぎの3つの類型に分けることができる。①自身以外の者の行為について責任を負う類型，②物によって生じた損害について責任を負う類型，③自分だけでなく複数の加害者によって生じた損害について責任を負う類型，である。
　①は，自分自身が直接に不法行為を行ったわけではないが，行為者と特別

な関係にあるという理由から，生じた損害の賠償責任を負う類型である。この類型については，ⓐ責任無能力者の監督義務者等の責任（714条。⇨第2節），ⓑ使用者等の責任（715条。⇨第3節），ⓒ注文者の責任（716条）が規定されている。このうち，ⓒ**注文者責任**については，請負人は注文者から独立して業務を行うことから使用者責任で問題となる使用関係が存在しないのが通常であり，715条の使用者責任が適用されないことを注意的に規定したに過ぎないとされていることから，独立した節を設けての説明はしない。

　②は，ある物が原因となって人に損害が生じた場合に，その原因となった物の占有者・所有者等が責任を負う類型である。この類型については，ⓐ塀などの土地の工作物に瑕疵があることによって損害が生じた場合の所有者・占有者の責任（717条。⇨第4節），ⓑ動物が他人に損害を加えた場合の占有者・管理者の責任（718条。⇨第5節）が規定されている。

　③は，1つの損害が，複数の者の行為によって生じた場合の不法行為に関する類型である（共同不法行為責任）（719条。⇨第6節）。709条は単独の行為者による不法行為を念頭に置いて規定しているのに対し，719条は複数の加害者が共同して不法行為を行った場合を規定している。

2　一般不法行為との相違点

　①は，監督者（714条）や使用者（715条）の過失について，立証責任が被害者から監督者，使用者に転換されていることから，その性質は過失責任と無過失責任の中間の責任（**中間責任**）である。そのうち使用者責任については，「利益のあるところに損失もまた帰させるのが公平である」との考え方に基づく責任（**報償責任**）であると解されている。

　②は，社会に対して危険を生じさせる可能性がある物を支配・管理している者の責任（**危険責任**）について規定するものであり，その中で，ⓐの工作物の所有者については，工作物の瑕疵から生じた損害について**無過失責任**が認められている。ⓐの工作物の占有者，ⓑの動物の占有者・管理者については，①の使用者責任と同様に，過失の立証責任が転換されている中間責任である。

　③は，各行為者の行為と損害の発生との間の因果関係について，一般の不法行為原則が修正されている。

3　特別法上の不法行為

　民法典で規定される不法行為のほかに，不法行為に基づく責任は特別法によっても規定されている（⇨第7節）。

　たとえば，国や地方公共団体の責任について定めた「国家賠償法（国賠法）」，自動車事故に関する「自動車損害賠償保障法（自賠法）」，欠陥製品による事故に関する「製造物責任法（PL法）」，失火の責任について規定する「失火ノ責任ニ関スル法律（失火責任法）」，原子力損害に関する「原子力損害賠償法（原賠法）」などがある。

　これらの特別法も，不法行為の一般原則を修正する内容の規定を含んでいることから，本書では，特殊な不法行為に位置づけることにする。

（芦野訓和）

第2節　　責任無能力者の監督者の責任
714条

　本節では，【構造】において，未成年者などの責任無能力者の監督者が負う不法行為責任（714条）について基本的な説明をする。同条を通じて，監督者は，責任無能力者に対する日常生活における一般的な監督義務を負っているものと解され，また，立証責任の転換が図られていることによって，重い責任を課されることになる。しかし，【展開】および【研究】において述べるように，近年，社会の関心を集めた最高裁判決を契機として，このことについて疑問が提起されている。

構　造　　

1　意　義

　すでに述べたように，一般不法行為は，過失責任主義を採用しており（⇨第4章第1節【展開】および第2節），責任無能力は，不法行為責任の成立を阻却する事由に当たる（⇨第4章第5節【構造】1）。しかし，このような場合であっても，被害者の損害をそのまま放置することは好ましくない。そこで，民法は，責任無能力者が不法行為責任を負わない場合において，その「責任

無能力者を監督する法定の義務を負う者」(監督義務者), または,「監督義務者に代わって監督する者」(代理監督義務者。以下,監督義務者と代理監督義務者をあわせて「監督義務者等」という)に対して, 損害を賠償する責任を負わせた (714条1項本文, 2項)。このような責任を**補充責任**という。

714条に基づいて, 監督義務者等は, 他人の行為について責任を負うことになることから, 民法は, 監督義務者等が自らの監督義務を怠ったことを帰責の前提としている。このことは, 監督義務者等がその義務を怠らなかったことを証明すれば免責されると規定されていることに示されている (同1項ただし書)。同条の沿革をたどれば, 家族共同体における家長の責任という団体主義的な責任にさかのぼることができるが, 民法は, 監督義務の懈怠を714条の帰責の根拠とすることによって, 近代法の個人主義的な責任の形態をとったのである。

そうであっても, 監督義務者等の負う監督義務の内容は, 後述【展開】のように, 自己の行為に関するものではなく, また, 責任無能力者の行為についての一般的な監督を問題とする広範なものと考えられており, さらに, 立証責任の転換が図られるなど (中間責任。⇨第1節), 監督義務者の責任は相当加重されており, 一般不法行為とは異なる特徴を有している。

2 成立要件

714条に基づいて監督義務者が責任を負うのは, つぎの要件をみたす場合である。すなわち, ①加害者が責任無能力者であること (⇨第4章第5節【構造】1), ②加害者において, 不法行為の成立要件をみたすこと (⇨第4章第1節【構造】), ③加害者の監督義務者に当たること, である (同条1項本文)。これに対して, ④監督義務者がその義務を怠らなかったこと, またはその義務を怠らなくても損害が生じていたことを主張・立証すれば免責される (同ただし書)。各要件について, つぎの【展開】で詳述する。

展 開

1 監督義務者に関する問題 解釈
(1) 監督義務者・代理監督義務者に当たる者
監督義務者になるのは, 未成年者の親権者 (820条), 親権代行者 (833条)

および未成年後見人（857条）のように責任無能力者を監督する法定の義務を負う者である（714条1項本文）。

　かつては，精神保健福祉法旧22条1項（平成25年法律第47号による改正前）の保護者や成年後見人（858条）が監督義務者として損害賠償義務を負担すべきことが議論されてきた。しかし，最高裁は，保護者や成年後見人であることだけでは直ちに法定の監督義務者に該当するということはできないことを明らかにした（最判平28・3・1民集70巻3号681頁［百選Ⅱ【93】］〔JR東海事件〕）。

　また，代理監督義務者になるのは，保育士や教員，精神病院の医師などであり，学説によっては，保育園長，学校長，精神病院長などをあげるものもある（714条2項）。これらは，法定監督義務者との契約によって，または法律の規定によって，無能力者の監督を委託された者である。

（2）事実上の監督者・準監督義務者

　法定の監督義務者でもなく，それと契約上の関係のない事実上の監督者も，損害賠償義務を負う場合があるか。

　学説は，前記（1）に当たらなくても，社会的にそれと同視しうるような監督義務を負うと考えられる者についても，監督義務者に代わって責任無能力者を監督する者，すなわち事実上の監督者として，714条2項を適用することを論じてきた。

　最高裁（前掲・最判平28・3・1）は，「法定の監督義務者に準ずべき者」（準監督義務者）について，公平の見地から，同1項を類推適用することができるものと解している。同判決では，精神障害者と同居する配偶者であるからといってこの者が法定の監督義務者に該当するということはできないことが明らかにされた（同判決の提起する問題については，【研究】において述べることにする）。

２　監督義務の内容　　解釈

　監督義務の内容として，その義務が監督義務者という特別の地位に基づくものであることから，単に特定の加害行為を防止するというのではなく，責任無能力者に対する日常生活における一般的な監督が問題とされる。前述【構造】2にあげた要件④は，監督義務者にとっては，免責要件である。しかし，監督義務が一般的なものであることから，義務を怠っていなかったことの証明は，監督義務者にとって極めて困難である。

　事例判決ではあるが，714条1項ただし書の免責を認めた初めての最高裁判決として耳目を集めた事件として，責任能力のない11歳の未成年者が放課後に校庭に設置されたサッカーゴールに向けてフリーキックの練習をしていたところ，ボールが公道に転がり出て他人に損害を加えた場合に，その親権者が同条の責任を負うかどうかが問題とされたものがある（最判平27・4・9民集69巻3号455頁［30！④【27】，百選Ⅱ【92】］〔サッカーボール事件〕）。

　この事案について，最高裁は，結論的には，親権者は，監督義務者としての義務を怠らなかったとして，損害賠償責任を否定した。その理由は，当該未成年者の行為は通常は人身に危険が及ぶものとはみられないし，その親権者は当該未成年者に対して危険な行為に及ばないよう日頃から通常のしつけをしており，本件において問題となった加害行為について具体的に予見可能であったなどの特別の事情があったこともうかがわれないというのである。

3　714条に基づく監督者の責任の補充性 ——責任能力ある未成年者の監督義務者の責任　　　|関連|

　714条に基づく監督義務者の責任は，前述【構造】1のとおり，補充責任である。そこで，加害者に責任能力があって不法行為責任を負う場合には，同条の要件をみたさないので，その適用は問題にならない。しかし，その場合においても，監督義務者に当たる者が被害者に対して直接に一般不法行為責任（709条）を負う場合がある。

　判例は，「未成年者が責任能力を有する場合であっても監督義務者の義務違反と当該未成年者の不法行為によって生じた結果との間に相当因果関係を認めうるときは，監督義務者につき民法709条に基づく不法行為が成立する」と述べる（最判昭49・3・22民集28巻2号347頁［百選Ⅱ［第7版］【89】]）。このような場合には，監督義務は，具体的な結果との関係において，その懈怠が問題とされる（最判平18・2・24判時1927号63頁を参照）。

研　究

高齢化社会の抱える問題（JR東海事件を例に）　　|解釈|

　前述のように，714条の責任は，家族における特別に緊密な関係に基づくものと考えられてきた。しかし，少子高齢化が進み，家族の姿が多様化する

中で，監督義務者に課せられた重い責任について疑問が提起されるようになった。

【展開】にあげた JR 東海事件も社会の関心を集めた判例であり，そこでは，線路内に立ち入って列車と衝突して鉄道会社に損害を与えた91歳の認知症の者の遺族（長男と妻）に対して，当該鉄道会社が求めた同条に基づく損害賠償請求の可否が問題となった。

本件においては，結論として，いずれについても損害賠償義務が否定されたものの，認知症者の状況はさまざまであり，本件の示した判断基準によれば，事案によっては，献身的な介護を行う者ほど，重い負担を負わなければならないという場面も出てくるかもしれない。また，同判決は，【展開】1（1）に述べたように，準監督義務者にも714条1項が類推適用されることを認めているが，具体的には，どのような者がこれに含まれるかということが明らかにされておらず，医療や介護の現場に混乱を招きかねない。

これらの問題は，同条の解釈によって解決されることになるものの，そこでは，同条の責任の性質や根拠が問い直されている（【展開】にあげたサッカーボール事件についても JR 東海事件についても多くの評釈が出されているので，それらを参考にしてさらに検討するとよい）。

次のステップ
・瀬川信久『不法行為法における法と社会—JR 東海事件から考える—』（信山社，2021年）

（深川裕佳）

第 3 節　使用者責任
715条

本節では，715条に規定される使用者責任について学ぶ。【構造】では，使用者責任の意義・成立要件・効果について条文の内容を確認し，【展開】では，要件について解釈上問題となる点を中心に学習する。【研究】では，使用者責任と共同不法行為をめぐる問題を取り上げたのちに，使用者責任に類似する国家賠償法上の規定にも触れる。

構　造

1 使用者責任の意義

　ある事業のために他人を使用する者は，被用者が事業の執行について第三者に損害を加えたときは，自らも賠償責任を負わなければならない（715条1項本文）。たとえば，宅配業者の従業員が配達中に事故を起こし，第三者に損害を与えた場合，加害者である従業員の責任が問題となるのはもちろんであるが，この従業員の使用者である宅配業者にも被害者に対する責任が生じうる。このような場面で使用者が負う責任を，**使用者責任**という。

　使用者責任は，不法行為をした加害者本人（被用者）に加えて，使用者にも責任を課すことを定める特殊な不法行為である。この点で，前節で述べた監督義務者の責任が加害者が責任を負わない場合の補充的な責任であるのとは異なっている。このような責任が課される理由について，学説では，**報償責任**の考え方から説明されることが多い。すなわち，使用者は，被用者を用いることで広く事業活動を行うことが可能となり，利益を得ているのであるから，それにともなって生じる責任も負担すべきとされるのである（利益のあるところにまた損失も帰する）。また，事業活動による危険の発生・拡大という点に着目して，**危険責任**の考え方から使用者責任を根拠づけるという見方もある。

　715条1項ただし書は，使用者が被用者の選任・監督について相当の注意をしたとき，または相当の注意をしても損害が生じたといえるときは，免責されると規定している。したがって，条文の形式上，使用者責任は**中間責任**として位置づけられている（もっとも，実際に免責が認められることはほとんどない。この点について【展開】で述べる）。

　使用者責任の法的性質について，現行民法制定当時は，使用者自身の過失に基づく責任を問うものであると考える見解（**自己責任説**）が支配的であったが，前述の報償責任ないし危険責任の考え方が支持を得るとともに，被用者の責任を代わりに負担するもの（他人の行為に対する責任）であると考える見解（**代位責任説**）が現在の通説となっている。代位責任の考え方は，後述するように使用者の免責を容易には認めないという態度を導く。使用者責任をこのように捉える背景には，企業活動によって生じる事故や事件における被害者救済の要請という事情が存在する。

2　責任主体（賠償義務者）

すでに述べたように，使用者責任の責任主体（賠償義務者）は使用者（715条1項本文）である。また，715条は，賠償責任を負う者として，使用者のほかに代理監督者（同2項）を定める。代理監督者は，工場長，現場監督者など，現実に使用者に代わって事業を監督する地位にある者と解されている。代理監督者がいる場合は，使用者と連帯して損害賠償責任を負うことになる。

3　成立要件

使用者責任の要件は，①被用者の不法行為，②使用者と被用者が**使用関係**にあること，③被用者の不法行為が使用者の**事業の執行**についてなされたものであることである（715条1項本文）。これに加えて，条文上は，④使用者に免責事由がないこと，すなわち，被用者の選任・監督について相当の注意をしたとき，または相当の注意をしても損害が生じたときでないこと（同ただし書）があげられる。なお，①については，709条の一般不法行為の要件をみたしている必要があるとされる。②③④の要件がどのように判断されているかについては，【展開】で確認する。

4　効　果

3にあげた要件をみたすときは，使用者に損害賠償責任が生じる。

なお，715条が直接定めているわけではないが，使用者責任が成立する場合は，被用者の行為について709条の要件をみたしていることから，被害者は，被用者に対して損害賠償を請求することもできる（715条は，被用者の責任を排除していない）。このとき，使用者と被用者は，連帯して損害賠償責任を負うことになる（連帯債務関係については⇨第6節の共同不法行為の箇所で詳しく述べる）。もっとも，使用者責任が問われる場面では，資力の面からも使用者による賠償が行われることが多い。また，715条3項は，使用者が被害者に対して損害を賠償した場合に，使用者から被用者に対する求償権の行使を妨げないと規定している。被用者個人の責任については，使用者と被用者の関係において，求償の範囲をめぐって問題となることがほとんどである（詳しくは【展開】で述べる）。

展　開

1　使用関係　解釈

　使用者責任の要件のうち，使用者と被用者の使用関係は，使用者が被用者を実質的に**指揮監督する関係**がある場合に認められるとして，広く解されている。使用者と被用者の間に直接の雇用関係が存在する必要はなく，報酬の有無や指揮監督関係の期間も問わない（兄が弟に自動車で迎えに来させたという事案について，一時的な指揮監督があったとして使用関係を認めた判例がある。最判昭56・11・27民集35巻 8 号1271頁）。また，やや特殊な事案ではあるが，階層的に組織されている暴力団において， 1 次組織の頂点である組長と下部組織の構成員である組員との間に使用関係の存在を認めたものもある（最判平16・11・12民集58巻 8 号2078頁［30！④【28】，百選Ⅱ［第 6 版］【83】]）。

　他方，弁護士への依頼のように，委任契約に基づく委任者と受任者は，原則として使用関係にないと解されている。通常の場合，弁護士は独立して仕事を行い，依頼者から指揮監督を受けているわけではないからである。第 1 節で述べたように，請負契約における注文者も，原則として請負人がその仕事につき第三者に加えた損害を賠償する責任がないことが条文上規定されている（716条本文）。もっとも，指揮監督関係の有無は，実際の具体的な事情に照らし，個別に判断されるものであり，これらの契約について使用関係が認められる可能性が排除されているわけではない。

2　事業の執行　解釈

　使用者と被用者に使用関係があるということによって，使用者が被用者の不法行為すべてについて責任を負うわけではもちろんない。使用者責任は，被用者の不法行為が使用者の事業の執行についてなされたときに問題となるのであり，たとえば，被用者が休日に遊びに出かけた際に自動車事故を起こしたとしても，これは使用者に関わりのないことといえよう。したがって，事業執行性は，使用者責任が成立するかどうかを左右する重要な要件であるが，その判断をめぐってはいくつかの考え方がある。

（1）一体不可分説

　かつての判例は，被用者の行為が事業の執行行為自体であるか，事業の執行と相関連してこれと一体不可分の関係にある場合に事業執行性を肯定する

とした（**一体不可分説**という。大判大 5・7・29刑録22輯1240頁）。

(2) 外形標準説

　一体不可分説に対しては，使用者責任が生じる範囲が限定されすぎるとの指摘があり，その後の判例は，事業執行性をより広く解釈する立場に転換した（大連判大15・10・13民集 5 巻785頁）。

　現在の判例は，被用者の行為の外形から観察して，職務の範囲内の行為に属するものとみられる場合に事業執行性が認められるとし，実際には被用者の職務執行行為そのものに属しない行為を含むと判断している（最判昭36・6・9民集15巻 6 号1546頁など）。このような考え方を，**外形標準説**ないし**外形理論**とよぶ。具体的には，職務上の権限のない被用者が手形を偽造・交付して被害者に損害を与えたような場合（前掲・最判昭36・6・9）にも，事業執行性が肯定されている。

　外形標準説は，被用者の職務の範囲は使用者との内部関係において決められているものであって，通常の場合被害者には知りえないということから，被害者の外形に対する信頼保護の必要性を指摘する。そこから，被用者の行為が職務の範囲内で適法に行われたものではないことを被害者が知っていたとき，または重過失によって知らなかったときは，外形への信頼に対する保護に値する者ではないとして，使用者責任は生じないとされている（最判昭42・11・2民集21巻 9 号2278頁［百選Ⅱ【94】]）。

(3) 事実的不法行為における事業執行性

　(2)であげた手形の交付のように，被用者の取引行為による損害の発生が問題となる場面（これを**取引的不法行為**という）では，外形標準説による事業執行性の判断が妥当するとの理解が多数であるが，これに対して，交通事故や被用者による職務中の暴力行為といった事実的不法行為については，職務上の行為であるという外形への信頼が意味をもたないため，問題となる。

　この点，判例では，被用者による自動車事故についても，外形標準説の基準で判断するものがみられる（被用者が勤務時間後に私用のために会社の自動車を運転し，事故を起こした場合について事業執行性を肯定したものとして，最判昭37・11・8民集16巻11号2255頁）。一方で，行為の外形を基準とするのではなく，使用者の事業の執行行為を契機とし，これと密接な関連を有すると認められる行為によって加えた損害といえるかどうかという点に着目して判断したものもある（最判昭44・11・18民集23巻11号2079頁，最判昭46・6・22民集25巻 4 号566頁な

ど）。このように，事実的不法行為に関する判例では，外形標準説のほかに職務との密接関連性という別の基準による判断もみられる。

このほか，学説では，事実的不法行為について，加害行為が使用者の支配領域内で生じたものであるかどうかを基準に判断すべきとの見解も有力に主張されているところである。

3　使用者の免責　　解釈

前述のように，715条1項ただし書は，使用者は，自己が被用者の選任・監督について相当の注意をしたこと，または相当の注意をしても損害が生じたことを主張し，これが認められたときは責任を負わなくてよいと規定する。

使用者が被用者の選任・監督について相当の注意をしたという免責事由は，使用者に選任・監督上の過失がないことを指すと解されている。また，相当の注意をしても損害が生じたという免責事由は，使用者の選任・監督上の過失と損害の発生に因果関係がない場合を示す。

715条1項ただし書は，規定の構造上，過失に関する立証責任を被害者から使用者に転換し，中間責任とすることで使用者の責任を厳格化しているとみることができる。しかし，使用者責任の法的性質を代位責任と解し，使用者責任の帰責根拠を報償責任と危険責任の観点から導く立場からは，事業活動の過程で生じた被害者の損害について使用者の免責は容易には認められないものとされる。

この考え方は判例も同様であり，実際の裁判例では，715条1項ただし書による使用者の免責を認めた事例はほとんどない。したがって，使用者責任は，条文における中間責任としての規定構造にかかわらず，実質的には，かぎりなく無過失責任に近いものとなっている。このような運用は，責任が問われる使用者が多くの場合に企業であるということを背景に，被害者保護の要請に応えるものであるといえるが，使用者が企業でないときは区別して考えるべきとの指摘もみられるところである。

4　求　償　　解釈

（1）使用者の求償権

使用者が被害者に対して損害を賠償した場合，使用者には，被用者に対し

て求償権を行使する可能性が認められている（715条3項）。使用者責任を代位責任と捉えた場合，本来は加害行為をした被用者本人が負うべき損害賠償責任を使用者が肩代わりしたとして，使用者から被用者への求償を説明づけることが可能である。この考え方からは，その際の求償は，使用者が賠償した額すべてに及ぶといえそうである。しかし，代位責任説に立つ見解の多くは，使用者の求償は一定の範囲に制限されるとの見方を示す。その理由づけはさまざまであるが，報償責任や危険責任の考え方からも使用者が本来的に負うべき固有の責任範囲が正当化されるとする。

　判例も同様に求償権を制限しており，使用者の求償は，信義則上相当と認められる限度で可能であるとしたものがある（最判昭51・7・8民集30巻7号689頁［百選Ⅱ【95】]）。この判決の事案は，使用者である会社所有のタンクローリーを運転していた被用者が追突事故を起こしたというものであったが，求償範囲について，「その事業の性格，規模，施設の状況，被用者の業務の内容，労働条件，勤務態度，加害行為の態様，加害行為の予防若しくは損失の分散についての使用者の配慮の程度その他諸般の事情に照らし」て判断されるとの枠組みを示している（本事案では，損害額の4分の1を限度に被用者への求償が認められた）。

（2）被用者からの求償（逆求償）

　多くの場合，実際に問題となるのは使用者からの求償であるが，被用者が被害者に損害を賠償することもありうる。このとき，被用者から使用者への求償（逆求償とよばれる）が認められるかは，条文に規定がない。これについて，使用者と被用者の責任が連帯責任の関係にあることから，通常の連帯責任における内部関係と同様に，負担割合に応じて逆求償も認められると解されている。もっとも，この場合に使用者と被用者の負担割合がどのように決まるかについては，使用者からの求償と同様の問題が生じる。

研　究　　

1　使用者責任と共同不法行為　　関連

（1）問題の所在

　使用者責任では，被用者と使用者との間で求償という内部関係での負担割合の問題が生じることについてみたが，この問題は，不法行為の加害者が複

数存在し，それらの者について共同不法行為責任が生じる場合に，より複雑なものとなる。

　共同不法行為が成立する場合，719条1項により，複数の者が連帯して被害者の損害を賠償する義務を負うことになる（⇨第6節参照）。たとえば，A会社の従業員であるBが運転する自動車と，Cが運転する自動車が衝突し，付近にいたDに損害を生じさせたとき，BとCに共同不法行為が成立すると，Dの損害についてB・Cは連帯して責任を負う。さらに，Aについて使用者責任の要件をみたす場合には，Aも責任主体として含まれることになる。そこで，これらの者の間で求償関係が問題となる。なお，このような事故においては，共同不法行為者であるB・Cは，被害者との関係では損害全額について連帯して賠償すべき責任を負い，内部関係では，それぞれの過失の割合に従って責任を負担することになるのが通常である。

（2）被用者が第三者と共同不法行為をした場合の求償

　(1)であげた例において，Cが自己の負担部分を超えて被害者であるDの損害を賠償したとき，Cは誰に対して，どの範囲で求償できるだろうか。前述のように（【展開】4），使用者Aと被用者Bとの内部関係において，使用者に固有の負担割合が観念されることからすれば，第三者との関係でも，A・B各自の負担割合に応じた求償を認めるという方法も考えられないわけではない（すなわち，A・B・Cを横並びの関係として処理する）。しかし，判例は，使用者は被用者と一体をなすものとして，被用者と同じ内容の責任を負うべきとし，第三者との求償関係においては，使用者の責任割合は被用者の過失割合によって決まると判断している（最判昭63・7・1民集42巻6号451頁［百選Ⅱ【97】]）。

（3）被用者に複数の使用者がいる場合の求償

　複数人の求償関係の問題は，被用者に複数の使用者がいるケースも考えられる。(1)の例において，Bについて使用関係が認められる者がA1・A2というように複数いたという場合を想定しよう。このとき，A1が被害者Dに損害の全額を賠償し，A2に求償した場合，その関係はどのようになるだろうか。以下では，判例（最判平3・10・25民集45巻7号1173頁［百選Ⅱ［第5補正版］【84】]）が示した判断枠組みを確認しておこう。

　まず，A1・A2が負担すべき割合は，被用者Bの過失割合によって決まり，その限度となる（残りはCが負担する）。そのBの負担部分をA1・A2

の各使用者間でどのように負担するかは，被用者である加害者の加害行為の態様およびこれと各使用者の事業の執行との関連性の程度，加害者に対する各使用者の指揮監督の強弱などを考慮して定めるべきとされている。また，損害を賠償した使用者は，被用者であるBにも求償することができるが，この場合の求償範囲については，使用者と被用者の内部関係によって決まるものであり，別の使用者との関係は考慮されない。

　やや複雑な問題ではあるが，それぞれの関係性に注意して，負担部分につきどのような判断枠組みが用いられているかを確認してほしい。

② 国家賠償法との関係　　　　　　　　　　　　　　　　関係

　使用者責任に類似する制度として，公務員による不法行為については，国家賠償法が国または公共団体の責任を定めている。**国家賠償法1条**によると，国または公共団体の公権力の行使にあたる公務員が，その職務を行うについて，故意または過失によって違法に他人に損害を加えたときは，国または公共団体が賠償責任を負わなければならない。使用者責任に類似する規定であるが，要件に違いがあるほか，国・公共団体の責任の位置づけも異なるところがある（詳しくは⇨第7節【展開】1（2）で述べる）。

次のステップ

➡使用者責任の立法時からの判例・学説の議論について
・田上富信「使用者責任」星野英一編集代表『民法講座第6巻 事務管理・不当利得・不法行為』（有斐閣，1985年）459-511頁
➡共同不法行為と使用者責任の関係について
・潮見佳男「求償関係における共同不法行為責任と使用者責任の交錯」ジュリ926号（1989年）67-72頁
・野澤正充『セカンドステージ債権法Ⅲ 事務管理・不当利得・不法行為［第3版］』（日本評論社，2020年）252-257頁

（永岩慧子）

第**4**節　工作物責任
717条

　本節では，物による不法行為の代表的な類型である工作物責任について学ぶ。【構造】では，工作物責任の意義と責任主体，成立要件・効果を確認する。【展開】では，各要件についての解釈上の問題を学習する。【研究】では，工作物責任に類似する制度として，国家賠償法が定める営造物責任との関係に触れる。

構　造

1　工作物責任の意義

　土地の工作物の設置または保存に瑕疵があり，これによって他人に損害を与えたときは，その工作物の占有者は，損害を賠償する責任を負う（717条1項本文）。占有者が損害の発生を防止するために必要な注意をしたときは，所有者が損害賠償責任を負う（717条1項ただし書）。具体的な場面として，建物の外壁が崩れ，通行人に怪我をさせたという場合や，スキー場のゲレンデに障害物があり，それが原因で客が怪我をしたといった場合があげられる。このような場面で占有者または所有者が負う責任を，**工作物責任**という。工作物が有する危険が現実化した結果として，被害者に損害が生じていることから，物による不法行為の1つとされる（⇨第1節概要も参照）。工作物責任は，工作物の設置・保存の瑕疵を中心的な要件とする特殊な不法行為であり，このような責任が設けられている理由は，工作物がその性質上潜在的に危険を有していることから説明される（**危険責任の考え方**）。

　なお，工作物責任の規定は，竹木の栽植または支持に瑕疵がある場合に準用される（717条2項）。

2　責任主体（賠償義務者）

　717条1項ただし書が示しているように，工作物責任の第1次的な責任主体（賠償義務者）は，**占有者**である。占有者が損害の発生を防止するために必要な注意をしたことを証明し，免責が認められるときは，**所有者**が第2次的

な責任主体として損害賠償責任を負うことになる。

（1）占有者

717条1項が定める占有者とは，工作物を事実上支配する者をいう（物権法上の占有理論によって決まるとされる）。工作物を直接占有している直接占有者だけでなく，間接占有者も含まれるかについては見解が分かれるが，間接占有者を除外する必要はないとした判例がある（営造物責任の事案であるが，最判昭31・12・18民集10巻12号1559頁）。

（2）所有者

占有者に免責事由があることが認められたときは，補充的な責任主体として，所有者が責任を負う。すなわち，占有者の責任が**中間責任**であるのに対して，所有者の責任は，免責の余地のない**無過失責任**である。なお，民法典に規定されている特殊な不法行為責任は，条文上，中間責任として規律されているものがほとんどであり，工作物責任における所有者の責任が唯一免責規定が設けられていないものとなっている。

3　成立要件

工作物責任の要件として，①土地の工作物に該当すること，②その設置・保存に瑕疵があること，③瑕疵と損害との因果関係があげられる（717条1項本文）。

すでに述べたように，被害者からの工作物責任に基づく損害賠償の請求が占有者に対してなされたときは，④占有者に免責事由がないことも必要となる（同ただし書）。

4　効　果

（1）占有者または所有者による損害賠償

工作物責任の要件をみたすとき，占有者または所有者は，被害者に生じた損害を賠償する責任を負う（717条1項本文）。

（2）求　償

工作物の占有者または所有者が被害者に対する損害賠償責任を負った場合に，損害が発生した原因について占有者および所有者のほかに責任を負うべき者がいるときは，占有者または所有者は，その者に対して求償権を行使することができる（717条3項）。たとえば，工作物を建築した請負人に施工ミ

スがあり，それが原因で被害が生じたような場合である。もっとも，このような場合，被害者は，709条に基づいて直接に請負人の不法行為責任を追及することもできる。

展　開　

1　工作物の意義　解釈

　717条が規定する土地の工作物について，かつての判例は，「土地に接着して人工的作業を加えることによって成立した物」と定義していた（大判昭3・6・7民集7巻443頁）。もっとも，現在では土地への接着要件は緩和されており，工作物の範囲は拡大傾向にある。

　具体的には，建物，擁壁・石垣などのほかに，建物の中に設置されたエレベーターやエスカレーター，工場内の設備についても工作物責任が認められている。また，人工的作業が加えられた土地そのものとして，スキー場のゲレンデやゴルフコースも工作物に該当する。

2　設置・保存の瑕疵　解釈

　工作物責任が成立するには，工作物の設置または保存に瑕疵があり，それによって損害が発生したことが必要である。設置・保存の瑕疵の意義をめぐっては，①その工作物が通常予想される危険に対し，通常備えているべき安全性を欠いていることが瑕疵であるとして，工作物の客観的な状態に着目して捉える考え方（客観説とよばれる）と，②工作物による被害が生じないように占有者・所有者が負うべき義務を措定し，その義務を果たさなかったことが瑕疵であるとする考え方（義務違反説ないし主観説とよばれる）がある。①客観説が工作物の物理的な状態を問題とするのに対し，②義務違反説は，瑕疵の要件を過失の判断と同様に，人の行為態様の問題とする。義務違反説に対しては，工作物責任が工作物の危険性をかんがみて規律された，709条とは別の特殊な不法行為であるということから，あえて過失責任と同様に考える必要はないとの指摘が加えられている。判例および通説は，①客観説に立つ。

　なお，判例は，設置・保存の瑕疵を広く捉えている。たとえば，踏切道の軌道施設に遮断機や警報機などの保安設備が設置されていない状態につい

て，踏切道としての機能が果たされていないとして瑕疵を認めたものがある（最判昭46・4・23民集25巻3号351頁［30！④【29】］）。

　瑕疵の有無は，工作物の構造や用途など具体的な状況に照らして判断されるが，通常予想される危険に対する安全性を備えているかが問題となるのであって，想定されていない自然力や，工作物の通常の用法に反する利用といった被害者の異常な行動に対する安全性までを備えている必要はない。

3　瑕疵と損害の因果関係　　解釈

　工作物の瑕疵と損害には因果関係が認められなければならない。たとえば，不可抗力による災害で損害が生じた場合には，事実的因果関係が否定され，免責される可能性がある。

　もっとも，工作物に瑕疵があり，さらにその状態に想定外の自然力が加わったことで，損害が発生ないし拡大したという場合も少なくない。たとえば，外壁やブロック塀などは，予想される規模の地震に対する耐久性を備えていなければならないが，予想規模の地震への安全性さえ欠いていたところ，その想定を超える地震が発生し，通行人に被害が生じたといった場合である。このような場合，瑕疵を原因とする損害の発生ないし拡大があったと認められるため，想定外の自然力との割合的な責任の問題となる。また，損害の発生に第三者の行為が加わったというように，原因が競合している場合には，共同不法行為ないし競合的不法行為の問題となりうる（共同不法行為について⇨第6節）。

研　究　

国家賠償法との関係　　関係

　717条の工作物責任に類似する制度として，**営造物責任**とよばれるものがある。国家賠償法2条1項は，公の営造物の設置または管理に瑕疵があり，これによって他人に損害が発生したときは，国または公共団体が損害賠償責任を負うとする。営造物責任は，工作物責任と共通するところも多いが，対象となる物の範囲は工作物より広く，国・公共団体が占有者にすぎない場合でも免責の余地のない無過失責任であるといった違いがある。営造物責任について，詳しくは第7節【展開】1（3）で述べる。

次のステップ

➡工作物責任全体について

・澤井裕『テキストブック事務管理・不当利得・不法行為［第3版］』（有斐閣，2001年）318-336頁

・吉村良一『不法行為法［第5版］』（有斐閣，2017年）233-246頁

（永岩慧子）

第5節　動物の占有者の責任
718条

　本節では，動物が他人に危害を加えた場合の責任について学ぶ。【構造】では，意義・責任主体・成立要件・効果について学ぶ。動物自身が損害賠償責任を負うことはできないことから，人間が責任を負うことになるが，損害賠償義務者は誰なのか，どのような場合に責任を負うのかが問題となる。【展開】では，責任主体をめぐる解釈，責任を免れることができる事由をめぐる解釈について学習し，さらに【研究】では，「動物」にはどのような「物」が含まれるかについて学習する。

構　造

1　意　義

　動物の占有者または占有者に代わって動物を管理する者は，その動物が他人に加えた損害を賠償する責任を負う（718条）。動物は身近な存在である一方で，人々に危害を加えないよう動物が自らをコントロールすることを望むのは難しく，仮に損害を加えた場合にその賠償責任を動物に負わせることはできない。そこで民法は，その動物を事実上支配しており，危害を加えることを防止することが可能である，その動物の占有者・管理者に**危険責任**を負わせている。この責任は，占有者が相当の注意をもって管理したときは免責が認められていることから（同1項ただし書），土地の工作物責任と同様に**中間責任**である（⇨第4節）。ただし，工作物責任とは異なり，所有者には条文上は責任が課されていない。

　動物の占有者等に一定の責任を負わせるという考え方は，ローマ法以来さまざまな国で採用されており，農耕や交通手段として動物が利用されていた近代では重要性を持っていた。動物がそのようなものとして利用されることが少なくなった現代では，その観点からの重要性は減少したが，現代的な観点からは新たな社会的意義を有してきているといえる（【研究】参照）。

2　責任主体（賠償義務者）

　前述のとおり，占有者または管理者が責任を負う。718条は，動物による損害を防止するには一番近いところにいる者がよいとの趣旨から，所有者ではなく占有者と管理者に責任を課している（ただし，【民開】Ⅰも参照）。

3　成立要件

　718条の成立要件は，①動物が他人に損害を加えたこと，②損害賠償義務者に免責事由のないことである。

　①について，「動物」は家畜やペットに限定されず，野生動物であったとしても人の支配下にある動物であれば適用される。動物の種類も問わない（【研究】参照）。「損害」は人身損害（たとえば，他人が怪我をした）・物損（たとえば，自転車を倒して壊した）を問わないが，動物の独立の動作によって生じたものでなければならない。また，「動物の行為」と「損害発生」との間に因果関係が必要であり，「動物の行為」は，動物がぶつかってきた場合やかんだ場合のほか，動物の鳴き声による騒音や動物が吠えたことや近づいてきたこと（それにより驚いて転んで怪我をした場合など）も含まれる。

　②について，占有者または管理者が，動物の種類および性質に従い相当の注意をもってその管理をしたときは責任を免れることになることから（同ただし書），そのような免責事由が認められない場合に，占有者または管理者の責任が認められる（【研究】も参照）。

4　効　果

　占有者または管理者は，発生した損害の賠償責任を負う。ほかに原因者が存在する場合，717条3項のような求償の規定は存在しないが，解釈上その原因者に対して求償することができるとされている。

展　開　

1　間接占有者　[解釈]

　占有者には，他人の家畜を一時的に借りて現在占有しているような直接占有者だけでなく，実際の**所有者（貸主）**である間接占有者も含まれる（直接占有・間接占有については物権法で学習してほしい）。判例は，運送人が委託者に馬の運送を依頼され運送している途中に馬が他人に加害を加えた事案において，運送人を「保管者」（改正前の用語であり，現在の「管理者」に相当する。この事案では，直接占有者に当たる）とした上で，運送委託者（間接占有者）は，相当の注意をもって保管者を選任・監督したことを立証しない限り，占有者として責任を負うとした（最判昭40・9・24民集19巻 6 号1668頁）。

　動物園の管理人などについては，判例・通説は，動物の保管に独立の地位を有しない占有機関ないし占有補助者であり，本条による責任を負わないと解している。

2　相当な注意　[解釈]

　免責事由としての相当な注意については，①動物の種類・性質，②占有者・管理者の熟練度や加害時の措置，③被害者側の対応の 3 点を総合し，社会通念に照らして判断されることになる。この義務について判例は，「通常払うべき程度の注意義務を意味し，異常な事態に対処しうべき程度の注意義務まで課したものでない」と解している（最判昭37・2・1民集16巻 2 号143頁）。

　この立証責任は，占有者または管理者が負うが，裁判において免責事由が認められることはほとんどない。

研　究　

718条の適用可能性──「物」の占有者の責任

　前述のとおり，この条文は，他人に危害を加える恐れがあるような動物（家畜）が利用されていたことから規定されたものであり，その観点からは社会的意義は減少しているといえる。しかし，現代社会では犬などのペットによる加害も問題となる場合があり（たとえば，ダックスフント系の小型ペット犬による危害が問題となった最高裁判決がある（最判昭58・4・1判時1083号83頁）），ま

た，ペットの種類も多様化していることから，占有者・管理者の責任も重要なものとなってきているといえる。動物による危害についても，これまでのような動物自身の行為だけでなく，ウィルスなどに感染した動物を介して人間が感染症に罹患した場合（人畜感染症）も本条の適用が問題となる。

　さらに，細菌・ウィルスなどの微生物の占有者の責任についても学説上議論されている。今後は，生物学的な「動物」という観点ではなく，人の支配下にあり他人に危害を加える危険性がある「物」の管理者責任という観点からも検討が必要かもしれない。

┌─ 次のステップ ─────────────────────────
➡718条の適用可能性について
・多田利隆「微生物事故と動物占有者責任」西南学院法学論集29巻2・3号（1997年）21-58頁，30巻4号（1998年）1-26頁
───────────────────────────────────

（芦野訓和）

第 6 節　　共同不法行為
719条

　不法行為の加害者が複数いる場合に各加害者に連帯責任を負わせて被害者を救済することが共同不法行為の目的である。本節ではまず，共同不法行為の意義や成立要件，効果としての連帯責任について扱う（【構造】）。そして共同不法行為をめぐっては，成立要件である共同とは何か，そして連帯責任とは何であるのかがとくに問題となる（【展開】）。さらには共同不法行為の効果としての連帯責任は，連帯債務に関する民法改正によって影響を受けていることから，改正後の連帯債務規定との関係も重要である。また共同不法行為において被害者にも過失がある場合，過失相殺がどのように行われるべきかという問題がある。これらは【研究】で扱う。

構 造

1 概 要

　複数の加害者が被害者に対して不法行為によって損害を生じさせる場合を**共同不法行為**とよぶ (719条)。719条では 3 類型の共同不法行為が規定されている。まず，数人が共同の不法行為によって他人に損害を加えるという共同不法行為であり (同 1 項前段)，これを**狭義の共同不法行為**とよぶ (同 1 項前段)。つぎに加害者が複数存在するが，どの加害者の加害行為が被害者に損害を生じさせたのかを知ることができない場合，つまり個々の加害行為と損害との因果関係が不明である場合にも共同不法行為が成立し，加害者らは連帯責任を負う (同 1 項後段)。そして加害行為には直接参加していないものの，加害者を 教 唆 (きょうさ) しまたは 幇助 (ほうじょ) することで不法行為に間接的にかかわった者も，加害者とともに連帯して共同不法行為責任を負うこととされている (同 2 項)。

2 狭義の共同不法行為

（1）意 義

　719条 1 項前段は，数人が共同の不法行為によって他人に損害を加えたときは，各自が連帯して損害を賠償する責任を負うとする。複数の加害者が被害者に対して不法行為によって損害を生じさせた場合，それぞれの加害者に対して被害者は709条に基づいて個別に損害賠償を請求することができる。しかし個々の加害者の不法行為責任が認められたとしても，ある加害者の加害行為と因果関係にある被害者の損害を賠償するに足りる資力をその加害者が有していない場合も考えられる。十分な資力を有する別の加害者に賠償を求めようとしても，その加害者が賠償するべき損害はその加害者の加害行為と因果関係にある損害であるため，それを超えた賠償責任を求めることはできない。そうすると，複数の加害者に対して個別に責任が認められても被害者の救済が十分でなくなるおそれがある。そのため民法は，複数の加害者の不法行為によって被害者が損害を被った場合に各加害者に連帯責任を負わせている。

（2）狭義の共同不法行為の成立要件

　狭義の共同不法行為の成立要件は，①各加害者の行為が709条の成立要件をみたすことと，②各加害者の行為の間に**関連共同性**が認められることであ

る。各加害者の行為が709条の成立要件をみたすことを要するため，個々の加害行為と損害との間に因果関係が存在することも必要となる。しかし各加害行為に関連共同性があれば狭義の共同不法行為が認められるため，実質的には709条の成立要件としての因果関係は共同不法行為の場面では緩和されていることになる。

3 加害者不明の共同不法行為

719条1項後段の共同不法行為は，複数の加害者がいるもののどの加害者の加害行為が被害者の損害を惹起したのかが不明であるという場面を規定している。この場合，やはり被害者は個々の加害者に不法行為責任を追及することもできるが，どの加害行為と損害との間に因果関係があるのか不明であるため，請求すること自体が困難であることもある。そこで民法は，共同不法行為において加害者が不明であるときにも，各加害者の連帯責任を定めて被害者を救済しようとしている。

4 教唆および幇助

719条2項は，加害行為に参加していなくとも加害者に加害行為をするようにそそのかした者（教唆者）や加害行為を手助けした者（幇助者）も，加害者と共同して責任を負うべきと規定する。この場合には，加害者と教唆者あるいは幇助者との間に意思に基づく共同が認められることから関連共同性が肯定されるため，719条1項前段の狭義の共同不法行為が成立する。したがって，この規定の独自の意義はそれほどなく，教唆者や幇助者がいる場合もこれらの者が加害者と共同で不法行為責任を負うべきことを注意的に規定したものにすぎないともいわれている。

5 効果——連帯責任と求償
（1）連帯責任

719条の共同不法行為が各加害者について成立すると，それぞれの加害者は連帯して責任を負う。その内容は，各加害者が**連帯債務**として被害者に対する損害賠償債務を負うことと理解されている。しかしこの連帯債務は通常の連帯債務ではなく**不真正連帯債務**という性質の連帯債務であるとされてきた。

　連帯債務とは，同一内容の可分給付の債務を複数の債務者（連帯債務者）が同時に負担することを指す。債権者は複数の債務者のうち，だれかひとりに債務全部の履行を求めることもできるし，あるいは同時に，または順次に各債務者に履行を求めることもできる（436条）。このような連帯債務の性質から，民法は連帯債務者のうちひとりに生じた事由（たとえば連帯債務者のひとりに関して法律行為の無効原因がある場合や，債権者と連帯債務者ひとりとの間で更改が成立する場合など）が別の連帯債務者に影響するかどうかについて規定を置く（437条以下）。連帯債務者のうちのひとりに生じた事由が他の連帯債務者に影響する場合，これを**絶対的事由**という。また，各債務者の内部関係においては債務の負担部分が存在し，ある連帯債務者が弁済をすることなどにより共同の免責を得る場合，他の連帯債務者に対し，他の連帯債務者の負担部分につき求償権を行使できる（442条）。

　これに対して不真正連帯債務の場合，被害者の保護のために連帯債務者（共同不法行為者）のひとりに生じた事由が他の連帯債務者に影響しないこと，債務者間に求償関係が生じないことが特徴であるとされている。しかしとくに求償については判例では必ずしもそのように理解されているわけではない。

　さらに連帯責任の内容については，民法改正との関係で不真正連帯債務の扱いをめぐり議論がある。(2) で扱う求償の問題も含め詳しくは【研究】で扱う。

(2) 求　償

　共同不法行為に基づく連帯責任として，各加害者は連帯して被害者に対する損害賠償債務を負う。通常の連帯債務の場合，連帯債務者のひとりが弁済をしたとき，その弁済が自己の負担部分を超えない場合でも求償ができる（442条1項）。しかし，すでに述べたように，改正前は共同不法行為の連帯責任は不真正連帯債務の負担と考えられており，別の扱いがなされていた。これについても【研究】を参照してほしい。

展　開

1　719条 1 項前段をめぐる学説 解釈

（1）関連共同性の理解

719条 1 項前段の共同不法行為の成立要件の 1 つである加害者間の関連共同性については，各加害者が共謀や示し合わせの上で共同して不法行為をするまでの必要はなく，客観的にみて各加害行為が共同していれば足りると理解されている。前者の関連共同性を**主観的関連共同性**，後者の関連共同性を**客観的関連共同性**とよぶ。それぞれの加害行為が不法行為となり，かつそれらの間に（客観的）関連共同性があることから，各加害者は自身の加害行為と因果関係にある損害を超えて，被害者に生じた全損害について連帯して責任を負うとする点に719条の共同不法行為の特徴がある。

（2）判例法理の展開と学説による受容

共同不法行為の成立のためには，各加害行為が客観的に関連共同していれば足りるが，それでも各加害行為と被害者の損害との間に因果関係は必要となる。しかし，加害者が複数いる場合には，どの加害行為と被害者の損害が因果関係にあるのか立証することが困難であったり，個々の加害行為単独では損害発生に至らなかったが，共同での加害行為のために損害発生に至ることもある。そこで判例では，関連共同性をさらに分類し，成立要件としての因果関係の緩和を試みている。

下級審裁判例ではいわゆる四日市公害事件において，津地方裁判所四日市支部が関連共同性の意義について以下のように述べた（津地四日市支判昭47・7・24判時672号30頁〔四日市公害事件〕）。

共同不法行為の場合には各加害者の行為と損害との間に因果関係が必要となるが，この因果関係は各加害者の行為単独では結果を生じさせない場合であっても，他の加害行為と合わさることで損害を発生させること，そして加害行為がなければ損害が生じなかったであろうことが認められれば足りる。共同不法行為の被害者において加害者間に関連共同性があることと，共同の加害行為によって損害が発生したことを立証すれば，加害行為と損害との間の因果関係が法律上推定される，とした。さらに関連共同性を**強い関連共同性**と**弱い関連共同性**に分類し，弱い関連共同性を認めるためには，各加害行為について，損害発生に対して社会通念上全体として 1 個の行為と認められ

る程度の一体性があることが必要であり，かつこれで足りるとした。さらに，この関連共同性を超えて各加害行為の間により緊密な一体性や結合関係が認められる場合，したがって強い関連共同性が認められる場合には，たとえある加害行為のみでは損害発生との間に因果関係が認められない場合でも，他の加害行為との関係で責任を免れない，とした。

そうすると各加害行為が少なくとも客観的に関連共同しているといえる場合には，各加害行為と損害との間の因果関係が推定的に立証されるのであって，この場合に関連共同性を認めるには弱い関連共同性で足りる。ここでは，各加害者は自身の加害行為と損害との間に因果関係がないことを立証すれば免責される。他方でこの関連共同性を超えて各加害行為により緊密な，強い関連共同性が認められる場合，各加害者は損害に対する責任を免れない（因果関係があるものとみなされる）。

この判例は，719条1項前段の成立要件とされている関連共同性を，強い関連共同性と弱い関連共同性に分類する。学説でもこのような考え方が受け入れられたが，719条1項前段が各不法行為の関連共同性によって因果関係をみなす規定であり，同後段（加害者不明の共同不法行為）が因果関係を推定する規定であると考える方が適切であるという意見もある。

2 関連共同性の分類 〔解釈〕

いずれにせよ，共同不法行為であるといえるためには各加害行為の関連共同性の存在が求められるが，関連共同性を分類すると以下のようになる。

（1）強い関連共同性がある場合（719条1項前段）

各加害者間に主観的関連共同性，つまり共謀といった意思的共同があって共同で不法行為がなされる場合がこれに当たる。719条2項の規定する教唆や幇助も加害者との間で意思的共同があるといえるので，強い関連共同性があることになる。共同不法行為において強い関連共同性が認められる場合，複数いるうちのある加害者の加害行為と被害者の損害との間に，実際には因果関係がない場合や因果関係が不明である場合であっても因果関係があるものとみなされ，免責は認められない。また，客観的関連共同性が認められる場合であっても，各加害行為に密接な一体性や結合関係がある場合には，強い関連共同性があると認められる。

（2）加害者不明の場合（719条1項後段）

　加害者が複数いることは確かであるが，どの加害者の加害行為が損害発生と因果関係にあるか不明という場合である。719条1項後段の規定するこの場合には，各加害者の行為と損害発生との間の因果関係が推定されるため，各加害者は因果関係の不存在を立証すれば免責される。

（3）弱い関連共同性がある場合

　各加害行為が社会通念上全体として1個の行為と認められる場合である。この場合も関連共同性はみたされるため，因果関係が認められ，被害者は各加害者に損害全部の賠償を求めることができる。このとき各加害者は自身の加害行為と損害との間に因果関係がないことや，因果関係のある損害の範囲を立証すれば，免責されるかあるいは減責される。

研　究

1　不真正連帯債務と民法改正　関連

（1）絶対的事由と求償

　719条の効果は共同不法行為者に連帯責任として損害賠償責任を負わせることである。すでに述べたように，この連帯責任とは，被害者に対する損害賠償債務を各加害者が連帯債務として負うことを意味するとされている。しかし従来，この連帯責任の内容は通常の連帯債務ではなく不真正連帯債務の負担と理解されてきた。その理由は，先に述べた連帯債務の絶対的事由にある。

　改正前，連帯債務の絶対的事由として，履行の請求（改正前434条），更改（改正前435条），相殺（改正前436条），免除（改正前437条），混同（改正前438条），時効の完成（改正前439条）が規定されていた。共同不法行為責任の効果としての連帯責任の内容を通常の連帯債務と理解する場合，これらの規定が適用されることで共同不法行為者のひとりについて絶対的事由が生じたために他の共同不法行為者もその責任を免れる可能性が生じてしまい，被害者の救済の目的で連帯責任を認めた意義がなくなるおそれがあった。そこで，719条の効果としての連帯責任は，改正前434条以下の規定の適用されない不真正連帯債務を各加害者に生じさせると理解されていた。また求償について，不真正連帯債務の場合，学説では，債務者間に主観的共同関係がないためにそ

もそも求償関係を生じないとされてきた。他方で判例では，加害者のうちひとりが被害者に対して過失割合に従って定まる自己の負担部分を超えて損害賠償をした場合，賠償をした加害者は他の共同不法行為の加害者に対し求償することができるとされてきた（最判昭63・7・1民集42巻 6 号451頁［百選Ⅱ【97】]）。

(2) 改正の影響

民法改正によって連帯債務に関連する規定が改められ，このことは共同不法行為の効果としての連帯責任を不真正連帯債務とする考え方にも影響を及ぼしたとされている。まず改正の趣旨によれば，共同不法行為の効果としての連帯責任も連帯債務として扱うこととされたので（436条では法令の規定により連帯債務を負担する場合も適用があることが示されている），共同不法行為の効果としての連帯責任は，通常の連帯債務として扱われることになる。ただし改正後の連帯債務の絶対的事由は，更改（438条），相殺（439条），混同（440条）に限定されている（441条も参照）。このことから，改正前に比べて共同不法行為の被害者が救済されないおそれのある場面は少なくなっている。また，求償についても連帯債務の規定に従うため，共同不法行為者間でも442条に従って求償をすることが認められる。ただし，442条 1 項による求償の場合には，自己の負担部分を超える弁済でなくとも求償が可能であるところ，過失割合に従って定まる自己の負担部分を超える弁済があれば求償できるとの判例法理との関係が問題となる（前掲・最判昭63・7・1）。

そうすると，現在では規定の上では共同不法行為の効果である連帯責任は通常の連帯債務であると理解でき，不真正連帯債務という概念は不要になったとも考えられる。しかし，不真正連帯債務という概念が不要になったか否かについては，実際には評価が分かれている。この点については**次のステップ**に掲げている参考文献も参照してほしい。

2　過失相殺

すでにみたように，不法行為に基づく損害賠償については過失相殺が認められている（722条 2 項。⇨第 4 章第 6 節）。そうすると共同不法行為においても，被害者にも過失があるという場合には，過失相殺によって賠償額の減額が認められそうである。しかし，被害者にも過失があるものの，各加害者との関係において過失の割合が異なる場合も考えられる。そうした場合に，は

たして過失相殺はどのようにして行われるべきであろうか。共同不法行為に
おける過失相殺の方法について，判例には**絶対的過失相殺**とよばれる方法を
採用したものと，**相対的過失相殺**とよばれる方法を採用したものがある。

（1）絶対的過失相殺

　最判平15・7・11民集57巻7号815頁は絶対的過失相殺を採用した。この
事案では，貨物自動車運転手Aが，深夜，片側1車線道路で車線にはみ出
すかたちで非常点滅表示灯などを点けずに路側帯に貨物自動車を停車させて
おり，それに気づいたB運転の貨物自動車がA車を避けるため中央線を越
えて進行したところ，制限速度を大幅に超えて対向道路を走行してきたC
運転の乗用車と衝突したという事故について，A，B，Cの過失割合は1対
4対1とされた。

　この事案で最高裁は，「複数の加害者の過失及び被害者の過失が競合する
1つの交通事故において，その交通事故の原因となったすべての過失の割合
（以下「絶対的過失割合」という。）を認定することができるときには，絶対的過
失割合に基づく被害者の過失による過失相殺をした損害賠償額について，加
害者らは連帯して共同不法行為に基づく賠償責任を負うものと解すべきであ
る」とした。この事案においてはだれが加害者であるのかわかりにくいが，
判例ではC車の損害に対してA車所有者とB車所有者が共同不法行為に基
づいて連帯責任を負うとした。そして，Cに対する損害賠償の範囲は，本件
事故におけるCの過失割合である6分の1を控除して，残る6分の5とな
るとした。

（2）相対的過失相殺

　他方で，相対的過失相殺とよばれる方法を採用した最高裁判例もある（最
判平13・3・13民集55巻2号328頁［30！④【30】，百選Ⅱ【107】]）。この事案は，交
通事故と医療過誤が共同不法行為を構成するとされたものである。事故当時
6歳のAは，自転車を運転中C運転のタクシーに接触され転倒し，頭部な
どを負傷した。Aは救急車でB経営の病院に搬送されたが，病院長である
医師は，Aの意識が清明であることや事故態様についてAからタクシーと
軽く衝突したとの説明を受けたことなどから，軽微な事故であると考え，ま
た，レントゲン写真で頭がい骨骨折を発見しなかったことから，CT検査や
経過観察の必要はないとして，負傷部分の消毒や抗生物質の処方にとどめ帰
宅させた。帰宅後にAの様態が急変するなどしたことから救急搬送された

ものの，A は頭がい外面線状骨折による硬膜動脈損傷を原因とする硬膜外血しゅにより死亡した。そこで A の両親らは，医師の医療行為により A が死亡したとして，B に損害賠償を請求した。なお，過失割合としては，両親らの B に対する過失割合が 1 割，A の C に対する過失割合が 3 割とされた。

この事案において最高裁は，「本件交通事故と本件医療事故という加害者及び侵害行為を異にする 2 つの不法行為が順次競合した共同不法行為であり，各不法行為については加害者及び被害者の過失の内容も別異の性質を有するものである。ところで，過失相殺は不法行為により生じた損害について加害者と被害者との間においてそれぞれの過失の割合を基準にして相対的な負担の公平を図る制度であるから，本件のような共同不法行為においても，過失相殺は各不法行為の加害者と被害者との間の過失の割合に応じてすべきものであり，他の不法行為者と被害者との間における過失の割合をしん酌して過失相殺をすることは許されない」とした。したがって被害者 A の損害賠償を請求するに当たっては，A の C に対する過失割合は考慮されず，両親ら（被害者側）の B に対する過失割合である 1 割を控除するべきとした。

（3）2 つの判例の関係

以上のように，最高裁は共同不法行為における過失相殺の方法について 2 つの方法を用いているようにも思える。しかしそれぞれの方法が採用された事例が，1 つの交通事故と評価できる事例（絶対的過失相殺。前掲・最判平15・7・11）と 2 つの交通事故と評価できる事例（相対的過失相殺。前掲・最判平13・3・13）であるという相違に注意を要する。さらに絶対的過失相殺については，交通事故の原因となったすべての過失割合が認定できる場合にこれを用いるとされている。そうすると，共同不法行為と過失相殺をめぐる問題については，共同不法行為が生じた経緯や各加害行為の同質，異質など具体的事例に応じて使い分けがなされることになるであろう。

3　競合的不法行為　　　　　　　　　　　　　　　関係

競合的不法行為とは，複数の不法行為が偶然重なって発生した場合を指す。複数の不法行為が同時に発生しているという点で719条の共同不法行為に類似するが，偶然に同時発生したにすぎないことから加害者間に共同がない，という点で異なっている。共同がない以上，719条の問題とはならないので，被害者は709条に基づいて各加害者に対して個別に各加害者の加害行

為と因果関係にある損害の賠償を求めていくことになる。そうすると各加害者の不法行為がたまたま重なって被害者に 1 個の損害が生じたとしても，各加害者の賠償するべき損害は 1 個の損害全部（連帯責任）ではなく，自身の加害行為が発生させた損害に限定されることになる。

　関連共同性のない競合的不法行為では，各加害者の連帯責任が認められず，個別に不法行為責任を追及するほかないということはある意味ではそのとおりといえるかもしれない。しかし，複数の加害行為によって損害を被っている被害者側からみれば，加害者間に共同がないというだけで共同不法行為が認められず，結果として十分な救済が受けられないというおそれもある。

　そこで，加害者間に関連共同性のない競合的不法行為の場合に，719条の趣旨である被害者の救済を無意味にするべきではないとの主張もある。学説では関連共同性を広く認めることで共同不法行為の成立場面を広くするべきとする意見や，競合的不法行為の場合に各不法行為が生じさせた損害の範囲が不明であるときは，719条 1 項後段の類推適用を認めることで被害者を救済するべきと意見もある。

次のステップ

➡共同不法行為の解釈論および公害や薬害訴訟を中心とした判例法理の展開について
・前田達明・原田剛『共同不法行為論』（成文堂，2012年）
➡民法改正と不真正連帯債務の関係について
・沖野眞巳「連帯債務者の 1 人に対する請求」潮見佳男ほか編著『Before/After 民法改正［第 2 版］』（弘文堂，2021年）204-205頁
・野村剛司「連帯債務者の 1 人による一部弁済後の求償関係」潮見佳男ほか編編著『Before/After 民法改正［第 2 版］』（弘文堂，2021年）212-213頁
・平野裕之『新債権法の論点と解釈［第 2 版］』（慶応義塾大学出版，2021年）212-220頁
➡競合的不法行為について
・野澤正充『セカンドステージ債権法Ⅲ事務管理・不当利得・不法行為［第 3 版］』（日本評論社，2020年）286-289頁

（萩原基裕）

第7節 特別法上の不法行為

　本節では，特別法上の不法行為について学ぶ。【構造】では，民法以外に
不法行為責任に関する規定を置く法律にはどのようなものがあるのか概観す
る。【展開】では，特別法上の不法行為のうち，代表的なものとして，①国
家賠償法，②自動車損害賠償保障法，③製造物責任法について学習する。
【研究】では，2011年の福島原発事故の発生によって注目されることになっ
た原子力損害の賠償に関する法律（原賠法）について学習する。

構　造

特別法上の不法行為の概要

　民法典上の特殊な不法行為（714条-719条）以外にも，不法行為責任に関す
る規定を置く法律は複数存在する。これらの特別法上の不法行為の多くは，
一般不法行為の原則である過失責任主義を加害者の責任を加重する方向で修
正している。たとえば，国家賠償法（国賠法）や製造物責任法（PL法）は無
過失責任を採用しており，鉱業法109条1項，大防法25条，水濁法19条，原
賠法3条1項本文，油賠法3条・39条，宇宙活動法35・53条，独占禁止法25
条もそうである。また，自賠法は中間責任を採用しているが，実際は無過失
責任化している。

　一方，1899（明治32）年制定の失火責任法は，失火者が重過失の場合にの
み損害賠償責任を負わせることで，その責任を軽減している。その立法趣旨
として，①失火者も自己の財産を焼失しており寛恕（かんじょ）すべき事情があること，
②木造家屋の多い日本では被害がきわめて広範囲に及ぶこと，③失火の場合
に損害賠償を免除するという古くからの慣習があることが指摘されている
が，家屋構造の変化や火災保険の普及を経た現代において，これらの理由が
なお通用するかは疑わしい。同法の適用範囲をできるだけ限定すべきである
という見解が有力である。

展　開

1　国家賠償責任

（1）国家賠償法（国賠法）の制定

　憲法17条は，戦前の国家無答責の原則を廃し，「何人も公務員の不法行為により，損害を受けたときは，法律の定めるところにより，国又は公共団体に，その賠償を求めることができる」と規定した。これを受けて，1947（昭和22）年に国賠法が制定された。同法は，行政救済法として行政法に位置づけられるが，民法の特別法でもある（国賠 4 条）。

（2）公権力の行使に基づく賠償責任　関係

　（a）成立要件　①国または公共団体の公権力の行使に当る公務員が，②その職務を行うについて，③故意または過失により違法に他人に損害を与えた場合に，国または公共団体は賠償責任を負う（国賠 1 条 1 項）。

　公権力の行使には，判例・通説によれば，私経済的作用および同法 2 条が適用される営造物の設置・管理作用を除いたすべてのものが該当する（広義説）。私経済的作用については，民法715条が適用されることになる。

　公務員の加害行為が「職務を行うについて」なされたかどうかは，使用者責任における「事業の執行について」と同様，行為の外形を標準にして判断される（⇨第 3 節【展開】 2 参照）。ここでいう「公務員」は，国・公共団体のために公務に従事するものであり，国家公務員法や地方公務員法にいう公務員に限られない。

　公務員の故意・過失とともに違法性が要件とされたのは，民法709条の権利侵害要件を違法性に読み替えてきた経緯を踏まえてのことである（⇨第 4 章第 3 節【構造】参照）。国・公共団体が有する規制権限を適切に行使しないことで私人の不法行為が発生したり拡大したりする事案において，判例は，「国又は公共団体の公務員による規制権限の不行使は，その権限を定めた法令の趣旨，目的や，その権限の性質等に照らし，具体的事情の下において，その不行使が許容される限度を逸脱して著しく合理性を欠くと認められるときは，その不行使により被害を受けた者との関係において，国家賠償法 1 条 1 項の適用上違法となる」と解している（最判平16・ 4 ・27民集58巻 4 号1032頁〔筑豊じん肺訴訟〕）。

　（b）効　果　国または公共団体が被害者に対して損害賠償義務を負う

（国賠1条1項）。公務員に故意または重過失があったときは，その公務員に対して求償権を有する（同2項）。

また，公務員の選任・監督に当たる者とその費用を負担する者とが異なる場合には，費用負担者もその損害を賠償する責任を負う（国賠3条1項）。

（c）民法715条との異同　国家賠償法1条は，国・公共団体が不法行為をした公務員に代わって賠償責任を負うと規定する（代位責任）。民法の使用者責任（715条1項本文）に類似するが，以下の3点で異なる。

第1に，国・公共団体の責任は無過失責任である。使用者責任における免責事由（同ただし書）に相当するものは存在しない。

第2に，判例上，公務員個人が被害者に対して直接に責任を負うことはないとされている。他方，使用者責任において，被用者は，被害者に対して民法709条に基づく責任を負う。

第3に，公務員に故意・重過失がある場合のみ求償することができる。他方，使用者責任において，そのような制限はない（715条3項）。

（3）営造物責任　　　　　　　　　　　　　　　　　　　　　　　　　[関係]

（a）成立要件　①道路，河川その他の公の営造物の②設置または管理に瑕疵があったために他人に損害が生じた場合に，国または公共団体は損害賠償責任を負う（**営造物責任**，国賠2条1項）。

公の営造物とは，国・公共団体により，直接公の目的に供される有体物や物的設備である。民法717条の「土地の工作物」と異なり，土地に接着していなくても，人工的な作業が加わっていないものでもよい（⇨第4節【展開】1参照）。

営造物の設置または管理の瑕疵とは，判例・通説によれば，「営造物が通常有すべき安全性を欠いていることをいい，これに基づく国および公共団体の賠償責任については，その過失の存在を必要としない」と解されているが（客観説。最判昭45・8・20民集24巻9号1268頁），義務違反説も有力である（⇨第4節【展開】2参照）。営造物の瑕疵は，**物理的瑕疵**に限られず，「その営造物が供用目的に沿って利用されることとの関連において危害を生ぜしめる危険性がある場合をも含み，また，その阻害は，営造物の利用者に対してのみならず，利用者以外の第三者に対するそれをも含むもの」とされる（**機能的瑕疵**ないし供用関連瑕疵。最大判昭56・12・16民集35巻10号1369頁〔大阪国際空港公害訴訟〕）。

なお，営造物責任は無過失責任であり，工作物責任における免責事由

（717条 1 項ただし書）に相当するものは存在しないが，判例は，不可抗力の事案について免責を認めている（最判昭50・6・26民集29巻 6 号851頁）。

（b）効果　　国または公共団体が被害者に対して損害賠償責任を負う（国賠 2 条 1 項）。他に損害の原因について責めに任ずべき者があるときは，国または公共団体はその者に対して求償権を有する（同 2 項）。

また，営造物の管理者とその設置・管理の費用を負担する者とが異なる場合には，費用を負担する者もその損害を賠償する責任を負う（国賠 3 条 1 項）。

2　運行供用者の責任　　　　　　　　　　　　　　関係

(1) 自動車損害賠償保障法（自賠法）

自賠法は，自動車交通の発達にともない急増する交通事故の被害者の救済のため，1955（昭和30）年に制定された。

同法は，後述のとおり，賠償義務者の責任を強化している（自賠 3 条）。そして，被害者救済を実効性のあるものにするため，自動車損害賠償責任保険制度を導入した。保険に加入していない自動車は，運行の用に供してはならない（強制保険，自賠 5 条）。被害者は，直接に保険会社に対して損害賠償額の支払を請求できる（自賠16条）。さらに，ひき逃げなどの事故を起こした自動車の保有者が明らかではないために被害者が損害賠償を請求できない場合には，政府に対して損害の填補を請求することができる（自賠72条）。

なお，同法で賠償されるのは人身損害に限定されているため，それ以外の損害については民法によることになるし，人身損害についても民法の適用が排除されるわけではない（自賠 4 条）。

(2) 成立要件

運行供用者は，①自動車の運行によって，②他人の生命，身体を侵害し，③それによって損害が発生した場合に，賠償義務を負う（自賠 3 条本文）。

（a）運　行　　「運行」とは，人または物を運送するとしないとにかかわらず，自動車を当該装置の用い方に従い用いることをいう（自賠 2 条 2 項）。「運行」として通常想定されるのは自動車を走行させることであるが，判例は，走行停止中のクレーン車のクレーン作業中の事故についても自賠法を適用した（最判昭52・11・24民集31巻 6 号918頁）。

（b）他　人　　判例は，自賠法の「他人」とは，「自己のために自動車を運行の用に供する者および当該運転者を除く，それ以外の者」であるとした

（最判昭和42・9・29判時497号41頁）。この結果，配偶者や好意同乗者も，「他人」として自動車損害賠償責任保険から支払を受けることができる。

(3) 免責事由

自動車の運行供用者は，被害者に対する損害賠償責任を免れるためには，①自己および運転者に運行上の不注意がなかったこと，②被害者または運転者以外の第三者の故意・過失があったこと，③自動車の構造上の欠陥または機能に障害がなかったことを主張立証しなければならない（自賠3条ただし書）。事案によっては3点すべてを主張立証する必要がない場合もあるとはいえ，免責が認められる事案はほとんどない。

(4) 責任主体（賠償義務者）

自賠法は，「自己のために自動車を運行の用に供する者」（運行供用者）を責任主体（賠償義務者）とする（自賠3条本文）。「自動車の所有者その他自動車を使用する権利を有する者で，自己のために自動車を自己のために自動車を運行の用に供するもの」と定義される**保有者**（自賠2条3項）よりも広い。

かつての判例は，運行供用者を，「自動車の使用についての支配権を有し，かつ，その使用により享受する利益が自己に帰属する者」，すなわち，**運行支配**と**運行利益**が帰属するかどうかで判断した（二元説。最判昭43・9・24判時539号40頁）。これは，運行供用者責任を，自動車の運行という危険を支配する者が責任を負うべきとする危険責任と，自動車を運行することによって利益を受ける者が責任を負うべきとする報償責任の両方に基礎づける考え方に基づいている。しかし，危険責任に重きを置き，運行利益は運行支配を認める際の一徴表に過ぎないとの考え方（一元説）も有力である。その後の判例・裁判例も，運行支配を中心に判断している。

以下，運行供用者性が問題となる①自動車の貸与，②無断運転，③泥棒運転について，判例・裁判例の傾向を順次紹介する。①について，一時的な貸与の場合，貸主も運行供用者となる。レンタカー業者も運行供用者である。②について，使用者が所有する自動車を被用者に無断で運転された場合，使用者は運行供用者である。無断運転者が家族である場合も，自動車の所有者は運行供用者である。③については，自動車を盗まれた者は運行支配を失っており，泥棒運転者が運行供用者となる（最判昭48・12・20民集27巻11号1611頁）。もっとも，鍵の管理が不十分なために盗まれたような場合には，泥棒運転中の事故の被害者に対して，自動車の所有者が民法709条の責任を負う

可能性がある。

（5）効　果

運行供用者は，被害者に対して損害賠償責任を負う（自賠3条本文）。「他人のために自動車の運転または運転の補助に従事する者」と定義される**運転者**（自賠2条4項）は，自賠法に基づく責任は負わないが，民法709条に基づく損害賠償責任を負う可能性がある。

3　製造物責任　　　　　　　　　　　　　　　　　　関係

（1）製造物責任法（PL法）

1994（平成6）年に制定されたPL法は，製造物の欠陥によって人の生命・身体・財産に係る被害が生じた場合に，製造業者等に損害賠償責任を課すものである（**製造物責任**，PL1条）。同法の制定前には，被害者は，製造業者との間に契約関係がない場合，民法の不法行為の規定によるほかはなかった。しかし，製造物の構造や製造過程について専門知識や情報を持たない者が製造業者の過失を立証することは，きわめて困難である。そこで，同法は，欧米の潮流も踏まえて，製造者の過失に代えて製品の欠陥の存在を責任成立要件とした。民法の原則である過失責任主義を修正したことは，危険責任・報償責任の考え方とともに，消費者は事業者を信頼する以外に自らの安全を確保する手段を持たないという信頼責任から正当化される。

なお，製造物責任法の適用によって民法の規定が排除されるわけではなく，債務不履行責任や不法行為責任を負うこともありうる（PL6条）。

（2）成立要件

製造業者等は，①引き渡した製造物に欠陥があり，②製造物の欠陥により他人の生命，身体または財産が侵害され，③損害が発生した場合に，賠償義務を負う（PL3条本文）。

（a）**製造物**　　PL法にいう「製造物」は，製造または加工された動産である（PL2条1項）。農産物や海産物の未加工品，不動産，電気等の無体物は対象外である。

（b）**欠　陥**　　製造物の欠陥は，製造者が当該製造物を引き渡したときに存在することを要する。ここでいう「欠陥」とは，製造物が通常有すべき安全性を欠いていることである（PL2条2項）。製造物に欠陥があるかどうかは，①当該製造物の特性，②通常予見される使用形態，③製造業者等が製造

物を引き渡した時期を含む，当該製造物に係る事情を考慮して判断される（同 2 項）。

　欠陥には 3 つの類型があるとされている。1 つ目は，製造物が設計・仕様どおりに作られなかったために安全性を欠いている**製造上の欠陥**である。2 つ目は，製造物の設計段階で十分に安全性に配慮しなかったため，製造された物すべてが安全性に欠けることになる**設計上の欠陥**である。3 つ目は，一定の危険性がある製造物について，危険が現実にならないようにするための指示・警告が不十分な**指示・警告上の欠陥**である。**イレッサ薬害訴訟**では，医療用医薬品の引渡し時点で予見し得る副作用について，「副作用の内容ないし程度（その発現頻度を含む。），当該医療用医薬品の効能又は効果から通常想定される処方者ないし使用者の知識及び能力，当該添付文書における副作用に係る記載の形式ないし体裁等の諸般の事情を総合考慮して，上記予見し得る副作用の危険性が上記処方者等に十分明らかにされているといえるか否かという観点から判断すべきものと解するのが相当である」としたうえで，当該医療用医薬品の指示・警告上の欠陥を否定した（最判平25・4・12民集67巻 4 号899頁［百選Ⅱ【86】]）。

　（c）生命，身体または財産を侵害したこと　　PL 法が適用されるのは，製造物の欠陥により，他人の生命，身体または財産が侵害されたときである（PL 3 条本文）。その損害が当該製造物についてのみ生じたときには適用されない（同ただし書）。

　（3）免責事由

　PL 法は，2 つの免責事由を認めている。

　第 1 に，製造業者等は，製造物を引き渡した時点における科学・技術に関する知見によっては，当該製造物に欠陥があることを認識することができなかった場合，免責される（**開発危険の抗弁**，PL 4 条 1 号）。予見不可能な欠陥による製造物責任を回避したい産業界の強い要請によって導入されたものであるが，同法が無過失責任を導入した趣旨からは，その適用範囲はきわめて限定的なものになるだろう。

　第 2 に，部品・原材料の製造業者は，当該製造物が他の製造物に組み込まれて使用された場合において，その欠陥が専ら当該他の製造物の製造業者が行った設計に関する指示に従ったことにより生じ，かつ，その欠陥が生じたことにつき過失がない場合には免責される（同 2 号）。

（4）責任主体（賠償義務者）

PL法が責任主体（賠償義務者）と定める「製造業者等」には，製造業者，加工業者のほか，輸入業者が含まれる（PL2条3項1号）。輸入業者を含むのは，被害者が海外の製造業者に損害賠償請求することが難しいためである。また，他人の製造物に自らを製造業者であると表示したか製造業者と誤認させるような表示をした「表示製造業者」（同2号），実質的な製造業者と認めることができる表示をした「実質的製造業者」（同3号）も賠償義務を負う。

（5）効　果

製造業者等は損害賠償責任を負う（PL3条本文）。損害賠償の範囲など，製造物責任法に規定がない部分については，民法の規定による（PL6条）。

PL法に基づく損害賠償請求権は，①損害および賠償義務者を知った時から3年，②引渡しの時から10年で消滅する（PL5条1項）。①の期間は，生命身体の侵害の場合には5年となる（同2項）。②について，20年（724条柱書・2号参照）が10年に短縮されたのは，製造物の通常の使用・耐用年数などが考慮された結果である。ただし，蓄積性や遅発性の損害については，10年の起算点は当該損害が発生した時である（PL5条3項）。

研　究　

原子力損害の賠償に関する法律（原賠法）　関連

原賠法は，第二次世界大戦後，日本が原子力の研究開発を再開するにあたり，原子力法の1つとして1961（昭和36）年に制定された。被害者保護をその目的の1つとしており，原子力事業者の原子力損害の賠償責任について，無過失責任，無限責任，責任集中の原則を採用している（原賠3条1項本文・4条）。

原子力事業者が原子炉を運転するにあたっては，万が一の事故に備えて，原子力損害賠償責任保険への加入等の損害賠償措置を講じなければならない（強制保険，原賠6条・7条）。2011年3月11日に福島第一原子力発電所で発生した原子力事故については，損害賠償措置額を大幅に上回る被害が発生したため，国は，損害賠償義務を負う東京電力に対して巨額の援助を続けている（原賠16条参照）。

東京電力は，原子力損害賠償紛争審査会が策定した原子力損害の範囲の判

定等に関する指針に沿った賠償を行ってきたが（原賠18条参照），被害の実態に即した内容になっていないとの批判がある。福島原発事故賠償集団訴訟の多くでは，国の規制権限の不行使に基づく責任とともに，東京電力の民法709条に基づく過失責任の追及がなされている。

次のステップ

➡国賠法について

・民法学者による概説として，潮見佳男『不法行為法Ⅱ［第2版］』（信山社，2012年）82-124，272-304頁

➡原賠法について

・若林三奈「原子力損害の賠償に関する法律」能美善久・加藤新太郎『論点体系判例民法 8 不法行為Ⅰ［第3版］』（第一法規，2019年）466-485頁

（大坂恵里）

事項索引

判例索引

執筆者紹介

※執筆担当箇所は本文中に記載しています。

芦野　訓和（あしの　のりかず）

最終学歴：明治大学大学院法学研究科博士後期課程単位取得退学

学位：修士（法学）

現職：専修大学法学部教授

研究テーマ：役務提供契約，ドイツ契約法，デジタル社会と法

主要業績：近江＝椿編『強行法・任意法の研究』［共著］（成文堂，2018年），「ドイツにおける新型コロナ・パンデミックの影響を緩和するための民法施行法の改正」東洋法学64巻2号（2021年）1頁以下，「請負契約における複数関与者と法律関係・序説―下請負人を素材として」東洋法学52巻2号（2009年）55頁以下

読者へのひと言：日常生活のさまざまな場面で民法は関係しています。疑問に思ったときには，法的にはどのような構造なのか，何が問題になるのかなどを考えてみよう。

大坂　恵里（おおさか　えり）

最終学歴：早稲田大学大学院法学研究科博士後期課程単位取得退学

学位：修士（法学），LL.M.

現職：東洋大学法学部教授

研究テーマ：不法行為，原子力損害賠償，公害・環境問題への法的対応

主要業績：大塚直編『民法改正と不法行為』［共著］（岩波書店，2020年），淡路剛久監修・吉村良一ほか編『原発事故被害回復の法と政策』［共編］（日本評論社，2018年），「アメリカにおける気候変動訴訟とその政策形成および事業者行動への影響」東洋法学56巻1号（2012年）85頁以下・56巻2号（2013年）1頁以下

読者へのひと言：法律や制度を知っていることは，社会で生きていくうえでの強みとなります。民法が社会の中でどう作用しているのかについても考えてみましょう。

深川　裕佳（ふかがわ　ゆか）

最終学歴：明治学院大学大学院法学研究科博士後期課程修了

学位：博士（法学）

現職：南山大学大学院法務研究科教授

研究テーマ：債権担保，決済

主要業績：『相殺の担保的機能』（信山社，2008年），『多数当事者間相殺の研究』（信山社，2012年），近江＝椿編著『強行法・任意法の研究』［共著］（成文堂，2018年）

読者へのひと言：債権各論は規定が複雑で難しいと思われがちですが，まずは本書の1つめのステップ【構造】を読んでみませんか。

萩原　基裕（はぎわら　もとひろ）
最終学歴：明治大学大学院法学研究科博士後期課程修了
学位：博士（法学）
現職：大東文化大学法学部教授
研究テーマ：無償契約，追完請求権
主要業績：「追完請求権の射程と買主の救済に関する一考察―契約不適合のある物の取付事例を素材として―」大東法学31巻1号（2021年）71頁以下，「特定物売買における代替物の引渡しによる追完の可否に関する検討」大東法学30巻2号（2021年）83頁以下，「契約の無効，取消しと原状回復―不当利得と原状回復義務の関係をめぐる序論的考察として―」大東法学30巻1号（2020年）73頁以下
読者へのひと言：民法では，一見無関係な条文同士に思えても意外な論点で結びついていることもあります。つながりを意識してステップを踏みつつ学んでいきましょう。

永岩　慧子（ながいわ　けいこ）
最終学歴：広島大学大学院社会科学研究科博士課程後期修了
学位：博士（法学）
現職：愛知学院大学法学部准教授
研究テーマ：請負契約，建築瑕疵，ドイツ契約法
主要業績：「ドイツにおける建築契約法の改正」NBL1122号（2018年）39頁以下，「建築物の瑕疵をめぐる責任と消費者保護」現代消費者法44号（2019年）32頁以下，「請負の瑕疵責任における給付に代わる損害賠償額の算定―ドイツ連邦通常裁判所2018年2月22日判決の検討を中心に」名経法学44号（2020年）69頁以下
読者へのひと言：民法は私たちの生活から離れたところにあるものではなく，社会で暮らす人々が納得できるルールを定めた法律です。皆さん自身の感覚で「なぜこのような規定が必要なのか？」「なぜこのような内容になっているのか？」と常に問いかけながら学んでみてください。

スリーステップ 債権各論

2022年3月30日 初 版第1刷発行

著　者	芦野 訓和
	大坂 恵里
	深川 裕佳
	萩原 基裕
	永岩 慧子
発行者	阿部 成一

〒162-0041　東京都新宿区早稲田鶴巻町514番地

発 行 所　　株式会社　成 文 堂

電話　03(3203)9201(代表)　Fax　03(3203)9206
http://www.seibundoh.co.jp

印刷・製本　藤原印刷　　　　　　　　　　検印省略

定価（本体3200円＋税）